ISABELLE BRICARD

Saintes ou pouliches

L'éducation des jeunes filles au XIXe siècle

Albin Michel

22, rue Huyghens, 75014 Paris

ISBN 2-226-02234-1

A Muriel

« C'est toujours une bonne idée pour qui tient à être lu et à faire son petit bruit immédiat que d'écrire un livre sur les femmes... Les femmes quelconques, que ce soient les femmes de telle société, de telle époque ou de telle autre, dont on s'occupe et dont on jase... Que ce mot de femmes miroite dans le titre du livre qu'on publie et les hommes s'y jetteront... quitte à être attrapés. Par tout pays, c'est un prestige. Mais en France c'est un talisman. »

En espérant que cette réflexion de Barbey d'Aurevilly vaut aussi pour les jeunes filles...

« Nous les élevons comme des saintes,
puis nous les livrons comme des pouliches. »

GEORGE SAND, *Lélia*.

Avant-propos

Cet essai a pris comme limites chronologiques le Premier Empire pour commencer, et la fin du Second pour s'achever dans les flonflons de la fête impériale. La Troisième République, avec les premiers lycées et l'évolution des mœurs, a façonné une nouvelle jeune fille qui, avec sa « tournure, » est trop différente de sa mère en crinoline et de sa grand-mère empêtrée dans ses manches à gigot, pour que l'on puisse les étudier toutes ensemble.

Il ne concerne que les jeunes filles « de bonne famille », celles qui poussent comme de modestes violettes à l'ombre des aristocratiques hôtels du Faubourg Saint-Germain et des riches demeures de la Chaussée d'Antin [1] ; il ne faut pas voir dans cette sélection une volonté d'élitisme, mais le souci quasi ethnographique de cerner un milieu à part qui a son territoire, ses usages, ses principes — éducatifs et autres —, ses coutumes propres qui en font une peuplade unique qu'il ne faudrait pas essayer de comparer avec la peuplade voisine.

Pour ne — presque — plus rien ignorer de ces jeunes personnes, de leur sort, de leur éducation, de leur vie quotidienne, de leurs émois, il a fallu les étudier à travers les feux croisés des archives [2], des livres d'éducation, des journaux féminins, et des témoignages vécus : mémoires, correspondances, journaux intimes, sans négliger les ouvrages de fiction : romans, pièces de théâtre qui reflètent les mœurs du temps comme un miroir assez fidèle bien que parfois grossissant.

Incomplète, cette étude l'est certainement puisque beaucoup d'archives privées, les plus vivantes et les plus émouvantes, continuent de moisir dans les greniers. Partiale ? Sans doute inconsciemment, puisque mon sexe m'incline, par solidarité féminine, à plaindre une condition souvent ingrate et à rechercher de préférence les travers d'une incroyable éducation, pour mieux les dénoncer et attirer la sympathie sur celles dont je plaide la cause. Je m'estimerais cependant satisfaite si, dans son imperfection, cette étude pouvait jeter quelque lumière sur la vie de nos aïeules, et c'est une justice à rendre à ces jeunes filles qui n'avaient le droit ni de parler ni de faire parler d'elles, que d'enfin les raconter...

PREMIERE PARTIE

L'ELEVE

I

L'éducation en famille : la manière « douce »

Pour « accomplir » l'éducation de sa fille, transformer l'enfant qui joue encore avec sa poupée de cire en une de ces jeunes personnes idéales dont on dira que « si elle se baisse, c'est la religion qui l'entraîne, si elle se redresse, c'est la pitié qui l'éveille, si elle rougit, c'est la pudeur, si elle pâlit, c'est l'inquiétude, si elle sourit, c'est la bonté, si elle pleure, c'est la compassion ; immobile, c'est l'innocence », pour atteindre ce noble but, une mère a, au XIXe siècle, le choix entre trois solutions : l'élever elle-même entre cour et jardin, ou avec le secours d'une institutrice ; la placer comme au siècle précédent derrière les grilles hermétiques et rassurantes d'un couvent ; ou bien la mettre dans un des nombreux pensionnats laïques qui se multiplient après la Révolution.

De ces trois solutions, l'éducation dans la famille est la plus douce ; mais avant d'étudier les modalités de cette éducation « domestique », il faut se retremper dans l'atmosphère familiale dans laquelle baignaient les petites filles et les adolescentes du XIXe siècle, connaître quel était le poids de l'autorité parentale, la place laissée à l'affection et à la tendresse, le degré d'intimité entre parents et enfants ou au contraire la profondeur du fossé entre les générations.

Les mémoires, les témoignages, les correspondances qui ne renseignent que sur des individualités permettent toutefois de dégager de grandes tendances au-delà des différences, forcément nombreuses d'une maison à l'autre, et qui s'expliquent par le milieu, le rang, la fortune des familles, sans compter le caractère des parents.

Les parents : despotes ou constitutionnels

Les mœurs familiales ont bien évolué depuis l'Ancien Régime ; alors, les parents ne s'embarrassaient pas d'une tendresse jugée inutile et incompatible avec leur autorité. Dans les hautes sphères aristocratiques, ils se contentaient d'embrasser leurs enfants le dimanche : « On amenait à Mme la marquise ses deux fils pendant qu'elle se faisait *accommoder* ; elle tendait la main droite à l'aîné, la main gauche au plus jeune ; ils baisaient chacun cette main respectueusement sans prononcer une parole et puis l'abbé les emmenait et tout était dit jusqu'au dimanche suivant. » L'éducation tenait alors garçons et filles à bonne distance du boudoir maternel puisqu'ils passaient sans transition ou presque des bras d'une nourrice au collège ou au couvent. Regagnant leur famille une fois leur éducation « accomplie », les jeunes filles avaient pour leurs parents qu'elles ne connaissaient pas, plus de crainte que d'affection.

Pendant l'intermède révolutionnaire, les couvents ferment, les habitudes sont bouleversées, le danger, le deuil et les aléas de l'émigration resserrent ces liens familiaux quelque peu lâches..., mais la tourmente passée, la royauté dûment restaurée, on oublie ce moment de faiblesse et d'égarement pour revenir dans certaines familles aristocratiques à une conception *ultra* des rapports familiaux. Jamais un loyal sujet ne ferait passer ses préoccupations familiales avant celles de la dynastie. On le voit bien lorsque Sosthène de La Rochefoucault perd sa dernière fille Hortense, à quelques jours de la mort de Louis XVIII. Dans la lettre qu'il envoie à son amie la princesse Volkonski, il ne fait qu'une allusion rapide à la perte de sa fille, tandis que toute son émotion, ses larmes vont à l'agonie du souverain et à la perte de sa charge dont il va être privé avec la disparition du roi...

Cependant, depuis la Révolution, les mœurs bourgeoises,

la « manie de la famille » — et à l'époque, le mot manie n'est pas encore édulcoré et signifie bel et bien folie — ont envahi les milieux aisés et jusqu'à certaines maisons aristocratiques. L'influence de Rousseau a porté ses fruits et l'affection remplace l'autorité comme ciment de la famille. Tandis que l'aristocrate de l'Ancien Régime se targuait de ses ancêtres, le bourgeois du XIXe se vante de ses enfants.

L'exemple vient de haut, de la famille royale elle-même, anoblissant ce que la préoccupation des enfants passe pour avoir de vulgaire, de populaire. Préférant à l'apparat du pouvoir et à la vie de cour le calme de la vie familiale, Louis-Philippe et Marie-Amélie donnent pendant dix-huit ans le spectacle d'un bonheur bourgeois et cossu, au milieu de leurs huit enfants, tous beaux, aimants et obéissants.

Pour l'affection, les pères de famille ne sont pas en reste, comme l'attestent les correspondances privées de quelques grands esprits du temps qui tissèrent avec leurs filles des liens particulièrement tendres : Alexandre de Puymaigre avec Eugénie, Charles Nodier avec Marie, Guizot avec Henriette, etc.

Le Second Empire hérite de ces mœurs familiales et, en consolidant la position de la bourgeoisie, ne fait qu'amplifier la tendance. La vie de famille se développe, s'étale avec ostentation voire avec affectation. Les nouvelles Cornélie, même si elles ne dédaignent pas les bijoux de la rue de la Paix, se « parent » de leurs enfants comme de leurs plus précieux joyaux. Certaines « grandes dames... tout absorbées qu'elles étaient par leur vie mondaine qui ne durait que deux mois, mais qui avait de quoi tuer un grenadier, y ajoutaient encore le soin de leur ménage et de leurs enfants qu'elles n'abandonnaient à personne [1] ».

On s'autorise encore du prestigieux exemple donné aux Tuileries par l'Impératrice en personne qui « s'occupait elle-même de son petit, comme une mère du commun, l'habillait, le berçait, lui chantait des airs d'Espagne [2] ». L'éducation du prince impérial qui est élevé comme un fils de riche bourgeois et non comme un intouchable dauphin privé de l'affection de ses parents par les exigences de l'étiquette, est son chef-d'œuvre. L'Impératrice donne le ton, et dès lors que l'héritier de l'Empire est devenu un enfant comme les autres, tous ses petits contemporains ont accédé au rang de princes. Dans *Les Pères et les Enfants au XIXe siècle*, Ernest Legouvé s'en réjouit : « Autrefois, écrit-il, les filles n'appartenaient pas aux mères, elles appartenaient aux nourrices d'abord puis aux bonnes, puis aux gouvernantes, puis aux couvents... Aujourd'hui, grâce à Dieu, les mères ont reconquis leurs enfants. Qu'elles les gardent [3] ! »

Centre de la vie familiale, l'enfant est à la mode. On le peint, on le sculpte, on commence à le photographier, on surveille sa santé, on crée pour lui une littérature enfantine [4], des journaux pour enfants, on le consulte sur ses goûts, on recueille ses bons mots comme une manne précieuse dont se délectent les cœurs de mère, et il quitte la nursery pour régner au salon :

A vous jardins, cours, escaliers,
Ebranlez et planchers et plafonds et piliers

chante Victor Hugo dans *L'Art d'être grand-père*. Les baisers, les câlins sont entrés dans les mœurs comme le prouve cette invocation de Caroline Brame à sa mère, morte depuis peu : « Mère chérie, tu n'es plus là et personne ne surprend dans le cœur de ta fille ce besoin de tendresse dont le moindre signe lui ferait tant de bien ! On m'aime, je le sais, j'en ai les preuves et j'en remercie Dieu, mais on ne me *câline* plus [5]... » De cajoleries, de bécots, il en est encore question à longueur de lettres dans la correspondance de Flaubert avec sa nièce Caroline que « son vieux ganachon d'oncle » baptise de surnoms que seule la tendresse peut imaginer : « mon bichon », « mon loulou », « mon pauvre bibi ». « Mes joues depuis que tu n'es plus là augmentent et durcissent car elles n'ont plus personne pour les pétrir et les amollir à force de bécots [6]. »

« Messieurs les enfants », suivant l'expression de Legouvé, sont presque devenus les personnages principaux de la famille, qui, vivant dans l'intimité de leurs parents, deviennent leurs témoins, leurs juges voire leurs inquisiteurs. Le respect et l'autorité en prennent un coup comme le déplorent les partisans de l'éducation à l'ancienne qui regrettent le temps où père et mère gouvernaient leur famille de derrière un nuage à la façon des dieux de l'Olympe, pour n'en sortir qu'en de rares occasions et intervenir comme le *deus ex machina* dans les opéras bouffes.

Le « poison de l'égalitarisme » s'est infiltré jusque dans les relations familiales, mettant sur le même pied parents et enfants. En 1863, un pédagogue, observant la génération montante, constate les graves inconvénients qu'occasionne la présence continuelle des enfants au salon. « Aujourd'hui, dit-on, la tendresse la plus vraie, les caresses les plus vives s'échangent entre la mère et les enfants qu'elle enveloppe d'une atmosphère d'amour ! Qui oserait nier le bien que ceci doit produire dans les jeunes âmes. D'accord ! mais si je trouve partout le bonheur, la vivacité, l'expansion, je cherche souvent en vain les égards, l'obéissance, le respect surtout, sans lequel nulle affection n'est durable ; le respect qui autrefois survivait à la rigueur, parfois à l'injustice et dont l'absence totale dans ce siècle, tout d'amour et d'égalité dans la famille, faisait dire à Chateaubriand : « Autrefois la vieillesse était un privilège, aujourd'hui, c'est une charge [7]. »

Sans souhaiter le retour de la férule et des verges, des relations glacées et despotiques d'une part, révérencieuses, muettes et parfois tremblantes de l'autre, mais tout en déplorant la faiblesse de ces parents qui ne permettent rien mais qui tolèrent tout, nombreux sont ceux qui espèrent l'avènement d'un juste milieu entre une froideur gourmée et une « dangereuse » familiarité. On inaugure le règne des parents « constitutionnels [8] » après la trop longue souveraineté d'autocrates absolus.

Cette transformation des rapports familiaux est attestée jusque dans les usages par l'habitude que prennent les parents de porter le deuil de leurs enfants. « Le deuil étant un signe de respect, écrit la comtesse Dash en 1868, on n'est pas tenu de porter celui de ses enfants ; *cependant il est peu de mères qui s'en dispensent* [9]. » Toutes les petites victimes du croup, de la typhoïde, de la variole, de la rougeole, de la coqueluche, de la scarlatine, de la méningite [10], pour ne citer que les maladies les plus souvent mortelles, sont désormais l'objet du chagrin le plus ostentatoire et le plus noir [11]. Et pour mieux consacrer l'évolution des mœurs, la législation fait de l'enfant un héritier légitime qu'il devient impossible de deshériter.

Un autre signe de la place que tiennent désormais les enfants dans le cœur de leurs parents est l'habitude du tutoiement autrefois exclusivement réservé aux domestiques. Désormais, on vouvoie ses domestiques mais on tutoie ses enfants, sous la double influence des idées égalitaires dans la société et des progrès de l'affection dans la famille. L'emploi du *tu* permet d'ailleurs de moduler le ton en revenant de temps en temps au *vous* pour marquer la désapprobation et le mécontentement. Ces subtiles modulations, Sophie de Réan les connaît bien, et madame sa mère est passée maître dans l'art de distiller le *vous* et le *tu* en lui tirant l'oreille ou en caressant ses cheveux [12]. Le tutoiement des parents par les enfants, beaucoup moins généralisé, commence toutefois à apparaître. Ces marques de familiarité ne sont pas du goût de tout le monde et, dans les milieux aristocratiques, on reste assez couramment fidèle à l'antique tradition du *vous*.

« Devez-vous tutoyer votre père, votre mère ? se demande-t-on en 1862 ; l'orgueil et l'aristocratie disent *non* ! L'affection et la nature disent *oui* ! Devez-vous vous laisser embrasser par vos enfants ? L'orgueil et l'aristocratie disent *non* ! L'enfant ne doit se permettre que de vous baiser la main. L'affection et la nature disent *oui* ! Si vous adoptez le *non*, dans la haute bourgeoisie et dans tout le quartier Laffite vous passez pour un fat pédant et orgueilleux. Si au contraire, vous adoptez le *oui*, à la place Royale, et dans une partie du faubourg St-Germain, vous passerez pour un homme de mauvais ton [13]. »

Sans revenir à la froideur et à l'indifférence du siècle précédent, l'aristocratie met son point d'honneur à tenir les enfants dans un respect voisin de la crainte et se préoccupe davantage de s'en faire obéir que de s'en faire aimer. A l'instar de la noblesse, certaines familles bourgeoises adoptent vis-à-vis de leurs enfants cette attitude autoritaire et compassée, pensant par là se donner un cachet de cette aristocratie qu'elles n'ont pas. Il n'est point distingué de paraître trop attaché à ses enfants, de trop les « caresser ». Ce sont là divertissements de bourgeois, affections de gens du commun, soucis peu dignes d'une mère « née ». Les parents au salon, les enfants à la nursery ou en pension, voilà le secret de la vie aristocratique. « Je déteste les enfants bien élevés dans un salon, dit le duc de Fézensac. — Vous les aimez mieux insupportables ? — Oui, parce qu'on les renvoie dehors [14]... »

Tout en aimant sincèrement leurs enfants, de nombreuses mères de famille s'efforcent de ne pas le montrer ; par principe elles proscrivent les manifestations d'une tendresse trop expansive, convaincues que trop d'affection diminue l'autorité indispensable à leur mission éducative. La mère de Marie Cappelle [15] est de ce nombre : « J'aimais beaucoup ma mère, se souvient Marie, mais je la craignais un peu, et surtout, je n'osais pas lui exprimer mon affection ; lorsque je lui sautais au cou en voulant la couvrir de mes baisers, elle me disait : Pas d'exagération, Marie, la meilleure preuve de tendresse que tu puisses me donner serait de corriger tes défauts qui me font souffrir [16]. »

De la dureté aristocratique, ou pseudo-aristocratique, à la tendresse bourgeoise, l'atmosphère familiale prend toutes les nuances du prisme, du bleu le plus froid au rose le plus doux, et c'est, entre autres raisons, au nom de l'affection que certaines mères de famille préfèrent élever leur fille à la maison.

La « science maternelle »

Depuis Fénelon, qui le premier a reconnu l'excellence de l'éducation privée pour les filles, un courant d'opinion la tient pour préférable à l'éducation communautaire. Même Mme Campan, directrice de la Maison impériale de la Légion d'honneur, après toute une vie consacrée à l'éducation des jeunes filles réunies sous une règle commune, partage et confirme l'opinion de Fénelon.

Ainsi, deux autorités en matière d'éducation féminine, Fénelon, encore très lu au XIXe siècle, et qui en qualité d'ecclésiastique aurait pu être prévenu en faveur des couvents, et une femme qui doit sa renommée et son prestige à son célèbre pensionnat, s'entendent pour préférer l'éducation des filles dans le sein de leur famille. Sans compter qu'on ne connaît pas de « méthodes plus fausses pour préparer quelqu'un à vivre en liberté que de commencer par l'enfermer. Pour élever une créature humaine à la hauteur de la liberté, la lui ôter complètement pendant un certain nombre d'années, semble souverainement maladroit ». L'auteur de ce jugement oublie cependant le peu de liberté dont disposent les jeunes filles élevées dans leur famille...

Après les avoir nourris de son sang et — grâce à Rousseau — de son lait, la plus noble tâche d'une mère est, dit-on, d'élever ses enfants et de s'adonner aux joies de ce qu'on appelle « la science maternelle », la seule science à laquelle elle puisse prétendre sans passer pour un bas-bleu. Les garçons, qui se doivent de recevoir une éducation virile. d'avoir des horizons intellectuels reculés et de se forger un caractère bien trempé, sont assez tôt arrachés aux genoux maternels, poussés hors de l' « ombre douce mais molle du gynécée » et envoyés en pension ; mais les filles, qui n'ont que faire de connaissances encyclopédiques et d'un caractère de bronze, resteront dans l' « atmosphère maternelle, seule qui leur convienne ».

On est déjà loin de l'époque où l'on se demandait si les femmes avaient une âme, mais il est encore couramment admis de penser qu'à côté de la nature masculine, il existe une nature féminine, foncièrement différente, immuable reflet des intentions de Dieu, lorsqu'il a créé Eve. Les femmes elles-mêmes, intimement persuadées de leur *différence*, évoquent « la loi irrévocable de notre nature », « notre destinée », « la loi de la création » ; cette essence féminine est définie par un certain nombre de qualités et de défauts obligés et spécifiques dont les contraires constituent l'essence masculine. A la faiblesse d'Eve correspond la force d'Adam, à la passivité l'action, à la soumission l'autorité, à la dépendance la liberté, au sentiment l'intelligence, à la grâce la grandeur, à la souffrance la vigueur... Jusque-là, force est de reconnaître que la nature femelle est inférieure à la nature mâle, mais elle l'emporte par la pitié devant l'indifférence, par le dévouement devant l'égoïsme, par l'humilité devant l'orgueil, par l'abnégation devant l'exigence, par la fidélité devant l'inconstance, etc.

La femme est, selon le mot de Dupanloup qui reflète l'opinion de son temps, « plus âme que l'homme ». Or, si le but de l'éducation est « le perfectionnement dans l'ordre de la nature », on ne peut mieux rêver que l'intérieur familial pour développer ces qualités natives d'humilité et de douceur, et que la sollicitude tutélaire d'une mère pour élever sa fille ; « une mère seule sait ou plutôt *sent* ce qu'il lui faut, et toute nourriture qui arrive à l'esprit ou au cœur de la jeune fille sans passer par ce canal est singulièrement suspecte [17] ».

Pour Balzac, « une jeune fille élevée au logis par une mère ou une vieille tante vertueuses, bigotes, aimables, ou acariâtres, une jeune fille dont les pas n'ont jamais franchi le seuil domestique sans être environnée de chaperons, dont l'enfance laborieuse a été fatiguée par des travaux même *inutiles,* à laquelle enfin tout est inconnu même le spectacle de Séraphin [18], est un de ces trésors que l'on rencontre, çà et là, dans le monde, comme ces fleurs des bois, environnées de tant de broussailles que les yeux mortels n'ont pu les atteindre [19] ».

Pour toutes ces raisons, un grand nombre de jeunes personnes — surtout dans la première moitié du siècle — sont élevées dans leur famille. C'est le cas de la noble Marie de Flavigny (future Marie d'Agoult) qui demeura chez ses parents jusqu'à quinze ans et y retourna après une courte année au couvent ; et de la roturière Marie Cappelle qui fut élevée par sa mère, à l'exception d'une année passée à la Légion d'honneur.

L'éducation d'une fille n'est pas l'œuvre isolée de la mère, et nombreux sont les exemples où le *pater familias* y collabore activement et même la prend totalement en main. Marie de Flavigny raconte ces chères études qui se déroulaient dans la chambre de son père, « ces leçons à la fenêtre ouverte sur les jardins, leçons sans pédantisme, sans réprimandes, abrégées dès que se trahissait dans mon attitude la moindre fatigue, avaient pour moi un grand charme. Le désir passionné de plaire à mon père et d'obtenir de lui — c'était la récompense suprême — de le suivre à la chasse ou à la pêche, me donnait au travail une vive ardeur [20] ».

Même le sévère Guizot, malgré les obligations de sa charge, ne cessa jamais de s'intéresser à l'éducation de ses filles. De son ambassade de Londres, ou de l'hôtel du ministère, lorsque sa famille l'avait devancé au château de Val-Richer, il leur écrit presque tous les jours, entrant dans tous les détails de leurs études, les questionnant à propos des fraises du jardin, de la jument Bradamante, et leur racontant pour les amuser des anecdotes de sa vie officielle. Pour se convaincre de l'attention minutieuse, pour ne pas dire tatillonne qu'il portait, même à distance, à leur instruction, il suffit de lire le véritable traité de ponctuation qu'il envoya à sa fille Henriette, sans doute très ignorante de l'art de la virgule :

« Ma chère Henriette,

« Je crains d'avoir encore des reproches à vous faire au sujet de votre ponctuation : il n'y en a peu ou point dans vos lettres. Toute ponctuation, virgule ou autre signe quelconque marque une période de repos pour l'esprit, une pause plus ou moins longue, une idée abandonnée ou momentanément suspendue et qu'on sépare par ce signe de celle qui va suivre. Vous supprimez ces périodes, ces intervalles ; vous écrivez comme le torrent coule, comme la flèche vole. Cela ne doit pas être, car les idées qu'on exprime, les choses dont on parle ne sont pas toutes intimement liées les unes aux autres d'un rapport étroit comme les gouttes d'eau d'un même torrent [21]. »

La réponse d'Henriette, véritable déluge de virgules fut aussitôt l'objet d'une nouvelle leçon, assortie d'un petit cours d'histoire dans la foulée : « Je crois que vous allez me trouver bien taquin, mais permettez que je vous conjure de ne pas me lancer tant de virgules à la tête. Vous m'en assaillez, comme les Romains assaillirent cette pauvre Tarpeia [22] avec leurs boucliers. » Voilà de quoi bouleverser la légende de l'austère ministre dont la formule « Enrichissez-vous », qui colle encore à sa mauvaise réputation, ne laisse pas soupçonner un cœur de père familier, tendre et attentionné.

Dans un tout autre milieu, Théophile Gautier, qui ne put longtemps supporter l'absence de ses filles Judith et Estelle, placées dans un couvent, décida brusquement de les en retirer et de se charger lui-même de leur éducation ; aux deux pensionnaires éberluées et ravies il déclara : « J'en suis aussi capable que vos sous-maîtresses !... et, bien que je ne sois pas même bachelier, si vous en savez autant que moi, il me semble que ça ne serait pas mal [23]. »

Beaucoup de parents partagent ces vues. Autant il leur paraît utile de placer leur fils dans un collège, autant il leur semble préférable de retenir leur fille au foyer maternel : élevée *pour* la famille, elle le sera *dans* la famille. A la vérité, cette opinion reste souvent théorique et nombre de mères qui la professent n'en mettent pas moins leur fille — et parfois très jeune — dans un couvent ou en pension. Elles n'ont pas toujours l'instruction suffisante pour faire office de professeur, ni la possibilité de se soustraire aux obligations de leur vie mondaine. L'éducation d'une fille impose à sa mère de lourdes contraintes : « C'est vingt ans de supplice », dit l'une. « Vous vous trompez, répond une autre, c'est à vingt ans que le supplice commence. » Les goûts et les couleurs...

Sans beaucoup se hasarder, on peut supposer qu'une génération sépare ces deux femmes, car au fil du siècle l'éducation privée se perd ; celles qu'on appelle les « vraies mères » se font rares au siècle de la vapeur et plus d'un observateur dénonce « la désertion calamiteuse de la famille » d'où s'éloigne le père partagé entre ses affaires et son cercle, et la mère dévorée par sa vie mondaine.

Une vice-mère : l'institutrice

Pour celles qui n'ont pas le loisir, l'instruction nécessaires, ou — ô scandale — le goût d'élever leur fille, mais répugnent à s'en séparer, il reste la solution d'employer les services mercenaires d'une institutrice ou de professeurs à domicile. Scandaleux ! Honteux ! disent les partisans de l'éducation maternelle « pur jus », ces femmes se parent d'une maternité poétique et théorique « comme d'un ornement qui leur va bien ». Elles n'en acceptent que les agréments et croient élever leur fille parce qu'elles se sont bornées à choisir une gouvernante, de même qu'elles ont cru la nourrir parce qu'elles ont acheté un biberon...

N'en déplaise aux censeurs, la profession d'institutrice n'est pas touchée par le chômage au XIXe siècle. Mais qui sont ces institutrices, ces mentors en jupons, dont la silhouette hante les intérieurs cossus où elles constituent, au même titre que le piano ou les plantes vertes, un élément du décor ? *Mademoiselle* appartient le plus souvent à la bourgeoisie, la petite bourgeoisie travailleuse et honnête mais qui, sans fortune, ne peut pas doter ses filles, ou à la bonne bourgeoisie qui a connu des revers... Dans un cas comme dans l'autre, elle est condamnée au célibat et, hésitant entre le commerce et l'éducation, elle opte pour ce dernier parti parce qu'il répond mieux à ses goûts, et que ses parents y trouvent une plus grande sécurité morale, ainsi que l'occasion de recueillir le fruit de sacrifices qu'ils ont consentis pour son instruction. Mieux vaut être institutrice que modiste, lingère ou demoiselle de magasin. Les carrières d'institutrice ou de dame de compagnie sont alors les seules que, sans trop déroger, une-jeune-personne-sans-fortune peut entreprendre.

Elle a le choix entre deux solutions : la première et la plus aléatoire est de donner des leçons « au cachet » à une clientèle de plusieurs jeunes filles chez qui elle se rend à domicile. Cette solution a l'avantage de préserver l'indépendance de l'intéressée : « On peut avoir un chez-soi et une volonté, trouver blanches les choses blanches, et noires les noires ; ô cette faculté d'être libre quoique pauvre, vaut bien quelques ondées reçues sans se mettre à couvert, quelques coups de vent donnant des fluxions. » Une institutrice donnant des leçons particulières gagne environ par mois de 50 à 300 francs [24] selon la clientèle, pendant les mois d'hiver uniquement car, pendant les mois d'été, ses élèves se sont égaillées sur les plages normandes ou aux eaux. Retranchez à ces appointements les frais de transport, les frais de toilette (une institutrice ne peut se passer d'une mise élégante sinon décente pour ne pas déparer l'intérieur des parents, et sauvegarder son honorabilité ainsi que son autorité devant ses élèves), les autres dépenses pour faire face aux besoins courants, et l'épargne pour les vieux jours...

Il est beaucoup plus lucratif et confortable de se placer dans une famille et de se consacrer pendant plusieurs années à l'éducation exclusive d'une jeune personne. Dans les très bonnes maisons, l'institutrice dispose d'un appartement, d'une femme de chambre ; elle dîne à la table des maîtres — sauf quand il y a « du monde » —, voyage en été avec la famille, se frotte à une société choisie et reçoit des gages qui lui permettent, en plus d'une certaine élégance, d'aider sa famille et de faire quelques économies. Les appointements d'une telle institutrice varient entre 800 et 1 500 francs par an, sans compter les cadeaux qui lui sont donnés à l'occasion de la nouvelle année, de son anniversaire, etc., et qui consistent le plus souvent en robes, châles, chapeaux neufs ou passablement étrennés suivant la générosité des donateurs... Il demeure sous-entendu qu'une fois sa petite élève mariée, au bout de dix, douze ans de bons et loyaux services, l'institutrice recevra une pension viagère, dont on fixe parfois le montant à l'engagement. En plus de ses gages royaux (2 000 francs par an) qui s'expliquent peut-être par les services annexes qu'elle rendait au père de ses élèves, Mlle Deluzy, préceptrice dans la famille Choiseul-Praslin, avait ainsi reçu la promesse d'une rente annuelle de 1 500 francs qui lui serait versée à son départ.

Dans les familles particulièrement opulentes, l'institutrice est assistée par un escadron de maîtres ou de maîtresses qui viennent de l'extérieur enseigner à son élève les matières sur lesquelles elle est moins ferrée, ou les disciplines dont les parents font leur cheval de bataille comme le piano, la danse et le dessin. Elle devient alors plutôt une surveillante et une répétitrice, ce qui lui laisse le loisir de se rendre indispensable par mille autres menus services : elle brode des pantoufles pour *monsieur*, confectionne des collerettes pour *madame*, ajuste les robes de *mademoiselle*, fait la lecture à l'aïeule, surveille les domestiques, écrit les lettres d'invitation, dans les réunions intimes elle joue du piano, sert le thé et coupe la brioche ; bref, c'est une sorte de factotum qui n'a plus que le nom d'institutrice. Une existence somme toute agréable en apparence, mais en réalité abreuvée d'amertume et d'humiliations. Jalousée par les domestiques, méprisée par les maîtres qui, malgré quelques égards, se refusent cependant à la considérer comme faisant partie de leur monde, être hybride au corps de bourgeoise et à la queue de domestique, l'institutrice est fréquemment une déclassée, résignée si son caractère l'y porte, mais le plus souvent aigrie. Son rôle est ingrat et frustrant car, « si quelques-unes essayent de se consoler de la tristesse de leur existence avec l'affection de leur élève, une pénible expérience leur apprend d'ordinaire que, si la mère consent volontiers à se décharger sur elle de l'austérité de ses devoirs, la tendresse de l'enfant est un fruit d'or *qu'il leur est interdit de cueillir* ».

Dans un de ses romans, *Miss Mary ou l'institutrice*[25], Eugène Sue campe le personnage d'une jeune institutrice irlandaise, Miss Lawson, venue se placer en France pour ne plus être à la charge de sa famille « honorable mais ruinée ». Jolie, instruite, elle séduit à son corps défendant le père, le frère, le fiancé de son élève, Alphonsine de Morville. Sa vie devient rapidement un enfer : elle doit se défendre de leurs avances, se justifier aux yeux des épouse et fiancée, jalouses et haineuses, tout en encaissant les vexations de Mme Pivolet, la nourrice d'Alphonsine : « Ah ! mes pécores, vous venez prendre dans la maison le premier rang après les maîtres et me renvoyer au service. Ah ! vous mangez avec les maîtres pendant que moi, qui suis la femme de confiance depuis 15 ans et qui vous vaux bien, je mange à l'office [...] Nous n'aimons pas, nous autres, ces amphibies d'institutrices qui ne sont ni chair ni poisson, ni maîtres ni domestiques et qui nous méprisent par leur position... »

Si l'on en croit Michelet, la réalité dépasse la fiction. Il parle de faits « étonnants, incroyables : ici c'est la passion du père portée jusqu'au crime, entreprenant d'effrayer une gouvernante vertueuse, lui coupant son linge, ses robes, même brûlant un jour ses rideaux ! Là, c'est une mère corrompue qui voulant gagner du temps et marier son fils le plus tard possible, trouve très bon qu'en attendant il trompe une pauvre demoiselle sans conséquence qui n'a ni parents, ni protecteur. Elle flatte, caresse la fille crédule, et sans qu'il y paraisse, arrange des occasions, des hasards calculés [26] »...

Il est difficile d'évaluer la compétence de ces institutrices. Comme on n'exige d'elles aucune garantie intellectuelle, aucun diplôme, il est certain que le pire doit côtoyer le meilleur. Le pire, c'est certainement cette jeune fille qui ayant reçu un vernis d'éducation dans un couvent, une pension ou même un ouvroir, « aime mieux être gouvernante que femme de chambre et cherche à se placer dans l'éducation »...

Les institutrices que l'on se recommande de bouche à oreille, qu'on se « repasse » d'une famille à l'autre, sont également recrutées par l'intermédiaire de bureaux de placement qui se font fort de trouver aux familles demandeuses un « bon sujet ». Entreprises prospères, puisque celle qui s'adresse à ces agences doit non seulement acquitter un droit d'inscription mais encore verser 5 à 10 % de ses appointements d'une année.

Dans la première moitié du siècle, les institutrices françaises sont les plus demandées, mais bientôt les *misses* anglaises et les *frauleine* suisses ou allemandes sont à la hausse et, le snobisme s'en mêlant, autant que le désir de donner à son enfant de bonnes bases linguistiques, font une redoutable concurrence aux *mesdemoiselles* françaises.

Le choix d'une institutrice est très délicat. Tous les livres d'éducation conseillent de prendre moult renseignements pour s'assurer d'une moralité irréprochable, de ne pas les choisir trop jeunes, *ni surtout trop jolies* ; à côté de ces recommandations impérieuses, les qualités pédagogiques de l'intéressée passent presque au second plan. Pour le docte abbé Balme-Frézol, la beauté d'une institutrice « est loin d'être un heureux présage pour les qualités essentielles ; elle est plutôt de nature à inspirer de sérieuses craintes lorsqu'elle ne se rencontre pas avec une piété solide et une vertu éprouvée. Ce n'est pas qu'il faille donner une préférence systématique à la laideur, qui inspire la moquerie, la pitié ou le dédain mais [27] »...

Dans son *Dictionnaire des idées reçues,* Flaubert note au mot institutrice : « Sont toujours d'une excellente famille qui a éprouvé des malheurs. Dangereuses dans les maisons, corrompent le mari. » La sanglante affaire Choiseul-Praslin lui donne amplement raison.

Le 18 août 1847, la duchesse de Choiseul-Praslin, née Fanny Sebastiani [28] est découverte baignant dans son sang, lardée de coups de poignard donnés par son mari dont le suicide, peu après l'assassinat, signe la culpabilité. Dramatique dénouement d'une lamentable histoire commencée le 1er mai 1841, lorsque Henriette Deluzy, vingt-huit ans, entre au service de la duchesse en qualité d'institutrice. Sa compétence ne fait pas de doute, *mais* sa beauté est incontestable ; un contemporain l'a décrite au lendemain du crime alors qu'elle était âgée de trente-quatre ans : « Pas très grande, les cheveux d'un blond cendré. Elle avait de belles dents, une carnation admirable, le nez légèrement retroussé, la poitrine et le buste impeccables. En un mot, elle était faite pour plaire. » Quant à Victor Cousin, qui fait partie de la commission d'enquête, il est subjugué par sa séduction, au point que Victor Hugo à qui il confie ses impressions, lui demande :

« Vous en êtes amoureux ?

— Hé ? Hé ? » répond Cousin.

Et sa moralité ? Plus que douteuse : plusieurs amants avant de partir en Angleterre où elle se place chez une Lady qui lui remettra à son départ de bons certificats.

Intelligente et ambitieuse, la gouvernante comprend vite le parti qu'elle peut tirer de la mésentente criante entre *Monsieur* et *Madame* et l'empire qu'elle pourrait exercer sur le duc [29]. Mariés en 1824, les époux sont profondément désunis depuis 1837 ; d'une jalousie maladive et amplement justifiée, la duchesse multiplie les scènes qui exaspèrent son mari. Peu mondain, le duc préfère la compagnie de ses enfants et des gouvernantes serviles et intrigantes qui se succèdent à la nursery pour élever les *neuf enfants* que ce « blond blafard » a donné à la brune, pulpeuse et très riche Fanny.

Au dire des domestiques, M. le duc « couchait » avec Mlle Deluzy deux mois après son arrivée. Un incroyable règlement édicté par M. de Praslin lui donne des pouvoirs illimités, et retire à la mère la jouissance de ses enfants et même le moindre droit de regard sur leur éducation : « La gouvernante mangera avec les enfants dans leur chambre [...] La gouvernante sera chargée de toutes les dépenses concernant les enfants : toilettes, instruction, femmes de chambre, bonnes, plaisirs. La gouvernante en un seul mot réglera tout ce qui concerne les enfants sous sa responsabilité. Les enfants ne sortiront qu'avec leur gouvernante. La gouvernante décidera quelles personnes les enfants verront ou ne verront pas », etc. [30].

Non content de bafouer sa femme sous son propre toit au vu et au su de tous les domestiques qui d'ailleurs détestent — en silence — la gouvernante et plaignent *Mme la duchesse*, le duc multiplie les cruautés, sans doute soufflées par *Mademoiselle* : il lui reprend ses cadeaux et les distribue, tolère qu'à table sa maîtresse soit servie avant sa femme, etc. Pendant le procès, les domestiques rapportent la scène suivante qui se déroule à Vaux-le-Vicomte, fief des Praslin : « La duchesse frappa avec vivacité à la porte de Mlle Deluzy, sachant que son mari était avec elle. Il ouvrit la porte et la referma avec une telle violence que la robe de Mme de Praslin se trouva prise dans cette porte et qu'elle fut obligée de s'en dépouiller parce qu'*on* ne voulut pas rouvrir la porte pour l'en dégager »...

En 1846, l'institutrice accompagne le duc et ses enfants en Italie et se fait passer pour *Mme la duchesse*. Ses intentions sont claires... Mais celle dont elle veut prendre la place réagit enfin et, devant une menace de séparation qui équivaut pour lui à la ruine (l'entretien de Vaux est coûteux et la fortune des Praslin plus que mince), le duc congédie enfin *Mademoiselle*. Après un faux suicide, avec une dose de poison soigneusement préparée, elle s'emploie désormais à « travailler » son amant pour le pousser à l'irréparable : le 18 août, le titre de duchesse était vacant, pour peu que la thèse rocambolesque de l'assassinat par un rôdeur ait été accréditée...

Trop jeunes et trop jolies, les institutrices « corrompent » le mari, trop âgées, elles risquent d' « assombrir la jeunesse par le contact assidu des cheveux blancs ou d'une maturité trop évidente » ; entre ces deux extrêmes, leur carrière est courte et la retraite vite arrivée. C'est l'heure où l'institutrice qui a amassé un petit pécule s'offre le mariage qui lui était refusé vingt ans plus tôt, faute de dot. Si elle a pris le parti de rester célibataire, elle s'achète un fonds de pensionnat et « s'y prélasse le reste de ses jours. Alors son plaisir est de faire bonne chère, d'avoir un caniche et un perroquet, de tourmenter ses pensionnaires, de torturer ses sous-maîtresses, s'exerçant à infliger ces milliers d'infimes persécutions dont elle a été longtemps victime ».

Mais laissons ces institutrices à leur destinée — souvent triste — pour revenir aux élèves qu'elles éduquent avec plus ou moins de bonheur.

Le rythme des études varie d'une famille à l'autre, mais il ne faut pas croire qu'une jeune fille élevée chez elle se prélasse dans son lit et baye aux corneilles. A la pension comme chez elles, les jeunes personnes se lèvent tôt et n'ont pas un moment d'oisiveté entre les études, la couture et la broderie, les exercices de piété, les arts d'agrément (dessin, musique et danse), et la promenade à petits pas dans le sillage de leur gouvernante. Levée tous les jours à 6 h 30, Gabrielle de Cisterne reçoit chaque jour la visite de *sept* maîtres et maîtresses qui se succèdent tambour battant entre 8 heures du matin et 8 heures du soir...

De l'abbé Gaultier à Victor Duruy : les cours

Entre l'éducation en commun et l'éducation domestique, les « cours pour jeunes filles » offrent une solution intermédiaire. A l'emprisonnement de l'internat qui distend les liens familiaux, on préfère parfois la liberté du cours qui, au contraire, les resserre puisque la jeune fille reste dans sa famille et que la mère est amenée à suivre le travail de sa fille. Ce mode d'éducation, très nouveau en ce début du XIXe siècle (l'éducation des femmes étant elle-même une nouveauté, se prête mieux aux innovations), remporte un grand succès et dispute aux pensionnats et aux couvents une clientèle aisée [31].

Le pionnier de ce type d'enseignement est l'abbé Gaultier qui a ouvert son premier cours dès 1786 ; il présente la particularité d'être suivi par des enfants *des deux sexes.* O surprise, filles et garçons y ont les *mêmes* maîtres et reçoivent le *même* enseignement. Fermé pendant la Révolution, le cours rouvre ses portes rue de Grenelle dès les premières années de l'Empire et connaît une très grande vogue, comme l'atteste Marie d'Agoult qui, lorsqu'elle n'est encore que Marie de Flavigny, en fréquente les bancs. La coquette Marie doit se trouver bien à l'aise au milieu des jeunes garçons... Parmi ses compagnes, on retrouve Fanny Sebastiani qui vient accompagnée de sa gouvernante, Henriette Mendelssohn, la tante du musicien... La fille unique du général Sebastiani, très gâtée et gourmande, est toujours pourvue pour son goûter d'un impressionnant assortiment de pâtisseries qui excitent la convoitise des autres élèves souvent beaucoup mieux « nées » mais aussi moins choyées. Les goûters aristocratiques ne se composent que de pain et, moyennant quelques nougats ou quelques babas, Marie l'éthérée — qui ne dédaigne pas les nourritures terrestres — aide la rondouillette Fanny qui s'enlise dans ses devoirs.

Les cours ont lieu le samedi après-midi. Ils sont sanctionnés par les titres de « président » et de « vice-président » qui distinguent les meilleurs élèves et des avalanches de jetons qui récompensent les bonnes réponses.

L'abbé Gaultier meurt en 1818, mais quelques-uns de ses disciples [32], fidèles à ses méthodes, entreprennent de poursuivre son œuvre et continuent de rassembler, rue des Saints-Pères, une clientèle fidèle. Comme par le passé, les leçons, adoptant le rythme de vie aristocratique (six mois à Paris, six mois dans ses terres), n'ont lieu que l'hiver, un seul jour par semaine. Les élèves viennent accompagnées de leur mère ou de leur institutrice.

Ex-instituteur du duc de Bordeaux comme l'annonce avec orgueil son prospectus, M. Colart s'est séparé du groupe précédent pour fonder son *Cours encyclopédique,* sis 12, rue de l'Arcade. Mêmes méthodes, mêmes jetons, même mixité. La prétention encyclopédique se retrouve aussi dans l'enseignement du *Cours pour Demoiselles du Grand Monde* [33] dirigé par Henri Prat ou encore du cours de M. Réaume, et surtout du cours de M. Levi-Alvarès. La « providence des mères de famille », Daniel Levi-Alvarès [34], ouvre en 1820 son fameux *Cours d'éducation maternelle* qui connaît jusqu'à la mort de son fondateur, en 1870, une vogue extraordinaire.

Tous ces cours sont exclusivement réservés aux jeunes filles du grand monde, mais il en existe quelques-uns pour des élèves moins huppées : le cours Lourmand, le cours Duvivier qui s'adressent aux futures institutrices. C'est au cours Lourmand qu'a été formée toute une pléiade de femmes « du plus sérieux mérite » qui à leur tour ont ouvert leur propre établissement dans la seconde partie du siècle ; parmi elles, Adeline Désir [35], fille d'un tanneur d'Arras, fonde en 1852 son *Cours d'enseignement moderne* [36], persuadée que « les têtes bien faites sont celles qu'il est le moins facile de faire tourner ». On peut citer d'autres directrices de cours célèbres : MMmes Boutet de Monvel, Mauduit, Van der Berg et l'un des cours les plus sélects, celui de M. d'Héristal dont s'entretiennent ces deux péronnelles :

« Voulez-vous venir mercredi au cours ? Il y a grande séance, rue d'Astorg, 27, monsieur d'Héristal... Oh ! c'est un monsieur très bien, il est décoré et puis maman dit qu'il est paternel.

— Qu'est-ce que vous y faites ?

— Toute sorte de choses. Des compositions... Nous avons eu : la mort de Jeanne d'Arc. Conversation de deux anges émus par les misères de la terre. Une mère à genoux devant un lion qui veut dévorer son enfant. Joseph vendu par ses frères. Hymne au soleil [...] C'est terrible, les mères, les tantes, sont là, quelquefois les papas avec leurs lorgnons.

— Ah ! Oui ?

— Je vous assure que c'est un joli coup d'œil, presque comme une soirée ; il y a des fleurs dans les jardinières, des domestiques en livrée pour ouvrir les portes ; des robes fraîches et quelles coiffures ! On apprend plus là que dans des journaux de mode [37]... »

Le reproche de la futilité, de la mondanité a souvent été fait à ces cours. Il n'est pas le seul. La courte durée de cette demi-année scolaire, la faible périodicité des leçons, l'absence d'examens entachent leur enseignement de légèreté. Le brillant l'emporte sur la solidité, disent les uns, la collaboration des mères de famille et des institutrices ne dépasse-t-elle pas la mesure ? s'interrogent les autres. Il semble en effet que, pour faire briller leur fille au milieu du sélect aréopage, les mères font à leur place l'essentiel des devoirs, les dispensant de travail personnel. La publicité donnée aux leçons qui se déroulent devant des spectateurs est également accusée de développer à l'excès le sentiment d'émulation et d'exciter la vanité des jeunes personnes. En 1866, l'abbé Balme-Frézol, parlant au nom du clergé, agacé de la concurrence que font les cours aux couvents, tente de les atteindre par la dérision : « Qui n'a rencontré dans la rue ou dans une voiture publique une jeune fille accompagnée de sa mère et suivie d'une gouvernante, toutes deux chargées d'un carton, de livres, de cahiers et de tout le bagage obligé d'un écolier qui se rend au collège. » Il fait ressortir « le ridicule de cette vie nomade pour une jeune fille qui la fait ressembler à un étudiant [38] ! »

L'année suivante, la création des *Cours d'enseignement secondaire pour les filles* [39], sur l'initiative du ministre de l'Instruction publique, va bien autrement déchaîner les foudres du clergé, qui voit passer les jeunes filles élevées « sur ses genoux », « dans les bras de l'université ». A Paris, les cours ouvrent à la Sorbonne le 5 décembre 1867, devant 226 auditrices. Ils ont lieu dans le grand amphithéâtre, six mois par an pendant trois ans, si l'on veut couvrir l'ensemble du programme. Les jeunes filles y viennent accompagnées et les devoirs, suspects d'entretenir une « intimité indécente avec les professeurs », sont facultatifs de même que les examens. Les enseignants sont des professeurs de faculté ou de lycée de garçons.

Victor Duruy espère attirer la haute société, mais les jeunes personnes qui fréquentent ses cours n'en font pas partie, à quelques exceptions près : la fille du marquis de Moustier, quelques riches héritières du Faubourg Saint-Germain, et les deux filles de la duchesse d'Albe, nièces de l'impératrice qui, malgré les idées politiques qu'on lui connaît, patronne l'entreprise. Au plus fort des attaques du clergé et des imprécations de Mgr Dupanloup, ses nièces continuent à fréquenter les cours du ministre honni du monde catholique.

Des *cours secondaires* ouvrent aussi en province[40], avec le concours plus ou moins réticent de l'administration municipale chargée d'apporter son aide et d'ouvrir ses locaux. A Troyes par exemple, l'ouverture est retardée, à cause de discussions entre le proviseur du lycée et le maire à propos du professeur d'histoire : « Le maire, écrit le proviseur, ne veut pas de M. Lemonnier, professeur d'histoire, toujours pour la raison *qu'il est jeune, beau garçon et par suite dangereux.* »

Leur succès varie d'une région à l'autre : dans l'Ouest, une grande partie du Massif central et les Alpes, l'opposition du clergé entraîne une abstention quasi générale de l'aristocratie suivie de la bourgeoisie aisée. A l'opposé, en Alsace, à Nîmes, les familles protestantes soutiennent les cours avec énergie.

La lutte est très chaude entre le clergé, ulcéré de voir l'Université mettre la main sur l'éducation des filles qu'il considère comme son domaine privé, dénonçant la grande conspiration des libres penseurs qui veulent plonger les femmes dans l'incrédulité, et les partisans de l'enseignement public et laïque des femmes, qui voient dans l'initiative de Duruy le moyen de les arracher « au joug des superstitions ridicules ». La campagne est menée par l'archevêque d'Orléans, Mgr Dupanloup, qui, contredisant ses prises de position antérieures favorables à une meilleure formation intellectuelle des femmes, s'élève contre « la sécularisation des intelligences ». « La publicité de l'éducation des filles est une chose inconvenante, dit-il. Il est d'ailleurs ici dans la langue française des délicatesses saisissantes ou plutôt des rudesses que M. Duruy aurait dû consulter. On dit par exemple et rien n'est plus favorable, un homme public, c'est-à-dire un homme voué au service de l'Etat, à la vie au grand jour. Mais essayez un autre emploi de ce mot, et vous verrez à quel sens vous arriverez, à quelle injure ! » De là à comparer les innocentes jeunes personnes qui viennent s'asseoir sur les bancs de la Sorbonne à des filles publiques, il n'y a qu'un pas que le prélat n'ose pourtant pas franchir.

Les lettres pastorales, les mandements épiscopaux, les sermons en chaire, les visites aux notables, les pressions de toutes sortes, rien n'est négligé pour dissuader les catholiques d'inscrire leurs filles aux cours. Des conflits éclatent à l'intérieur des familles entre certains pères libres penseurs et leurs épouses sensibles aux arguments du clergé : « un juge a fait inscrire sa fille, mais la mère a déclaré quant à elle qu'elle n'accompagnerait jamais sa fille »...

Au total, on estime que, dans l'ensemble du pays, environ deux mille jeunes filles profitèrent peu ou prou de l'enseignement prévu par le ministre, pendant les trois années qui précédèrent la chute de l'Empire. C'est peu. L'expérience avait eu au moins le mérite de lancer l'idée d'un enseignement secondaire féminin public et laïque.

II

Les couvents ou l'éducation « sur les genoux de l'Eglise »

Le pour et le contre

« Mon ours est parti, nous pouvons donc nous amuser à ciel ouvert. Dieu soit loué, je suis libre ! Pour comble de bonheur, mes deux gendarmes de filles sont rentrées en pension ce matin. Sais-tu que ce n'est pas toujours gai d'avoir à côté de soi, partout où l'on va, deux grands actes de naissance qui font dire, oui, la maman doit avoir 35 ans [1]. » Voilà clairement exprimée une des raisons qui poussent les mères de famille à mettre leurs filles en pension... Internat, soit ! Mais, pension ou couvent ?

Depuis la signature du Concordat, les anciennes communautés dispersées par la Révolution commencent à rouvrir leurs portes et quelques congrégations enseignantes comme les ursulines, la congrégation de Notre-Dame, les augustines, refont surface ; mais, la majorité des congrégations enseignantes qui vont se partager le quasi-monopole de l'enseignement féminin, datent des premières décennies du siècle [2], « où elles sont venues faire surabonder la grâce où avait abondé le péché ».

Le couvent a ses partisans nombreux et inconditionnels. Dans les milieux aristocratiques, on met sa fille au couvent par tradition familiale. Il est vrai que pour donner aux jeunes filles une éducation pieuse, le couvent demeure le *nec plus ultra.* Bien sûr, certains disent que les couvents ont l'inconvénient de « faire prendre aux jeunes personnes des formes austères, qui sans leur donner plus de vertu, leur font conserver dans le monde, un air de pruderie, de rudesse qui altère l'aménité qui sied si bien à leur sexe [3] ». Certes, une jeune fille qui fait son entrée dans le monde après plusieurs années passées au milieu des sœurs peut afficher un maintien un peu gauche et gourmé, mais, au moins elle retire de son séjour au couvent l'horreur de l'adultère et des châtiments éternels. La clôture, infranchissable, offre une garantie supplémentaire de moralité à la compagnie déjà tellement rassurante des religieuses que l'on ne peut pas suspecter de débauche au XIXe siècle ; bref, « c'est là que le moral est le plus en sûreté ».

Mais l'éducation au couvent n'est pas exempte de défauts et de *dangers*, comme le font remarquer ses adversaires. Il leur semble absurde que ce soient des religieuses ayant fait le vœu de renoncer au monde qui élèvent des jeunes filles qui auront à y vivre et à s'y faire une place — et la plus brillante possible. L'ignorance du siècle, l'habitude d'une trop grande retraite sont autant de handicaps pour celles qui sont destinées à vivre en société. Mme Leroy-Allais [4], élevée à la fin du Second Empire par les augustines, dans un couvent proche de Honfleur, ne peut être suspectée d'anticléricalisme primaire ; son expérience du couvent, dont elle garde d'excellents souvenirs, lui inspire quarante ans plus tard les réflexions suivantes :

« Est-ce là une éducation qui faisait des personnes pratiques, autrement dit des unités de combat ? Non, certes. Et, s'il est strictement vrai que le but de l'éducation est de former l'enfant pour le milieu qui sera le sien, et l'existence qu'il devra mener, les méthodes congréganistes [...] étaient défectueuses. *On n'élevait pas les jeunes filles pour la vie telle qu'elle est ; on les élevait pour la vie telle qu'il faudrait qu'elle fût.* L'enseignement moral qu'elles recevaient pouvait se résumer ainsi " il y a au soleil de la place pour tout le monde ; prenez la vôtre, mais rien que la vôtre, et aidez les faibles à réclamer la leur ". Et elles tombaient dans une société où cette doctrine est en honneur : " plus vous tiendrez de place au soleil, plus vous verrez clair, et plus vous aurez chaud. Passez sur le dos des imbéciles qui ne savent pas se défendre ". Beaucoup dès lors étaient vaincues d'avance [5]. » Mme Leroy-Allais met le doigt sur une des nombreuses contradictions de l'éducation de ses semblables au XIXe siècle.

Pour Victor Hugo, comme pour Balzac, rien n'enflamme davantage l'imagination que les grilles claustrales, rien ne prédispose une jeune fille à l'exaltation, au mysticisme ou aux « passions » comme l'éducation reçue dans les couvents. « Le couvent, dit le premier, tourne la pensée du côté de l'inconnu. Le cœur se replie sur lui-même, se creuse, ne pouvant s'épancher et s'approfondir, ne pouvant s'épanouir. De là des visions, des suppositions, des conjectures, des romans ébauchés, des aventures souhaitées, des constructions fantastiques, des édifices tout entiers bâtis dans l'obscurité intérieure de l'esprit, sombres et discrètes demeures où les passions trouvent tout de suite à se loger. Le couvent est une compression qui, pour triompher du cœur humain, *doit durer toute la vie* [6]. » L'expérience de George Sand semble lui donner amplement raison...

Mise en pension chez les Dames anglaises à quatorze ans, Aurore Dupin, après une année de diableries, sombre dans la plus parfaite dévotion à la suite d'une brusque conversion à la Pascal : un jour, à la chapelle, elle feuillette avec distraction une *Vie des saints* et tombe par hasard sur la vie de Simon le Stylite, l'ermite au pilier. Le lendemain, elle dévore le livre, et, le soir, elle entre dans la chapelle plongée dans la pénombre et seulement éclairée par une petite lampe dont la flamme se reflète sur les marbres polis. Un cadre magique et romantique pour la conversion d'Aurore qui, à l'appel d'une voix mystérieuse, s'abat sur les dalles de la chapelle. « Mes larmes coulaient comme une pluie d'orage, mes sanglots brisaient ma poitrine... j'arrosais littéralement le pavé de mes pleurs [7]. » Joie, joie, pleurs de joie ! avait dit Pascal, nous n'en sommes pas loin... A partir de cette nuit, sa dévotion prend le caractère d'une « passion ». Sainte Aurore, comme la surnomment ses compagnes, porte au cou, en guise de cilice, un chapelet qui la comble d'aise en l'écorchant jusqu'au sang, elle passe des heures à prier et à pleurer à la chapelle, s'enflamme pour une sœur converse laide et tuberculeuse qu'elle aide à accomplir les tâches les plus rebutantes ; bref, une « passion ardente ». Elle allait en connaître bien d'autres...

Le risque de la vocation religieuse est d'ailleurs une éventualité qui fait hésiter certains parents à mettre leur fille au couvent, et en incite d'autres à limiter à un ou deux ans leur séjour derrière les grilles monastiques, le temps de faire « une bonne première communion ». De la religion, de la dévotion même, certes, mais point trop n'en faut. Il s'agit de préparer les jeunes filles à leur destinée d'épouse fidèle et de mère dévouée, de leur apprendre à craindre Dieu, leurs parents et bientôt leur mari, mais non de les inciter à prendre le voile. Les religieuses, conscientes du tort que pourraient faire à leur établissement des vocations chez les élèves, se gardent bien de les encourager. C'est d'ailleurs cette pensée qui guide la conduite de la mère supérieure et du confesseur d'Aurore Dupin devant le zèle de la jeune fille : « Mon enfant, vos parents s'inquiètent de votre exaltation... Votre grand-mère écrit qu'on vous fanatise... Vous savez bien qu'au contraire, on cherche à vous calmer... Je vous donne pour pénitence de retourner aux jeux et aux amusements de votre âge. » Plus tard : « L'intention de votre grand-mère est de vous marier, si dans deux ou trois ans vous ne l'êtes pas et que vous n'ayez pas envie de l'être, nous reparlerons de vos projets. » Et pour plus de sûreté, la voltairienne Mme Dupin retira sa petite-fille du couvent. Une femme spirituelle dit un jour à sa fille dont l'excès de dévotion altérait la santé et la bonne humeur : « Ma fille, vous étiez un ange ; vous voulez devenir une sainte : c'est déchoir. » L'éducation du XIXe siècle vise à former des anges mais non des saintes.

De l'exaltation à la folie, il n'y a qu'une marche que franchirent certaines pensionnaires, ce qui permit aux adversaires des couvents d'assurer que la clôture, l'enfermement menaient tout droit au déséquilibre mental et à l'hystérie. Le couvent des augustines anglaises fut au milieu du siècle le cadre d'une curieuse affaire d'hystérie collective. Les jeunes filles, brusquement atteintes d'« une affection nerveuse », se mirent à rire et à aboyer convulsivement. Au bout de quelques semaines, tout rentra dans l'ordre et la plupart des pensionnaires guérirent mais « Mlle de Tholozan resta sujette à des hoquets et à de véritables aboiements [...] on la maria au marquis de Dampierre. Sa maladie s'aggrava ; on eût dit que par moments une personne étrangère naissait en elle et pensait tout haut. Elle si polie, si bien élevée disparaissait. On entendait une voix rauque dire aux gens des vérités rarement aimables, quelquefois affreuses, puis des jurements [8], des plaisanteries de caserne [9] »... Un cas troublant de dédoublement de la personnalité qu'il ne faut pas uniquement attribuer à l'éducation reçue chez les augustines anglaises...

Un autre grief que l'on fait aux couvents est la faiblesse de leurs études, due en partie au fait que les couvents, se retranchant derrière la clôture, refusent de se soumettre aux inspections auxquelles sont astreintes les pensions laïques, et que les religieuses sont dispensées des diplômes que l'on exige des maîtresses séculières. Celles-ci, pour être autorisées à enseigner doivent justifier d'un brevet, alors qu'il suffit tout simplement aux religieuses de présenter la *lettre d'obédience* de leur supérieure les habilitant à enseigner. Cette pratique qui n'était que tolérée jusqu'au milieu du siècle, est arbitrairement légalisée par la loi du 15 mars 1850 [10] qui accorde ainsi un privilège à l'enseignement congréganiste au détriment de l'enseignement laïque.

A la vérité, il est difficile d'évaluer la qualité de l'instruction donnée dans les couvents. Toutefois, en dehors de l'opinion générale de l'époque qui — à quelques exceptions près — la juge inférieure à celle des pensionnats laïques, des indices objectifs permettent de la présumer sinon moins solide, en tout cas différente : la religion est le principal objet de l'enseignement et la base de toutes les connaissances ; les programmes sont moins chargés et les emplois du temps font naturellement une large place aux exercices de piété — messe, prières —, forcément au détriment de l'instruction proprement dite.

Les dames du Sacré-Cœur : noblesse oblige

En 1820, la Société du Sacré-Cœur acquiert le magnifique hôtel Biron, grâce à un don de cent mille francs, don royal dans toute l'acception du mot puisqu'il est généreusement alloué par Louis XVIII. C'est dans ces bâtiments ordonnés par Gabriel, et sous les quinconces de tilleuls et de marronniers, que plusieurs générations des femmes les mieux nées de France vont passer quelques années de leur éducation. Les débuts de l'ordre et les origines de la fondatrice étaient pourtant des plus modestes.

Fille d'un simple tonnelier de l'Yonne (Joigny), mais très instruite, Madeleine-Sophie Barat avait fondé en 1800, avec trois autres jeunes filles, la Société du Sacré-Cœur ; l'année suivante, à Amiens, elle ouvrait son premier pensionnat, destiné aux jeunes filles pauvres mais aussi aux jeunes filles des classes aisées ; « l'idée jésuite [11] d'une rechristianisation en quelque sorte verticale et qui commencerait par le haut, est courante et le demeure longtemps. Ainsi se trouve inversée la démarche qui avait présidé aux fondations destinées aux filles des XVIe et XVIIe siècles, fondations qui s'attachaient pour la plupart à l'éducation gratuite des filles pauvres avant de se préoccuper des classes élevées [12] ». Les estimables maîtresses sont des « jésuites femelles [13] » comme elle l'avouent avec orgueil. Cette collusion du Sacré-Cœur avec la Compagnie de Jésus a d'ailleurs nui à la congrégation auprès d'une partie de l'opinion, en particulier la bourgeoisie éclairée.

Entre 1801 et 1865, 89 pensionnats vont ouvrir leurs portes, tant en France qu'à l'étranger. L'établissement de Paris, créé en 1816 rue de l'Arbalète ne tarde pas à devenir trop petit pour l'imposante clientèle qui y afflue ; il faut déménager 77 rue de Varenne dans l'hôtel Biron, au cœur du Faubourg Saint-Germain où se recrute l'essentiel de la clientèle.

Immédiatement quelques travaux sont entrepris pour essayer de masquer, mais en vain, la splendeur profane des lieux. Avec Marie de Flavigny qui est pensionnaire en 1820-1821, pénétrons dans l'hôtel : « Les classes et le parloir au rez-de-chaussée, l'escalier monumental, les dortoirs du premier étage conservaient l'ordonnance et les nobles proportions de leur destination première, les glaces ôtées ou voilées, le crucifix suspendu aux rinceaux dorés des salons avertissaient à la vérité qu'on était dans un lieu de pénitence. Mais l'impression qu'on recevait en y entrant, l'air qu'on y respirait, libre et sonore, n'inclinaient le cœur ni à la solitude volontaire, ni à la modestie des vertus chrétiennes. » L'hôtel (aujourd'hui occupé par le musée Rodin) était réservé aux pensionnaires, les religieuses habitaient les communs et les bâtiments qui furent construits plus tard dans le fond du jardin (ils abritent aujourd'hui le lycée Victor Duruy).

La splendeur du décor ne signifie pas pour autant que les pensionnaires vivent dans le luxe ou le confort. La rançon du succès est l'entassement des élèves dans les locaux aussi somptueux que peu fonctionnels et dont les dernières dorures achèvent de disparaître vers 1845, sous d'impitoyables couches de peinture gris souris. A la même époque, les trois cents élèves de l'école gratuite [14] se serrent au rez-de-chaussée, et les classes réservées aux internes sont à l'avenant. L'encombrement est tel dans les dortoirs que la mère Barat parle de « vrais taudis ».

Le Sacré-Cœur est pourtant le couvent le plus renommé de la capitale et aussi le plus cher : le prix de pension annuel est de 1 000 francs, non compris les cours de langues et d'arts d'agrément qui sont payés à part. Mais ni l'inconfort, ni les prix ne font reculer la riche et noble clientèle attirée par le charisme de la mère Barat, la renommée de Mgr Frayssinous, supérieur ecclésiastique du couvent et aussi comte et pair de France, grand maître de l'Université, puis ministre de l'Instruction publique et académicien, ainsi que par la protection officielle de la famille royale (sous la Restauration).

Pensionnaires et religieuses sont de noble origine : il suffit de citer les noms prestigieux des familles clientes du Sacré-Cœur : Lespinasse, d'Autichamps, d'Harcourt, La Rochejaquelein, Boisgelin, Rohant-Chabot, Vogüe, Montmorency, Clermont-Tonnerre, etc. pour s'en persuader. Les religieuses n'ont rien à leur envier quant aux quartiers de noblesse, et malgré leur voile noir, leur croix d'argent sur la poitrine et leur rosaire au côté, « elles ne se piquaient pas d'oublier leur origine [15] » : on reste entre gens du même monde. La supérieure le déplore : « Enfants de nobles, de ministres, écrit-elle un jour découragée par la morgue de certaines de ses élèves, ah ! que nous préférerions évangéliser les sauvages ! Ils n'abuseraient pas tant des grâces du Seigneur. »

L'aristocratie n'est pas la seule caractéristique du Sacré-Cœur ; la vie familiale qu'on y mène, la relative douceur des religieuses, la sollicitude apportée aux détails matériels — pour autant que les instructions de la supérieure aient été suivies — donnent à la maison un cachet d'humanité très nouveau par rapport aux couvents du XVIIIe siècle.

La renommée du Sacré-Cœur de Paris lui attire une importante clientèle étrangère [16]. Ces enfants dépaysées, déboussolées dans un pays dont elles ne connaissent pas toujours la langue, ni les habitudes, ni la cuisine, ont droit à toute la sollicitude de la mère Barat. Devant les gros chagrins qui explosent les premiers jours, elle conseille la douceur, la persuasion : « Mettez-vous à leur place : leur faire endosser un tablier et des manches d'écriture, leur offrir une panade et des carottes, il y a de quoi les faire bondir. Laissez-les tacher d'encre une première robe d'uniforme, demandez-leur avec bonté ce qu'elles aiment, donnez-leur de petits entremets appétissants, quelques friandises. Avec le temps elles voudront faire comme leurs compagnes. » C'est ainsi qu'à une petite Valaque de huit ans qui pleure au réfectoire devant les plats inconnus qu'on lui présente, on sert, comme elle le réclame dans un français hésitant : « des pommes de terre chaudes qui s'ouvrent et on met du beurre dedans » !

Fuyant les mondanités, la mère Barat préfère veiller à mille détails matériels ; on la voit au réfectoire ; elle inspecte les dortoirs et l'infirmerie où on la trouve un jour, lisant les *Aventures de Polichinelle* à une petite pensionnaire qui s'ennuie. Les « petites », les benjamines du couvent qui appartiennent souvent aux milieux diplomatiques et celles dont les mères se débarrassent en les mettant le plus tôt possible au Sacré-Cœur, ont toute sa tendresse. Il y a sous la Restauration une quinzaine de petites de cinq à huit ans de toute nationalité et lorsqu'on crée pour elles une classe spéciale, on voit arriver des bébés à peine sevrés...

Les liens qui unissent pensionnaires et maîtresses vont plus loin que les simples relations d'élèves à professeurs. Chacune des dames regroupe autour d'elle une clientèle d'élèves qui la considèrent un peu comme leur « mère » [17]. Les enfants sont libres de choisir la dame dont elles sollicitent la tutelle. « La mère, raconte Gabrielle de Cisterne, élevée au Sacré-Cœur de Poitiers, était un intermédiaire bienveillant entre nous et les hautes puissances ; elle nous donnait des conseils, elle demandait notre grâce quand nous étions punies, elle nous soutenait dans nos découragements, elle partageait nos joies [18]. »

La Revue de l'Enseignement des Femmes fait paraître en 1847 un tableau des couvents de Paris qui dispensent une instruction dite supérieure ; le Sacré-Cœur y figure parmi la dizaine d'établissements religieux qui assurent une « éducation sérieuse et complète ». Pourtant Marie de Flavigny raconte comment on la plaça à son arrivée au couvent — elle avait seize ans — dans la classe supérieure où « sur cinq nobles demoiselles, élevées par de nobles dames, deux seulement écrivaient correctement l'orthographe » ! Réalité ou exagération malveillante de la part de cette ex-pensionnaire dévoyée ? La scène remonte à 1821, l'année suivant l'installation dans l'hôtel Biron et, entre cette date et l'année 1847 où le Sacré-Cœur est crédité d'un enseignement supérieur, le couvent avait dû singulièrement améliorer le niveau de ses études [19].

L'année scolaire s'achève en apothéose par la fête de la supérieure, le jour de la sainte Madeleine, le 22 juillet. Jamais elle n'a été plus réussie que le 22 juillet 1830. Quelques jours auparavant, les pensionnaires toutes vibrantes de foi patriotique, et de foi tout court, ont chanté un *Te Deum* pour célébrer la prise d'Alger par les troupes royales. La monarchie, tellement bienveillante pour la Société du Sacré-Cœur, semble définitivement affermie. Le pensionnat compte le chiffre record de 160 élèves. Cinq jours plus tard éclatent les Trois Glorieuses qui vont détrôner Charles X... Un rude coup pour les familles légitimistes, clientes du Sacré-Cœur, qui voient s'enfuir avec la branche aînée pensions et prébendes. A la rentrée suivante, le nombre des élèves a diminué de moitié. A la même époque, la mère Barat quitte la rue de Varenne pour aller fonder des noviciats à l'étranger ; la nouvelle supérieure, la mère de Gramont, aristocrate jusqu'au bout du chapelet, en profite pour renforcer — si besoin est — le recrutement patricien du couvent. Le Sacré-Cœur devient une pépinière de jeunes plantes légitimistes d'où sont impitoyablement exclues les mauvaises herbes roturières.

En 1846, le couvent est touché par une épidémic de rougeole qui fait plusieurs victimes parmi les pensionnaires et qui emporte la mère de Gramont. On pensa que la maison, décapitée, n'allait jamais se relever. Il n'en fut rien. Madeleine-Sophie Barat redevint supérieure et entreprit de réformer certains abus et privilèges qu'elle avait laissés à l'état d'un pied de violette et qui, sous le supériorat précédent, avaient crû en une énorme touffe de chiendent.

En 1848, les événements de février vident le couvent et remplissent Paris d'indigents affamés par la pénurie de ravitaillement. Les dames du Sacré-Cœur délaissent momentanément l'instruction des jeunes personnes pour secourir tous ceux qui se pressent rue de Varennes pour demander un bol de soupe. La charité des religieuses leur vaut des articles élogieux dans la presse et l'estime de l'opinion publique *sans distinction de parti*. Non seulement le pensionnat ne sombre pas, comme on l'avait prédit, mais l'affluence des pensionnaires redouble, avec un élargissement — timide — du recrutement vers la bourgeoisie du Second Empire. En 1865, la supérieure et fondatrice de l'ordre meurt « en odeur de sainteté » au milieu de ses « filles » de la rue de Varenne [20].

Les Dames anglaises : au vrai chic londonien

L'établissement des augustines anglaises jouit, lui aussi, sous la Restauration d'une grande vogue. Installé depuis 1634 rue des Fossés-Saint-Victor, ce couvent fait partie des deux ou trois communautés britanniques qui se sont réfugiées à Paris pendant la dictature de Cromwell ; c'est aussi le seul qui ait subsisté en ce début du XIXe siècle.

A l'origine toutes les élèves étaient anglaises et appartenaient aux familles les plus prestigieuses de leur nation puis, avec le temps, le nombre des pensionnaires françaises augmente jusqu'à égaler, sous le Directoire, lorsque le pensionnat est réouvert, le nombre des élèves d'Outre-Manche. La clientèle est aristocratique, mais moins exclusivement que celle du Sacré-Cœur et Aurore Dupin, alias George Sand, née comme elle le dit « à cheval sur deux classes [21] », y est admise sans difficulté. Elle y a pour compagnes Mlle de Mortemart, Mlle de Montmorency, Valentine de Gouy, Camille de Josne-Contay, Eugénie de Castella, Sidonie Mac Donald, qui comme d'autres filles de généraux de l'Empire ralliés à la Royauté, est mise chez les Dames anglaises pour se faire des relations utiles à l'ambition de leurs parents.

Les religieuses quant à elles sont toutes anglaises, écossaises ou irlandaises, de même que les aumôniers qui viennent officier, sermonner, confesser ces demoiselles. Tout est anglais dans le couvent depuis le thé que les religieuses boivent trois fois par jour en invitant les pensionnaires les plus sages à le prendre avec elles, jusqu'aux portraits de princes et de prélats britanniques qui ornent le bureau de la supérieure, et « quand on avait franchi la grille, il semblait qu'on eût traversé la Manche [22] ». Les sœurs parlent anglais aux élèves et, à certaines heures de la journée, il est interdit, sous peine de sanction, de prononcer un seul mot de français.

Le couvent est un véritable village composé de nombreuses constructions, de cours, de corridors et de jardins où il est facile pour une nouvelle de se perdre. « Je fus bien un mois avant de savoir m'y rendre seule », avoue George Sand.

On entre par une lourde porte percée d'un petit guichet donnant sur un cloître pavé de pierres tombales, de têtes de mort et d'ossements en croix ; elle se referme sur les pensionnaires avec « un bruit solennel et un grincement de verrous lugubre »... Le couvent est entouré d'un grand jardin planté de marronniers, au bout duquel commence un non moins grand potager. A travers une grille, les élèves aperçoivent « les raisins dorés, les melons majestueux et les beaux œillets panachés ». Le potager et le poulailler nourrissent les 130 personnes — religieuses, pensionnaires, locataires, maîtresses séculières et servantes — qui logent au couvent, sous la Restauration.

Les locaux n'ont pas la splendeur de l'hôtel Biron, et le confort laisse tout autant à désirer comme en témoigne George Sand. Trente-cinq ans plus tard, elle se souvient avec une étonnante précision de la petite classe où s'entassaient une trentaine de pensionnaires, de ses murs recouverts d' « un vilain papier jaune d'œuf », du plafond « dégradé », des bancs et des tables « malpropres », du poêle « qui fumait », du plancher « brisé » et de l'odeur du poulailler qui n'était pas loin. En hiver, on souffrait du froid chez les Dames anglaises : « Le dortoir, situé sous le toit en mansarde, était si glacial que je ne m'endormais pas et que j'entendais tristement sonner toutes les heures de la nuit. A six heures, les deux servantes, Marie-Josèphe et Marie-Anne venaient nous éveiller impitoyablement [...] On se lavait dans de l'eau dont il fallait briser la glace et qui ne lavait pas. On avait des engelures, les pieds enflés saignaient dans les souliers trop étroits. [...] Moi, je ne dégelais que vers midi, j'avais des rhumes épouvantables, des douleurs aiguës dans tous les membres ; j'en ai souffert pendant quinze ans. »

L'année suivante, Aurore, qui est passée dans la classe des « grandes » est autorisée, en tant que telle, à avoir une chambre particulière de dix pieds de long sur six de large (soit 3,30 mètres sur 2) dans la soupente. Fournaise en été, cette cellule pleure en hiver des stalactites de glace à travers les fentes du plafond ! Sans rancune, Aurore, en quittant définitivement le couvent baisera les murs de cette « petite niche poudreuse[23] » et misérable sur lesquels elle avait barbouillé des romans entiers...

Toujours d'après cette prestigieuse élève, les études y sont « à peu près nulles ». Les pensionnaires sont réparties en deux sections : la petite et la grande classe. La petite regroupe des élèves de six à quatorze ans. On se doute qu'une telle disparité dans les âges ne doit pas faciliter l'enseignement des maîtresses, ni favoriser les progrès des élèves. Les Dames anglaises n'assurent pas l'enseignement des matières profanes dont sont chargées des maîtresses séculières, logeant au couvent. Ces « pions femelles » ne sont pas toujours à la hauteur de leur tâche, si l'on en juge par la description de Mlle D... qui fait l'enseignement de la petite classe : c'est « une personne d'une tournure, d'une figure, d'une tenue repoussantes, avec un langage et un caractère à l'avenant ». Cette maîtresse « grasse, sale, voûtée, bigote, bornée, irascible, dure jusqu'à la cruauté, sournoise, vindicative » a en outre « de la joie à punir, de la volupté à gronder ».

Faiblesse des études ? Inconfort notoire ? Concurrence d'autres établissements qui bénéficient de l'appui du pouvoir ? Toujours est-il que les Dames anglaises voient leur clientèle s'amenuiser comme une peau de chagrin. En 1849, le nombre des pensionnaires est si réduit qu'au terme de l'année scolaire, il n'y a même pas lieu de faire une distribution des prix. Pour augmenter les effectifs, la nouvelle supérieure[24] décide de faire une place de plus en plus grande au tiers état en la qualité de filles de négociants et d'industriels. Manœuvre lucrative dans l'immédiat, mais qui à long terme s'avère catastrophique. La bonne société accuse le couvent de s'« encanailler » et retire ses filles de ce milieu devenu trop roturier. Et les bourgeois, frustrés dans leurs espérances de voir leurs héritières frayer avec celles de la noblesse, portent désormais leur choix sur d'autres établissements.

Après avoir vivoté pendant dix ans, avec une vingtaine de pensionnaires, les religieuses sont expropriées en 1859, en prévision du percement de la rue Monge prévu par Haussmann et lorsqu'elles déménagent à Neuilly, leur vogue est passée depuis bien des lustres...

L'Abbaye-aux-Bois et les Oiseaux

Fondée au XVIIe siècle par saint Pierre Fourier et la bienheureuse Alix Le Clerc, la Congrégation de Notre-Dame comptait avant la Révolution plus de 90 maisons d'éducation en France. Au début du XIXe siècle, l'ordre dispersé reconstitue petit à petit à Paris trois établissements renommés pour l'éducation des jeunes filles du monde : l'Abbaye-aux-Bois, les Oiseaux et la maison du Roule.

L'Abbaye-aux-Bois, située 16, rue de Sèvres [25], est popularisée par la présence de Mme Récamier qui vient y passer dans une retraite assez peu rigoureuse le dernier quartier de sa vie, et par la visite quotidienne de Chateaubriand venant chaque après-midi prendre sa tasse de thé et « sa ration d'encens ». Réinstallée en 1809, la communauté accueille déjà, cinq ans plus tard, 60 pensionnaires sous la houlette de 45 religieuses qui assurent en plus l'instruction gratuite de 200 élèves externes du quartier, sans compter les 30 « dames en chambre ». L'Abbaye-aux-Bois, comme la plupart des communautés de femmes du siècle précédent, loue à des dames du monde des appartements situés dans les bâtiments conventuels. Les femmes seules — veuves, femmes mal mariées — trouvent un refuge honorable dans les couvents qui, abusant de cette pratique commerciale, se transforment parfois en véritables « hôtels garnis ».

Tout ce petit monde est administré de main de maître par la supérieure, Mme de Navarre, aussi belle qu'efficace et dont un respectueux — et ecclésiastique — admirateur disait : « Quand Mme de Navarre est dans son jardin, entourée de ses religieuses et de ses jeunes filles, il me semble que je vois Calypso au milieu de ses nymphes. » Une comparaison bien profane dans la bouche d'un prélat à propos d'une religieuse...

Malgré son excellente réputation, l'Abbaye-au-Bois n'a pourtant pas la même notoriété que le couvent des Oiseaux dont le prix de pension est d'ailleurs plus élevé (900 francs contre 800). Depuis 1818[26], le couvent est établi 86, rue de Sèvres dans l'hôtel dit des « Oiseaux », à l'angle du boulevard des Invalides. L'hôtel, qui avait servi de prison sous la Terreur, tenait son nom des grandes volières élevées par un des anciens propriétaires dans le parc ; les oiseaux exotiques divertissaient les badauds à travers les grilles ajourées, plus tard soigneusement murées — clôture oblige — qui entouraient le jardin. A moins que l'appellation bucolique ne fasse allusion à une volée de petits oiseaux peints sur les murs d'une pièce par le sculpteur Pigalle qui occupa l'hôtel avant la Révolution. Quoi qu'il en soit, les jeunes personnes remplacèrent les oiseaux des îles et le couvent devint une volière bruissante de jeunes filles bien élevées...

Le journaliste Louis Veuillot, rédacteur en chef du journal catholique et ultra-montain *L'Univers*, visite le couvent en 1839[27] et donne une idée de ses proportions : « Nous pensions visiter un jardin et nous parcourons un village. Voici maintenant la ferme avec ses fenêtres rustiques, ses poules qui gloussent, son étable où ruminent gravement quatre belles vaches, dont le lait destiné aux malades est à l'abri de la science multiplicatrice des laitières de Paris [...] Allons à ce petit bâtiment situé là-bas au milieu des plates-bandes. C'est là la chapelle des Enfants de Marie[28]. » Le parc abrite une grotte rustique avec une statue de saint Joseph, tapissée d'ex-votos des élèves « prouvant que saint Joseph ne refuse jamais un bon conseil » et une autre chapelle, construite en 1839 dans le style gothique flamboyant cher aux contemporains.

L'enseignement y est, paraît-il, « aussi élevé, aussi complet qu'au couvent du Sacré-Cœur ». On y enseigne « avec les lettres, l'histoire naturelle et les éléments de la géométrie et de la physique ». Mais le grand chic des Oiseaux est la « classe blanche », la dernière, la plus élevée, celle que suivent les grandes qui doivent quitter le monastère l'année suivante. Pour celles qui vont affronter le monde et ses périls, les dames ont concocté, en guise de viatique, un cours spécial contre le double danger de l'incrédulité et de la frivolité qui les attendent, prêtes à les dévorer dès que les portes du couvent se seront refermées sur elles. Il s'agit d'une classe de philosophie, mais de « philosophie à l'usage des jeunes filles » où l'on étudie la religion « avec ses preuves et avec les réponses précises aux objections les plus communes ». On y est aussi mise en garde « contre les futilités des existences sans but qui s'épuisent entre le roman, le spectacle, la toilette et les frivoles caquetages de salon [29] ». Bref, une philosophie qui, semble-t-il, n'a de la philosophie que le nom.

Le couvent des Oiseaux, très prospère sous la Restauration, jouit comme le Sacré-Cœur de la protection royale. Louis XVIII y place les boursières qu'il élève à ses frais et que viennent visiter la duchesse d'Angoulême et la duchesse de Berry. Mais la révolution de 1830 lui porte un grave préjudice en lui faisant perdre plus de la moitié de sa clientèle en trois jours. Les troubles passés, les élèves reviennent et, à la fin de la Monarchie de Juillet, les Oiseaux ont retrouvé 160 pensionnaires (contre seulement 57 pour l'Abbaye-aux-Bois), ce qui en fait le deuxième établissement religieux de la capitale après le Sacré-Cœur (210 élèves).

Après plusieurs déménagements, une troisième communauté de la congrégation de Notre-Dame s'installe dans l'hôtel de Neuville, 73, faubourg du Roule (actuellement 29, avenue Hoche). Les familles de Rohan-Chabot, de Gontaut-Biron, de Giverville, de Saint-Geniès, d'Agoult, etc., lui confient leurs filles qui côtoient, comme dans les deux autres établissements de la congrégation, celles de la bonne bourgeoisie.

Dans les trois communautés, les religieuses que les élèves appellent « maman » n'ont pas la haute noblesse ni la grande fortune des dames du Sacré-Cœur, et comme le dit la supérieure des Oiseaux : « Jamais nous n'avons cherché la fortune dans les sujets qui se sont présentés ; aussi, sur plus de 70 religieuses que compte la maison, à peine y en a-t-il une douzaine qui aient ce qu'on appelle une dot. »

L'Assomption : un couvent pilote

Dernière importante fondation du siècle, l'Institut des religieuses de l'Assomption est créé à Paris en 1839 par Eugénie Milleret [30], la fille d'un banquier mosellan, évoluant dans un milieu de bonne bourgeoisie libérale. Son but est de donner une éducation chrétienne *et* (peut-être devrait-on dire *mais*) soignée aux jeunes filles de la classe moyenne. La supérieure et fondatrice — en religion mère Marie-Eugénie — explique pourquoi elle éprouva le besoin de fonder un nouvel ordre enseignant, plutôt que d'entrer dans une des congrégations déjà existantes :

« Il me semble, écrit-elle, que toute âme qui aime un peu l'Eglise et qui connaît l'irréligion profonde des trois quarts des familles riches et influentes de Paris, doit se sentir pressée de tout essayer pour tâcher de faire pénétrer le Christ parmi elles. Mais que fera-t-on pour cela ? Les hommes n'entrent pas dans les églises, les femmes y vont pour la foule et la toilette... Les fils vont au collège : restent les filles que jusqu'ici on a fait élever dans des pensionnats à la mode ou par des institutrices souvent peu chrétiennes et fort légères... Dans la classe dont je parle, c'est-à-dire dans les familles de banquiers, de notaires, avocats, etc., mille préjugés s'opposent encore à l'éducation des couvents. »

Ces familles qui constituent la « cible » de l'Assomption sont-elles rebutées par les grilles de la clôture qui séparent, dans les couvents traditionnels, les religieuses des laïques ? Ces grilles seront supprimées dans le nouvel ordre. Souhaitent-elles des études plus fortes, un enseignement plus solide, moins encombré d'une dévotion pointilleuse ? Les religieuses (qui assurent *elles-mêmes* l'enseignement de *toutes* les disciplines) recevront une solide formation : « On nous dit savantes [31] : rien n'est plus propre à nous amener les enfants que nous désirons. » A tel point qu'en 1844, on peut lire dans *la Revue des Deux Mondes* un article visant l'Assomption, et dont le persiflage n'est au bout du compte qu'un énorme compliment : « Malgré les rigueurs de la clôture, on dit que le souffle un peu mondain du siècle a pénétré dans quelques-unes de ces pieuses retraites, et que *les idées d'émancipation intellectuelle ont franchi les grilles des parloirs.* On assure même qu'un éloquent directeur [32] a songé, dans le couvent dont il est le fondateur, à établir l'enseignement du latin et de la théologie. » L'Assomption est incontestablement un des meilleurs couvents de la capitale pour la valeur des études profanes.

A la rentrée de 1842, le premier pensionnat de l'Assomption, situé impasse des Vignes (près de la rue des Postes), en plein quartier Latin, accueille 14 élèves. La haute autorité de Montalembert et de Lacordaire qui professent à l'égard des dames de l'Assomption la plus grande estime, fait une appréciable publicité au couvent : devant l'afflux de la clientèle, il déménage en 1844, rue de Chaillot, dans une demeure entourée de trois hectares de jardins. Le pensionnat de Chaillot voit défiler dans ses murs les filles de la meilleure bourgeoisie de Paris, ainsi que celles — moins nombreuses — de la vieille noblesse. Le prix de la pension est de 900 francs. En 1855, nouveau déménagement : les dames quittent Chaillot pour le château de la Thuilerie à Auteuil. Pendant tout le Second Empire, l'ordre essaime en province et à l'étranger [33].

III

Le pensionnat laïque

Le pensionnat laïque est une institution typique du XIXe siècle, bien que le premier en date ait été la Maison royale de Saint-Cyr, fondée en 1686 par Mme de Maintenon; mais cette première tentative de sécularisation de l'éducation féminine, loin des « ragoûts d'oraison », ne toucha qu'un très petit nombre de jeunes filles qui furent, dans leur immense majorité, élevées chez elles ou au couvent. Le XVIIIe siècle laissa vivre l'œuvre entreprise par Mme de Maintenon, mais il ne l'adopta pas : c'est chez les bénédictines de Fontevrault que Louis XV fit élever ses quatre filles et la Révolution finit par porter le coup fatal à cette institution agonisante. Cependant, l'empereur Napoléon allait « copier » Louis XIV, et reprendre, au lendemain d'Austerlitz[1], l'idée de faire payer par la France la dette de la France, en créant une maison d'éducation où seraient élevées les filles et les sœurs des officiers tués ou blessés au champ d'honneur. Les mêmes causes produisant les mêmes effets, les guerres de la République, du Consulat et de l'Empire laissaient autant d'orphelines que les guerres de Louis XIV, à cela près que les familles qui avaient perdu leur chef ou leur soutien étaient généralement sans fortune, car les officiers étaient souvent de « glorieux parvenus de l'épée ».

Lorsque l'idée germa dans l'esprit de Napoléon, il songea immédiatement à Mme Campan...

Une pionnière : Mme Campan et la Légion d'honneur

Ancienne lectrice des filles de Louis XV, puis femme de chambre de la reine Marie-Antoinette, Mme Campan avait ouvert, sous le Directoire, un pensionnat à Saint-Germain. La réaction thermidorienne qui allait aboutir sur le plan politique au Consulat puis à l'Empire, sur le plan religieux à la signature du Concordat, et sur le plan littéraire au *Génie du christianisme*, ne pouvait que favoriser son entreprise. Des familles de la bourgeoisie enrichie et modérée, assoiffée de savoir et de savoir-vivre, confièrent avec enthousiasme leurs filles à cette femme instruite et distinguée qui avait eu l'insigne honneur de vivre auprès de la reine dans la cour la plus brillante d'Europe. « Quatre jours après le 9 thermidor, raconte-t-elle, je pensai qu'il fallait vivre et faire vivre une mère âgée de 70 ans, mon mari malade, mon fils âgé de 9 ans et une bonne partie de ma famille ruinée. Je n'avais plus rien au monde qu'un assignat de 500 F. Les monastères étaient fermés, les religieuses dispersées. Je choisis Saint-Germain pour y établir un pensionnat. Je n'avais pas le moyen de faire imprimer mon prospectus, j'en écrivis cent et les envoyai aux gens de ma connaissance *qui avaient survécu*... »

Dès la première année, elle a 60 pensionnaires, bientôt 100. De proche en proche, la renommée de l'établissement se répand ; Joséphine de Beauharnais, devenue depuis peu Mme Bonaparte, lui confie ses nièces [2] et sa fille Hortense, avant de partir en Italie rejoindre son mari général. Et, en 1798, avant de s'embarquer pour la campagne d'Egypte, Bonaparte y met ses deux plus jeunes sœurs : Pauline (dix-huit ans) et Caroline (seize ans), dont Mme Campan ne réussira jamais à faire une bonne élève : « Lorsqu'elle arriva en pension, elle n'avait aucune instruction ; *elle ne savait même pas lire* [à seize ans !]... pour les arts également, personne ne fut plus mal organisée [3] que Caroline... quant au dessin, elle avait adopté le paysage, mais il lui était impossible de faire une maison droite [4]. »

Parmi les autres élèves du pensionnat de Saint-Germain, on remarque des filles et des sœurs de célébrités établies ou naissantes : Elisa Monroe, fille du vice-président des Etats-Unis, Elvire Oudinot, Victorine Massena, Antoinette Murat. D'autres pensionnaires sont promises à un brillant mariage : Aglaé Auguié (future maréchale Ney), Aimée Leclerc (future maréchale Davout), Adèle Mac Donald (future duchesse de Massa), Hortense Perregaux (future maréchale Marmont), sans compter les mariages de la main gauche, puisque la petite Zoé Talon, future comtesse du Cayla, sera la maîtresse de Louis XVIII et qu'Eléonore Denuelle, devenue lectrice de Caroline Murat, sera remarquée par Napoléon au retour d'Austerlitz ; de cette « remarque » naîtra le petit Léon...

Mme Campan conservera avec toutes ses anciennes élèves des relations familières, directes et dénuées de toute obséquiosité. A Caroline devenue reine de Naples, et qui, comme on le dirait aujourd'hui « la ramène » un peu, elle écrit : « Vous n'avez rien de mieux à faire que d'oublier vos titres quand vous êtes avec moi, car je ne saurais avoir peur des reines que j'ai mises en pénitence. » Et toc !

A son retour d'Egypte, Bonaparte devenu Premier Consul, s'offre au pensionnat de Saint-Germain un avant-goût de l'Empire, un vrai plaisir de roi, à la manière de Louis XIV et dans la plus pure tradition de Saint-Cyr : une représentation d'*Esther*, jouée par les pensionnaires, avec Hortense, sa belle-fille, dans le rôle d'Esther. Il est entouré de ses ministres et de ses généraux qui, dans leurs uniformes chamarrés, applaudissent les tragédiennes en herbe et, pour certains, leurs futures épouses...

Il est tout naturel que l'Empereur ait pensé à la directrice de ce pensionnat prospère pour élaborer les statuts de sa future maison d'éducation :

« Les anciens systèmes d'éducation ne valent rien, que manque-t-il donc aux jeunes personnes pour être bien élevées en France ?

— Des mères, répondit Mme Campan.

— Le mot est juste. Eh ! bien, madame, que les Français

vous aient l'obligation d'avoir élevé des mères pour leurs enfants. »

« Faites-nous des croyantes et non des raisonneuses, écrit-il à Lacépède [5], la faiblesse du cerveau des femmes, la mobilité de leurs idées, leur destination dans l'ordre social, la nécessité de leur inspirer avec une perpétuelle résignation, une charité douce et facile, tout cela rend pour elles le joug de la religion indispensable. Je désire qu'il en sorte *non des femmes agréables mais des femmes vertueuses,* que leurs agréments soient du cœur, non de l'esprit. » En conséquence, « la religion sera la base de l'éducation », comme le précise le règlement de la maison qui n'a, par beaucoup de côtés, rien à envier aux couvents les plus rigides : tous les matins la messe basse, et tous les dimanches et fêtes la grand-messe, les vêpres et le catéchisme, voilà de quoi faire des « croyantes ».

Pour le reste, Napoléon recommande qu'on leur apprenne à lire, à écrire et à compter, « peu » de géographie et d'histoire ; pour les plus âgées : « un peu » de botanique, « un léger cours » de physique et d'histoire naturelle et quelques notions de médecine usuelle. Quant à la littérature, « il faut y aller doucement, en partant du principe que les premières conditions sont les [bonnes] mœurs. Mais, provisoirement, on peut leur montrer la langue française et [...] la rhétorique qui n'éveille pas l'imagination des jeunes personnes [6] ».

Rien de ce qui concerne l'organisation de la Maison impériale de la Légion d'honneur n'a échappé à son examen, depuis l'enseignement de chaque matière jusqu'à l'uniforme des pensionnaires. Tous les détails lui ont été soumis, à tel point que, lors de sa visite du 4 mars 1809, les élèves peuvent accueillir l'Empereur en entonnant une chanson dont les paroles ne sont que l'exact reflet de la réalité :

Attention, Mesdemoiselles... trois, quatre :

Cette plume qui donna
Des lois à l'Europe entière,
Dans un règlement traça
Nos devoirs, notre prière.

Quand de son nom belliqueux
Il fait retentir la terre
Ici, nos plus humbles jeux
L'intéressent comme un père[7]

Les grandes lignes du règlement sont arrêtées le 6 juillet 1806, et l'année suivante, Mme Campan devient surintendante de la Maison impériale de la Légion d'honneur, établie après bien des hésitations[8] dans le château d'Ecouen, ancienne propriété des Montmorency, puis des Condé et confisquée comme bien d'émigrés.

Auparavant, on a entrepris quelques travaux d' « embellissement » ! La superbe bibliothèque a été transformée en lingerie. On a effacé les fresques dans plus de trente pièces et arraché les carreaux des pavements ornés des armes des anciens propriétaires. Enfin, les murs, les trumeaux, les dessus-de-porte se sont couverts de « ces énormes *N* dont Napoléon marquait tous ses monuments en France, comme un bourgeois marque ses couverts ».

Suivant l'aisance de leur famille, les pensionnaires sont élevées à Ecouen à titre gratuit ou non[9]. Elles sont encadrées par six dames dignitaires (trésorière, économe, lingère, etc.), dix dames de première classe, et vingt dames de deuxième classe, le tout sous la haute autorité de la surintendante et la tutelle d'une protectrice qui est successivement l'impératrice Joséphine, puis sa fille Hortense, reine de Hollande. Toutes ces dames portent un uniforme et, telles des nonnes, sont astreintes à une véritable clôture qui leur interdit de sortir de l'enceinte de la maison, sauf autorisation expresse du grand chancelier de la Légion d'honneur.

En 1809, une seconde maison, accueillant comme la première 300 élèves, est créée à Saint-Denis dans l'ancienne abbaye bénédictine. Ecouen, tout en conservant les jeunes filles qui y sont présentes, n'accueille plus désormais que celles dont les parents sont non seulement légionnaires, mais en outre officiers supérieurs ou personnes de rang assimilé dans le civil. On place à Saint-Denis celles dont les parents ne sont qu'officiers subalternes ou de condition correspondante. En dépit de ce clivage social, les deux maisons ont la même organisation [10].

Les maisons de la Légion d'honneur ne sont qu'au début des tribulations dont l'Histoire aime à accompagner les changements de régime. En 1814, la Restauration restitue le château d'Ecouen à ses anciens propriétaires, les princes de Condé, et en expulse les élèves qui doivent se replier à Saint-Denis : « Quand les élèves d'Ecouen arrivèrent à Saint Denis, elles trouvèrent tout l'établissement dans un bouleversement extrême... Les étrangers qui campèrent dans les plaines de Saint-Denis pour attaquer la capitale, prenant ou feignant de prendre pour une caserne la maison impériale, la bombardèrent impitoyablement pendant 12 heures. Mme Dubouzet, surintendante, eut le courage de traverser au risque de sa vie tout le camp ennemi pour arriver au général en chef, afin d'obtenir de lui une sauvegarde pour ses pauvres élèves qui étaient entassées dans la cathédrale, près des tombeaux des rois [11]. »

L'année suivante [12], après la défaite de Waterloo, il n'y eut pas d'incident à déplorer en dehors de l'« assassinat » du perroquet de Mme Dubouzet qui, enfermé dans un cabinet attenant à la chambre de la surintendante où Louis XVIII coucha pendant trois jours avant de faire son entrée à Paris, n'arrêtait pas de répéter : « Vive l'Empereur ! »

En 1816, Saint-Denis devient maison mère sous le nom de Maison royale de Saint-Denis. Les pensionnaires, épousant les querelles de leurs parents, s'y divisent en impérialistes et en royalistes : « Saint-Denis était divisé en deux camps toujours en hostilité ; la plupart des élèves, filles d'anciennes épées impériales, vénéraient l'idole de leur père et lui gardaient un culte ; quelques autres, filles d'émigrés, étaient royalistes enragées. Les chefs de parti s'emparaient des nouvelles venues, leur apprenaient les chansons de Béranger ou les hymnes sur la naissance du duc de Bordeaux. Toutes les petites jambes étaient au service des fortes têtes de 15 et 16 ans ; elles portaient les lettres [...] et pour récompenses recevaient un morceau du ruban tricolore, une aigle ou mieux encore le portrait du roi de Rome [13]. »

En 1851, Napoléon III qui n'est encore que prince-président mais qui déjà marche sur les traces de son oncle, fait retransférer les pensionnaires dans le château d'Ecouen, déclaré propriété d'Etat après le décès du dernier Condé. Les élèves retrouvent les fastes d'antan mais, de l'aveu même du futur empereur, l'« Empire, c'est la paix », et il devient plus difficile de justifier la survivance des maisons de la Légion d'honneur, qui ont perdu leur signification et dont l'entretien coûteux et la raison d'être discutable suscitent, pendant tout l'Empire, les critiques d'une partie de l'opinion. Malgré la guerre de Crimée, premier démenti aux promesses de paix du nouvel empereur, Léon Gozlan se demande en 1857 si l'établissement de la Légion d'honneur « n'est pas un prétexte pour donner la croix d'honneur aux pères de famille qui, à défaut de gloire, ont le bonheur d'avoir des filles ». En effet, sur 10 pensionnaires, on compte à peine, à l'époque, une fille de soldat pour 9 filles de bourgeois. « Le monde a-t-il, comme sous l'Empire, une place pour elles lorsqu'elles sortent de cette institution militaire ? [...] Où est le lieutenant ? Où est la Grande armée ?... Il faut décidément des époux gradés aux pensionnaires de la Légion d'honneur : le vent n'y est pas ; et la guerre perpétuelle : c'est encore plus difficile ; ensuite un Napoléon qui gagne Austerlitz et Friedland ! Quel remède à ceci ? Fermer l'établissement [...] Un chevalier de Malte ne serait pas, de nos jours, une anomalie plus choquante qu'une demoiselle de la Légion d'honneur [14]. »

Le conseil ne fut pas suivi, la guerre d'Italie, l'expédition du Mexique et la guerre franco-prussienne réveillèrent l'ardeur militaire des Français, et l'organisation des maisons demeura inchangée jusqu'en 1881.

L'influence de Mme Campan fut immense. Avec plus ou moins de fidélité à l'original, tous les pensionnats laïques de jeunes filles ont été copiés sur le type établi par la surintendante d'Ecouen. Après sa disgrâce, Mme Campan consigna les résultats de vingt ans d'expérience dans un livre, *De l'éducation,* qui fut pendant tout le XIXe siècle la bible des directrices de pension. Il parut en 1824 ; depuis deux ans, son auteur était morte dans une situation proche de la misère...

Heurs et malheurs des pensionnats laïques

L'exemple de Mme Campan fut imité dès le Directoire. L'enseignement n'étant encore soumis à aucun règlement, les « pensionnats de jeunes demoiselles » purent se multiplier dans la liberté, voire l'anarchie la plus complète. N'importe qui pouvait s'intituler directrice de pensionnat et, comme le rapporte un écrivain du temps, « plus d'une femme avait passé sans transition d'*une boutique* à une école ». Leur succès correspond à une demande.

Depuis la Révolution, la fortune, changeant de mains, est passée à celles des bourgeois ; mais la richesse ne suffit pas toujours à donner la respectabilité et la considération dont sont assoiffés les nouveaux nantis. Au théâtre, *Madame Angot* [15] fait un triomphe et, bien des femmes qui rient jaune en se reconnaissant dans le portrait de cette parvenue, veulent éviter à leurs filles le même ridicule. L'argent est répandu à pleines bourses pour donner à sa progéniture une éducation à la hauteur de sa fortune. Il est facile de concevoir combien cette époque est favorable aux « faiseuses d'éducation »...

Mais petit à petit, la réouverture des couvents et un début de législation viennent stopper la prolifération des maisons d'éducation, éliminer les moins sérieuses et mettre un peu d'ordre dans la profession qui connaît son âge d'or sous Louis-Philippe. C'est sous son règne qu'est promulguée, en 1837 [16], la « première charte de l'enseignement secondaire des filles » instituant la différence entre les *pensions* et les *institutions*.

L'enseignement que l'on reçoit dans les *pensions* comprend : l'instruction religieuse et morale, la lecture, l'écriture, la grammaire française, l'arithmétique, l'histoire de France, la géographie moderne, les notions élémentaires de physique et d'histoire naturelle, le dessin, la musique, les travaux d'aiguille, les langues vivantes. Quant au supplément d'éducation que les jeunes personnes reçoivent dans une *institution*, il concerne la littérature, la géographie ancienne, l'histoire ancienne et moderne, la cosmographie. Cette instruction qui a l'ambition d'être « secondaire » est loin d'égaler l'enseignement secondaire des garçons fondé sur les humanités, la rhétorique et couronné par la philosophie... Mais le progrès est déjà considérable, et pendant une dizaine d'années, pensions et institutions jouissent d'une véritable prospérité [17].

En 1846, on compte 253 maisons d'éducation laïques dans le département de la Seine (dont 183 dans Paris) contre 114 en 1821 (dont 90 dans Paris) [18]. Mais quatre ans plus tard, sous l'influence des députés catholiques, est votée la loi du 15 mars 1850 ; cette fameuse « loi Falloux », tellement favorable à l'enseignement congréganiste, est nettement dirigée contre les maisons d'éducation laïques qui, du niveau secondaire qu'elles ont acquis en 1837, retombent brusquement au niveau primaire [19]. Toute l'ancienne hiérarchie est supprimée et on confond sous une même législation les écoles primaires, les pensions et les institutions.

De toutes parts s'ouvrent des établissements qui se disputent la clientèle. La concurrence s'exerce non sur la qualité de l'enseignement, mais sur les prix de pension qui tombent jusqu'à 400 francs par an, ce qui laisse bien mal augurer de l'instruction et du confort de telles maisons.

Viennent ensuite l'annexion des communes suburbaines et les grands travaux d'Haussmann exécutés au centre de la capitale, qui ont pour conséquence de faire monter les loyers et le coût de la vie. Beaucoup de pensionnats ne peuvent bientôt plus faire face à la concurrence des riches couvents propriétaires de leurs terrains et qui, assurant eux-mêmes tout ou partie de l'enseignement, n'ont pas l'écrasante dépense de payer la totalité des professeurs.

Pris entre la concurrence des couvents et celle des cours qui font de plus en plus d'adeptes, les pensionnats laïques commencent une lente décadence qui épargne cependant quelques établissements chics et chers...

Le pensionnat de la cave au grenier...

Les maisons d'éducation les plus chics et dont le luxe est attesté par un prix de pension élevé tournant autour de 1 000 francs par an [20], sont situées dans le 1er, le 2e et le 3e arrondissements du Paris d'avant 1859 (en gros les 8e, 9e, 10e actuels) ainsi que dans le 10e (7e actuel).

Parmi celles-ci, l'institution de Mme Saint-Aubin-Deslignères, plus connue sous le nom d'Institution Beaujon, située 14 rue Châteaubriand (1er) est, sous le Second Empire, une des plus réputées. En 1859, en plus des 75 pensionnaires parisiennes et provinciales, son renom lui attire 45 pensionnaires venues de l'étranger : anglaises, américaines, russes, polonaises, italiennes, belges, grecques, hongroises, et moldo-valaques, de confession catholique, protestante, israélite et orthodoxe. Pas moins de 33 professeurs sont nécessaires à l'instruction de ces jeunes personnes dont, pour les seuls arts d'agrément, 14 professeurs de piano, 1 d'orgue, 1 de harpe, 1 d'accompagnement, 1 de dessin, 1 pour la « peinture des fleurs » et 1 pour la musique vocale. On peut également y apprendre trois langues : l'anglais, l'allemand ou l'italien, ce qui est également le signe de l'instruction supérieure dispensée dans cette maison, qui mérite à plusieurs reprises, dans les comptes rendus d'inspection, l'appréciation élogieuse d'« établissement modèle » [21].

On peut aussi citer les institutions de Mme Dumay, 11, boulevard de Vaugirard, « une des plus belles et des meilleures de Paris », et celle de Mme Descauriet, 112, boulevard Montparnasse, « excellente maison ».

Pour se donner une petite idée de ces pensionnats, il suffit de lire un des innombrables prospectus que les directrices font éditer pour la publicité de leur établissement. Tous se ressemblent : partout on y retrouve les mêmes phrases toutes faites, le même vocabulaire ampoulé, les mêmes descriptions idylliques qui doivent susciter chez le lecteur une irrépressible envie de confier sa fille à une maison si recommandable.

Un humoriste a rédigé un énième prospectus qui, hormis le nom de la directrice, Mme Prude-Boniface, a toutes les apparences de l'authenticité :

« Institution de Madame Prude-Boniface
Rue du repos, nº 1

Cet établissement, situé dans le quartier le plus sain de Paris (ce qui prouve que chacun des quartiers est plus sain que tous les autres) unit tous les avantages de la ville aux charmes de la campagne (ici, viennent les variantes de vastes jardins, charmants bosquets, allées ombreuses, voisinages de parcs etc., selon la situation de l'établissement et l'imagination de celui qui rédige le prospectus) [22]. »

En effet, les pensionnats sont en majorité situés dans les quartiers aérés de Paris et ses environs. Dans le centre de la capitale, ils sont beaucoup plus rares et, en tous cas, d'une moindre qualité. Ils ont généralement un jardin plus ou moins grand suivant le luxe de l'établissement ou au moins une cour servant à la récréation. « Le jardin *d'entrée* est généralement tenu avec soin et coquetterie ; aussi les parents qui y viennent pour la première fois se félicitent-ils du plaisir que doivent éprouver leurs enfants en s'y promenant ; ils ne savent pas encore que *ce jardin est interdit aux élèves* qui ne le traversent guère que lorsqu'elles sortent ou rentrent avec leurs parents [23]... »

« Des salles d'étude bien aérées, des dortoirs vastes et chauffés en hiver, une salle de bains et par-dessus tout, des soins tendres et intelligents, sont une sûre garantie de la santé des élèves... », continue le prospectus de Mme Prude. La réalité est souvent moins confortable, comme en témoignent les rapports des inspectrices qui dénoncent l'entassement des élèves dans les classes et — chose pire — dans les dortoirs. Elles disent avoir visité des établissements où les lits sont tellement rapprochés que les pensionnaires, pour grimper dans leur lit sont obligées de passer par-dessus ceux de leurs compagnes. Résultat : « Elles sont comme si elles étaient couchées *dans le même lit*, et cela est contraire aux bonnes mœurs et à la décence. Nous désirons qu'entre chaque lit, il se trouve la place d'une chaise, et un châssis de planche ou de toile de

2 à 3 pieds de haut, de sorte que les élèves ne puissent *ni se toucher, ni se voir*[24]... »

Le chauffage en hiver ? Très modéré puisque les dortoirs ne sont chauffés que dans un pensionnat sur deux, et encore certains ne sont-ils chauffés que « pendant les très grands froids ». Il est vrai que les éducateurs de l'époque ne font que suivre les conseils si favorables aux économies d'énergie suivant lesquels la température d'une pièce dans laquelle séjournent des enfants ne doit pas dépasser quinze degrés. Au-delà, il se produit « des vertiges, des pesanteurs de tête, et tous les autres symptômes de congestion cérébrale[25] ». D'ailleurs, on sait par des témoignages que bien souvent, les énormes poêles placés ostensiblement dans les classes et les dortoirs, n'étaient jamais allumés « ni quand la bise souffle avec furie, ni quand les murailles suintent ». Leur seule fonction était de rassurer et réchauffer... le cœur des mères lorsqu'elles venaient visiter l'établissement.

Il faut ajouter quelques salles de classe meublées de tables et de *bancs* (pour se tenir droite), une grande salle de dessin, des cellules pour l'étude du piano, « ordinairement placées le long d'un corridor d'où la surveillante peut voir par de petits guichets pratiqués dans les portes, ce qui se passe[26] », les dortoirs, le réfectoire, parfois une infirmerie. Le tout d'une grande simplicité, à l'exception du salon où la directrice de la pension accueille les parents, et du parloir ; là s'affiche un luxe exagéré destiné à impressionner les visiteurs.

Le parloir est à la pension ce que la scène est au théâtre, les autres pièces n'étant que les coulisses. C'est le lieu où l'on exhibe les produits de la maison, sous forme d'ouvrages des élèves : tapisseries, broderies, et dessins (généralement très retouchés par le professeur). C'est là que se donne, deux fois par semaine, le jeudi et le dimanche, à l'occasion des visites, une grande représentation où la directrice joue le rôle principal : « Elle glisse d'un groupe à l'autre, se mêlant à toutes les conversations, donnant à tout une explication, et distribuant adroitement aux enfants de petits reproches tendres, des compliments emphatiques et des caresses touchantes. Le grand point est de faire parler fort, très fort les parents satisfaits, et d'apaiser les murmures des parents vexés... La souveraine répand gracieusement ses sourires et ses caresses, semblable à un évêque qui répand sur la foule pieuse des bénédictions... »

... Et de la tête aux pieds

Maintenant qu'on a une idée de la *topographie* et du *climat* du « pensionnat de jeunes demoiselles », il est bon de faire un peu d'ethnologie...

La maîtresse de pension

En vertu d'une législation — qui n'est d'ailleurs pas toujours appliquée —, n'importe qui ne peut pas ouvrir un pensionnat. Il faut être titulaire d'un diplôme [27] obtenu au prix d'un gros effort de mémoire, car les programmes des examens sont arides comme des tables des matières, chargés de dates, de faits, de définitions à connaître par cœur.

Les examens de la Sorbonne et de l'Hôtel de Ville [28], qui délivrent les diplômes, ont lieu en présence d'un sombre jury masculin formé de professeurs en redingote et de ministres du culte qui composent un intimidant auditoire pour les aspirantes souvent terrorisées. Les oraux s'accompagnent de crises de larmes, et la proclamation des résultats d' « évanouissements, de cris, ou de gémissements étouffés [29] ». On ne badine pas à ces examens :

« Où est né Balzac, mademoiselle, demande perfidement un professeur, faisant allusion à l' " autre " Balzac.

— A Tours, répond la candidate qui tombe dans le piège.

— Ah ! Mademoiselle, vous connaissez mieux les romans que les lettres », rétorque d'un ton pincé l'examinateur à la candidate qui comprend que ce lapsus regrettable lui vaudra de repasser l'examen.

Il est vrai qu'on ne plaisante pas avec la moralité des *maîtresses de pension* (c'est le nom que l'on donne aux directrices) et que lire des romans ne peut être chez une femme que le signe d'une immoralité latente... Outre le diplôme, elles doivent d'ailleurs fournir un certificat de bonnes mœurs délivré par le maire de leur domicile, pour ouvrir leur établissement qui risque d'être fermé au moindre scandale [30].

Instruite, vertueuse, aisée (il faut un capital d'environ 60 000 francs pour s'établir à Paris en 1860), la directrice de pension doit être aussi un bon administrateur pour gérer sa maison. D'aucunes sont parfois accusées de mieux soigner leurs revenus que les études de leurs pensionnaires et passent pour maîtres dans « l'art de fabriquer du bouillon à peu de frais pour le vendre à gros bénéfices »...

« Il n'y a pas de sultane, pas de reine d'Orient qui ne soit plus inaccessible, plus éloignée des regards, plus entourée de mystères [31] » que la directrice d'une grande institution parisienne. *Madame*, c'est ainsi qu'on l'appelle quel que soit son état civil, vit dans un appartement nettement séparé du reste du pensionnat, un peu comme le château est séparé de la ferme. Pour l'enseignement, elle s'en remet aux professeurs venus du dehors ; pour la surveillance, elle se repose sur les sous-maîtresses, et elle se réserve la haute direction de la maison, c'est-à-dire le soin de recevoir le paiement des trimestres, de rédiger les bordereaux, de réduire les notes des fournisseurs, et d'accueillir les futurs clients. Pour renforcer son autorité, elle ménage ses apparitions et ne se montre à son peuple qu'en de rares occasions : « Mme Deslignières, raconte une de ses anciennes élèves, mesurait ses apparitions ; quinze jours s'écoulaient parfois sans que nous la vissions [32]. »

Lorsqu'il existe, *Monsieur*, le mari de *Madame*, doit se faire dans ce gynécée aussi discret que possible. « *Monsieur* a des occupations très intéressantes ; aux jours de cérémonie, il fait placer les voitures ; toute l'année, il s'occupe de la direction du matériel, surveille la cuisine et achète les denrées ; en un mot, c'est un maire du palais au petit pied », qui doit se soumettre à sa position d'époux de *Madame*, ou se démettre.

La maîtresse de pension gouverne un escadron de *sous-maîtresses* ou maîtresses d'études qui fléchissent sous son regard.

Les sous-maîtresses ou le prolétariat de l'enseignement

Cette piétaille de sous-maîtresses [33] vit une condition plus proche de la domesticité que de l'enseignement. La partie la plus noble de leur tâche consiste à répéter et à faire réciter les leçons que sont venus donner les professeurs. La maîtresse d'études passe ainsi six à huit heures par jour à « faire écrire, multiplier, diviser, orthographier, analyser, géographier » les élèves. Enchaînée toute la journée à l'estrade du haut de laquelle elle distribue le blâme ou l'éloge, elle passe chacun de ses instants en présence d'enfants et d'adolescentes dont l'âge approche du sien, et qui n'ont pour elle ni la crainte due à la directrice, ni la considération vouée aux professeurs.

La multiplicité de ses fonctions ne lui laisse *pas un moment de répit* : elle est là pour surveiller le lever, les classes, les récréations, les repas ; c'est elle qui agrafe les robes, inspecte les mains, taille les plumes, distribue les pensums. Pas un instant ne lui appartient : elle prend ses repas au réfectoire au milieu de ses « bourreaux », elle couche au milieu d'eux au dortoir, et c'est elle qui les mène en promenade ou à la messe.

Sa claustration est encore plus grande que celle des pensionnaires puisqu'elle n'a généralement pas l'autorisation de découcher le dimanche et n'est libre ce jour-là que de 10 heures du matin à 10 heures du soir.

Cette vie aussi austère que celle du cloître, ce travail aussi ingrat que celui d'une humble sœur converse ne sont même pas sublimés par l'ardeur d'une vocation religieuse ou même d'une vocation pour l'enseignement, mais imposés par le besoin et rétribués d'une façon dérisoire : les deux premières années, la sous-maîtresse est employée « au pair », c'est-à-dire qu'elle n'obtient pour tout paiement que le gîte, la nourriture et le blanchissage. Si elle tient encore le coup au bout de ces deux ans d'humiliations et de services gratuits, elle gagne 200 à 300 francs par an, or une bonne cuisinière gagne de 600 à 800 francs par an...

Comment s'étonner que certaines maîtresses d'études qui sont par ailleurs condamnées au célibat, deviennent parfois méchantes avec leurs élèves, souvent amères ? De l'aigreur à la révolte, il n'y a qu'un pas que franchira Louise Michel qui fut employée plusieurs années comme sous-maîtresse dans la pension de Mlle Vollier...

Outre ces malheureuses sous-maîtresses taillables et corvéables à merci et qui, dans les grandes institutions sont au nombre de huit à dix, la pension emploie encore un personnel exclusivement féminin dont la cuisinière n'est pas le moindre fleuron. Lorsque les parents visitent l'établissement, elle se tient fièrement devant ses marmites de cuivre fumantes et verse avec solennité le bouillon que la directrice leur enjoint de goûter, pour s'assurer de l'excellente façon dont va être nourrie Mademoiselle leur fille. Bien dressée, « elle jure avec un sérieux imperturbable que les élèves sont exactement nourries comme *Madame* [34] ».

Les pensionnaires

Les effectifs sont très variables ; ils tournent autour d'une cinquantaine d'élèves dont le nombre s'abaisse parfois jusqu'à la douzaine et culmine jusqu'à la centaine pour les grandes institutions. Ici, on accueille des externes, là on ne prend que des pensionnaires (c'est le cas des maisons les plus chères et où l'enseignement est le plus soigné).

Les milieux sont plus mêlés au pensionnat qu'au couvent ; on trouve parfois sur le même banc et sous le même uniforme la fille d'un grand bourgeois ou d'un aristocrate et celle d'un modeste artisan qui se saigne pour donner à sa fille une éducation de « demoiselle ». Pour combattre la vanité des élèves qui aiment à se targuer les unes devant les autres de la position et de la fortune de leurs parents, il est des maisons où il est défendu d'appeler les élèves par leur nom de famille ; on leur donne un numéro à la place de ce nom qu'elles doivent oublier : Mlle 28, Mlle 45, etc.

Dans ces pensionnats et institutions, les élèves sont admises à partir de cinq ans. Pour les toutes petites filles dont l'âge tendre requiert encore des soins personnels pour s'habiller, se laver, se coiffer, on a instauré le système des « petites mamans [35] » qui a un double avantage : officieusement économiser les services d'une bonne et officiellement développer chez les aînées le sens maternel et leur en donner un avant-goût. Les petites mamans sont de grandes pensionnaires qui prennent en charge une petite. Leurs devoirs envers leur pupille sont multiples : il s'agit de « veiller à la propreté et à la tenue de sa petite personne ; visiter ses vêtements et raccommoder les accrocs [...] l'aider dans ses devoirs [...] enfin la conseiller, l'encourager et parfois aussi la consoler [36] ».

L'arrivée en pension va rarement sans pleurs, surtout à cette époque qui a le don des larmes. Il est vrai que la séparation d'avec des parents qu'on ne reverra de plusieurs mois pour les pensionnaires venues « faire » leur éducation à Paris, ou de *plusieurs années* pour certaines laissées pour compte, a de quoi briser les petites âmes les mieux trempées.

Juliette Lamber, mise en pension à quatre ans, se souvient de son accès de désespoir qui n'eut aucun écho chez ses geôlières : « Je crie de toutes mes forces, j'appelle Arthémise [sa bonne] et mon grand-père. Une sous-maîtresse s'approche de moi, m'ordonne de me taire, me secoue. Je ne me tais pas. Je me défends, je frappe qui me frappe. On me porte dans un grenier et on m'y laisse je ne sais combien d'heures. Encore aujourd'hui, je retrouve l'impression de cette horrible journée [37]... »

Parfois, pour éviter les scènes, on met les jeunes filles en pension par surprise, sans les avertir. Un jour, sans crier gare, la mère de Marie Cappelle la fait monter en voiture pour une promenade qui les conduit... à Saint-Denis ; la grande porte de l'institution se referme sur la nouvelle pensionnaire qui s'ignore. La surintendante embrasse sur le front sa nouvelle « fille » qui, avant d'avoir pu poser une question, est entraînée par la lingère qui lui fait endosser son nouvel uniforme. Entre-temps, sa mère s'est esquivée en cachette, sans un mot d'explication [38]...

IV

Une journée en pension

D'un établissement à l'autre, l'emploi du temps des pensionnaires, rythmé par les sonneries de la cloche, est à peu près invariable, exception faite des incessantes oraisons qui accompagnent chaque moment de la journée dans les couvents.

Le « catéchisme de l'hygiène »

Dans le dortoir où vingt pensionnaires en bonnet de coton poursuivent leur rêve, sans souci du jour qui va poindre ni de la veilleuse qui craque en achevant de brûler son huile, résonne un premier coup de cloche. On se lève à 6 heures en été, à 7 en hiver, *tous les jours de la semaine*. Au premier coup, l'élève qui est « de semaine » entame la prière d'une voix embrumée de sommeil : « Mon Dieu, je vous donne mon cœur afin qu'aucune créature ne puisse le posséder... », le reste se perd dans un bafouillage indistinct. Au couvent comme au pensionnat, les élèves commencent leur journée par une prière qui a pour effet de mettre en échec le diable car, leur dit-on, « l'ennemi du Salut assiste toujours au réveil des fidèles pour tâcher de ravir à Dieu leur première pensée. »

Au deuxième coup de cloche les pensionnaires ont quelques minutes pour secouer leur sommeil, enfiler leurs bas et endosser la robe de chambre d'uniforme. Au troisième, elles prennent en rang le chemin du lavoir ou lavabo.

Au Sacré-Cœur, du temps de Marie de Flavigny (vers 1820), les pensionnaires disposent de dix minutes pour se débarbouiller, s'habiller, et se peigner sans la moindre glace : un délai bien court à une époque où les filles portent les cheveux longs dont le simple démêlage demande à lui seul dix minutes ! On se lave en toute saison avec de l'eau froide ou gelée, dans une « toute petite cuvette [1] ». Les règlements précisent que tous les matins les élèves doivent se laver le visage, la bouche et les mains, et les pieds tous les quinze jours ; rien que de très normal à une époque où l'on pense qu'il n'est nécessaire de laver « que ce qui est exposé à l'air »... Quant aux bains, on n'en prend que sur ordonnance du médecin, en cas de maladie. Il s'ensuit une certaine inquiétude chez les plus raffinées :

« Ma sœur, est-ce que je sens la crasse ? » demande Mlle de Marbœuf, prise de scrupules.

Chez les religieuses de Notre-Dame de la Miséricorde où est élevée Judith Gautier, la fille du poète, prendre un bain est encore plus incongru. A la première visite qu'il rend à sa fille au parloir, Théophile Gautier l'embrasse avec effusion et, reniflant sans doute quelque odeur de sainteté, exige que l'on donne à Judith un bain hebdomadaire, faute de quoi il se verrait obligé de la retirer du couvent. Ce bain auquel on a finalement consenti de peur de perdre une élève, soulève une sourde réprobation chez les sœurs pour qui — de leur propre aveu — « le bain de la religieuse consiste simplement à secouer sa chemise ». Il y a des hochements de tête, des haussements d'épaules, des yeux levés vers le ciel à chaque fois que se reproduit l'insolite événement qui représente pour les sœurs « le premier degré des pompes de Satan ».

La perpétration d'un acte aussi indécent a lieu *en dehors de la clôture*, dans une sombre cave où l'on a disposé un baquet d'eau chaude et « personne ne voulant être complice, on me laisse là toute seule, après m'avoir bien recommandé de ne pas ôter ma chemise et de la baigner avec moi [2] ». Malgré leur répugnance, les sœurs respectent le vœu de Théophile Gautier, mais leur attitude offusquée ne fait que renforcer l'opinion du poète sur les religieux et les religieuses « qui, dit-il, se réunissent pour puer de compagnie en l'honneur d'un dieu, qui a créé dix mille espèces de parfums ».

En 1897, le docteur Grellety peut encore écrire d'une plume indignée : « On a peine à comprendre qu'il puisse encore exister des institutions où règne l'incurie la plus complète pour tout ce qui concerne les soins méticuleux de la propreté et la toilette intime du corps où l'on se contente du strict nécessaire. Par un sentiment de pudeur ridiculement exagéré, il y a certaines régions, dites honteuses, dont on évite avec soin de s'occuper et *qui ne subissent qu'exceptionnellement le contact de l'eau et de l'éponge*. Dans certains couvents de femmes, cette réserve dépasse tout ce qu'on peut imaginer et il y a des jeunes filles qui ne se nettoient *jamais ou que les jours de sortie,* lorsqu'elles ont des mères assez soigneuses [3]... »

Si ces préjugés concernant l'hygiène trouvent dans les couvents un terrain particulièrement propice à leur culture, il n'y a pas que derrière les grilles de la clôture que pousse ce type d'idées préconçues : le grand-père de Juliette Lamber [4] (qui est médecin !) refuse que l'on « débarbouille » sa petite-fille tous les jours, sous prétexte que l'eau donne des boutons sur le visage. Dans les pensionnats laïques la propreté est presque aussi approximative : les inspectrices relèvent de temps en temps, comme un événement extraordinaire et digne d'être porté à la connaissance de l'Instruction publique, que « chaque élève va *séparément* au lavabo avant la toilette générale » ; par exemple, en 1856, elles notent que dans 2 pensionnats parisiens sur 220 [5], les pensionnaires peuvent se livrer à des ablutions intimes que la toilette générale proscrit par pudeur.

A la pension Beaujon, on consacre une heure à se laver, se vêtir et se coiffer, ce qui constitue un record ; l'eau des cuvettes est froide, mais le lavabo est chauffé en hiver par un calorifère qui diffuse une « chaleur honorable » et l'élève Henriette Sansom considère que « les ablutions sans être étendues, étaient suffisantes ».

En revanche, à la très honorable maison de la Légion d'honneur, il y avait, paraît-il, des teignes. Une élève de Saint-Denis, Marie Cappelle, en fournit peut-être l'explication quand elle décrit la façon dont se lavaient ses camarades : « Après s'être donné un coup de peigne, les élèves entraient 20 par 20 dans le cabinet de toilette garni de robinets et d'une large cuvette de cuivre. L'eau était glacée, on sortait d'un lit bien chaud ; la plupart d'entre elles *ne se mouillaient pas le petit doigt* et quand elles me virent toute bleue sous cette eau toute froide, elles sourirent et se moquèrent de mon fanatisme de propreté [6]. »

Il existe bien quelques établissements particulièrement méticuleux dont les pensionnaires se rendent une fois par mois à la maison de bains voisine. L'hygiène y gagne sans doute, mais pas la moralité, rétorque-t-on dans les établissements qui s'abstiennent de ces excès car, « dans les bains publics, chaque cabinet est *clos* et la surveillance est difficile » or, il est indispensable que les jeunes personnes se baignent sous la surveillance d'une sous-maîtresse « autant pour prévenir les accidents que les mauvaises habitudes ». Propreté ou moralité ? Grave dilemme posé aux éducateurs qui choisissent d'ordinaire la moralité, suivant en cela le docte conseil de Fénelon qui, un siècle plus tôt, enjoignait les mères de famille d'« éviter les *excès* de propreté ».

Quoi qu'il en soit, le bain ne doit être en aucun cas trop chaud car son pouvoir émollient pourrait nuire à la bonne tenue et ajouter l'immoralité au ridicule de « se constituer cul-de-jatte » ! La température idéale pour la santé et les bonnes mœurs se situe quelques degrés au-dessous de la chaleur du corps, afin d' « éprouver un léger frisson en entrant [7] ».

A défaut d'un bain en chemise ou — quelques éducateurs progressistes le tolèrent — d'un bain dans une baignoire sur laquelle on tend un drap, on sacrifie à l'hygiène au moyen d'une grosse éponge ou d'une serviette mouillée ; mais même au lavabo, les jeunes personnes se doivent de respecter certaines règles de bienséance édictées par le *Catéchisme d'hygiène à l'usage des jeunes filles* : « ces sortes de lavages doivent être faits rapidement sur un seul membre à la fois qu'on essuie fortement et *recouvre aussitôt* car la propreté ne doit pas nuire à la modestie [8], les vertus étant sœurs ». Notez que ces règles valent *aussi* pour une jeune fille qui ferait sa toilette seule chez elle, à l'abri des regards de ses compagnes...

Si l'hygiène des pensionnats ignore les zones intimes, il est des endroits du corps sur lesquels se polarise une propreté tatillonne ; l'oreille est ainsi l'objet de soins tout particuliers : il s'agit « de passer un linge sec entre elle et la tête et d'enlever ainsi l'humidité produite par la transpiration de la nuit. Cette humidité répercutée occasionne des fluxions et des maux de dents [...] l'oreille dans sa partie intérieure doit être lavée avec de l'eau tiède ; il est même quelquefois nécessaire d'y faire des injections et de s'aider d'un cure-oreille. Quant à l'extérieur, il suffit de bien laver l'oreille et d'en essuyer exactement tous les plis [9] ».

Mais en dehors des oreilles qui ont droit à toute leur sollicitude, les jeunes personnes ne doivent pas perdre de vue que la propreté devient petitesse dès qu'elle est outrée, et qu' « il est d'un meilleur esprit de *se négliger* sur les choses peu importantes que de s'y rendre trop délicat [10] ».

L'hygiène est toutefois un devoir en raison de la correspondance établie communément entre le corps et l'âme, et selon laquelle « une femme propre et soigneuse est presque toujours une femme *honnête et vertueuse* [11] ». Mais il semble que dans les mentalités de l'époque, le mot propreté désigne davantage celle des vêtements que celle du corps, qui n'est d'ailleurs jamais dévoilé — même dans la solitude — dans sa totale nudité.

En dehors des toutes petites filles, les pensionnaires ne sont pas autorisées à être « en cheveux ». Chez les augustines de Honfleur, il existe sous le Second Empire deux sortes de coiffures qui sont agréées par les religieuses : « en berceau », les deux nattes accrochées par le bout ou « en Cadet-Rousselle », suivant la taille des cheveux et l'agrément du visage, et il y a fort à parier que ces coiffures se retrouvent dans la majorité des maisons d'éducation de France et de Navarre.

L'uniforme ou vêtir celles qui ne sont jamais nues

Un nouveau coup de cloche, et les pensionnaires, « ablutionnées » et coiffées, reviennent au dortoir pour s'y habiller ; d'abord dissimulées derrière les courtines de leur lit, elles endossent subrepticement chemise et jupon puis, tirant les rideaux, deux à deux, dans chaque ruelle, à la mode saint-simonienne, elles lacent réciproquement leurs corsets ou, comme on dit dans les couvents, leurs « brassières » : il est des mots qu'on évite de prononcer car ils évoquent des idées qu'il est préférable d'écarter...

Le corset a, sous ce nom édulcoré, franchi la clôture, mais la crinoline n'est admise ni dans les cloîtres ni dans les maisons laïques, et les pensionnaires souffrent dans leur coquetterie de porter des robes qui « plaquent » et leur donnent « l'air de parapluies mal fermés ». Dans le couvent de Honfleur où est élevée Jeanne Allais, le règlement précise que la robe d'uniforme sera : « à jupe *plate* devant, à plis *plats* derrière, corsage *plat*, manches *plates* dépassant le poignet [12] ». La mère Saint-Boniface, fanatique de la ligne droite, qui en qualité de surveillante générale assiste aux séances d'essayage, répète à la sœur Saint-Félix, la couturière :

« Montez les pinces, ma sœur Saint-Félix, montez bien les pinces... »
ou encore : « Du large à la ceinture, beaucoup de large... » La première de ces injonctions ayant pour but de tasser la poitrine, et la seconde de masquer l'amincissement naturel de la taille.

On exige dans toutes les maisons d'éducation une tenue uniforme et austère qui évite de donner prise à la coquetterie et à la jalousie des élèves. Les uniformes sont le plus souvent noir d'ébène : robe noire (de mérinos en hiver et de soie en été) sur laquelle tranchent le col plat bien blanc et les bas immaculés. Gants, manteau, pèlerine, chapeau, tablier sont du même coloris qui absorbe les taches d'encre.

« Quel costume !... de qui porte-t-elle le deuil ? s'écrie Théophile Gautier en apercevant Judith à sa première visite au parloir.

-- C'est l'uniforme, répond sa mère.

-- On est parvenu à la rendre laide !

— *Les enfants n'ont pas besoin d'être jolis*[13]... ! »

Les parents sont priés de faire confectionner ces robes suivant les indications de la lingère, à moins que les uniformes ne soient taillés sur place : robe courte jusqu'à la puberté, pour les élèves qui n'ont encore « rien là », comme disent les religieuses du Sacré-Cœur en désignant ce qu'on ne doit pas nommer, robe cachant les chevilles pour les autres. Pour protéger la robe (les trousseaux n'exigent guère qu'une ou deux robes par saison), on noue un grand tablier noir sur lequel ressortent les ceintures de couleur. Cette tradition des ceintures dont la nuance indique la classe des élèves, est héritée de Mme de Maintenon qui l'a inaugurée à Saint-Cyr ; reprise par Mme Campan à Ecouen et par tous les pensionnats à sa suite, elle traversa les siècles et survit *encore aujourd'hui* à la Légion d'honneur.

Les couleurs distinctives sont le vert pour la plus petite classe, le violet, « l'aurore » (orange), le bleu, le « nacarat » (rouge clair) pour les suivantes, enfin le blanc pour la grande classe. Nouer ce ruban de couleur, large de deux doigts, n'était pas une mince affaire : « il ceinturait la taille, se croisait derrière le dos puis chaque bout ressortait sur le dos par-dessus l'épaule qu'il contournait, repassait sous les bras et rejoignait derrière le dos l'autre bout auquel on le nouait[14]... »

L'uniforme de la Légion d'honneur, par sa complication et son luxe de détails mérite qu'on s'y attarde un instant. A l'origine, il se composait d'une robe en serge blanche à taille montante avec des manches courtes, d'un chapeau et de gants blancs. Cet uniforme immaculé dut s'avérer trop salissant car, en 1811, il se transforma en une robe de laine amarante foncé[15], portée avec de longues mitaines « que l'on fit d'abord en batiste écrue, ce qui était plus joli, puis en toile grise, ce qui était moins cher ». Un tablier de laine *noire*, une pèlerine *noire*, des souliers en peau de chèvre *noirs*, appelés « cothurnes », une toque de velours *noir*, des bas *noirs* complètent l'équipement qui n'est guère égayé que par les ceintures de couleur. Mais le clou de l'uniforme de la Légion d'honneur reste le sac à ouvrage dont — règlement oblige — la pensionnaire ne doit *jamais* se séparer. Ce sac qu'on est autorisé à broder à son gré mais qui s'orne invariablement — sous le Premier Empire — d'aigles, de palmes et de croix de la Légion, a une double utilité : il contient un ouvrage qui doit occuper les mains à la première opportunité, au premier temps mort, et il assure à la jeune fille qui le tient gentiment à son bras replié un maintien décent. « Un sac au bras est une seconde pudeur dont une jeune fille modeste ne doit pas se départir », répète-t-on à Marie Cappelle qui ne put jamais s'habituer à trimbaler toute la journée ce sac encombrant, pas plus qu'elle ne put s'accoutumer à s'asseoir à table, au réfectoire, la tête « enterrée sous un immense chapeau ».

Dans certains couvents de province, on n'a cure de la mode, si bien que les pensionnaires sont habillées à peu près comme l'étaient leurs grand-mères. A la fin du Second Empire, chez les augustines de Honfleur, on porte encore pour la promenade et la messe, comme au bon vieux temps de la Restauration, des chapeaux cabriolets emboîtant la tête et attachés sous le menton par de larges brides de ruban ; par son ridicule, ce couvre-chef démodé réussit à gâcher les joies — rares — de la promenade à certaines couventines un peu faraudes. Comble d'horreur, le chapeau est doublé « d'une étoffe bizarre, à poils ternes, rudes, hérissés, une étoffe hirsute qui semble fabriquée tout exprès pour le couvent » et le bruit court « que l'on utilise ainsi les vieux bonnets à poil des grenadiers de l'Empire dont le couvent a acheté un stock au moment de la Restauration [16] ».

Marie de Flavigny, avec sa dureté coutumière, fait une description sans complaisance de ses aristocratiques compagnes du Sacré-Cœur, « mal attifées dans leur uniforme de mérinos amarante, singulièrement bigarré selon les classes de rubans jaunes, verts, bleus ou blancs, les cheveux mal peignés, retenus dans de vilains filets noirs, mal chaussées, mal tenues enfin des pieds à la tête [17] ».

Comme on le voit, les uniformes ne brillent pas par leur élégance, leur gaieté et leur séduction, mais qu'importe puisque, comme le dit la mère de Judith Gautier, « les enfants n'ont pas besoin d'être jolis », une opinion qui est assez largement partagée à l'époque.

Le réfectoire ou nourrir celles qui ont faim

Dans le silence qui, depuis le début de la journée, n'a été rompu que pour la première oraison, on descend en rang jusqu'aux salles de classes où l'on récite une nouvelle prière, suivie, dans les établissements religieux, de la messe basse quotidienne. Dans les pensionnats laïques, la messe est remplacée par une petite heure d'étude ou de travaux d'aiguille, histoire de se mettre en appétit pour le déjeuner. Il est environ 8 heures lorsque la cloche sonne l'heure de descendre au réfectoire.

A Beaujon, le réfectoire est « une immense pièce nue, laide comme toutes les pièces de la maison » où s'alignent les tables de marbre gris. A une table placée sur une estrade, la directrice, entourée des maîtresses, prend parfois ses repas au milieu des pensionnaires. Beaucoup plus souvent, elle préfère être servie dans son intérieur, ce qui lui permet d'avoir un menu différent de celui des élèves...

Dans un cas comme dans l'autre, elle admet à sa table quelques élèves privilégiées qui sont en principe les plus « méritantes », mais qui sont en réalité les plus importantes à ménager à cause de la fortune ou de la position de leurs parents. Cette ségrégation sociale qui avait cours à Ecouen valut un jour à la surintendante une leçon de l'Empereur, surgi à l'improviste pour visiter les filles de ses braves. Il arriva au moment du dîner : Mme Campan venait de se mettre à table, entourée de sa cour composée de jeunes personnes, toutes filles de hauts dignitaires de l'Empire.

« Quelles sont ces demoiselles, demande-t-il en fronçant les sourcils, sont-ce les premières de leur classe ?

— Sire, ce sont les demoiselles Mac Donald, Desaix, Caffarelli...

— Madame, tranche l'Empereur, toutes mes filles doivent

être égales devant vous » et, se tournant vers les jeunes filles tremblantes, « allons mesdemoiselles, prenez vos serviettes, retournez près de vos compagnes et souvenez-vous bien que le nom de votre père ne figurera jamais comme un bon point sur vos cahiers [18]. »

Avant de s'asseoir à table, on commence par réciter le *benedicite* debout ou, le plus souvent, à genoux sur les bancs.

Dans son *Dictionnaire des idées reçues*, Flaubert note avec ironie au mot nourriture : « Toujours saine et abondante dans les collèges. » Voyons s'il aurait pu ajouter... « et les pensionnats de jeunes filles ».

Au menu du « premier déjeuner », du café au lait sans sucre, du chocolat ou le plus souvent de la soupe, le tout accompagné d'un morceau de pain sec. « Jamais on ne voyait de beurre », précise Henriette Sansom, pourtant élevée dans une des pensions les plus chères de la capitale.

Le déjeuner a lieu vers 12 heures ; on n'y sert qu'un seul plat de viande rôtie ou de bœuf bouilli (de « bouilli ») qui est souvent « un peu filandreux et caoutchouteux là où il n'est pas filandreux », ce qui est bien frugal à une époque où le menu ordinaire d'un particulier aisé comporte trois ou quatre plats. Des légumes et de la salade complètent un menu où le dessert ne figure que les dimanches et jours de fête. Le tout arrosé d'abondance, l'éternelle boisson des internats, qui n'est autre que de l'eau rougie ou plutôt rosie par un peu de vin.

Pour le dîner (entre 6 et 7 h) le menu, identique, est simplement augmenté d'un potage pour commencer. La « viande à tous les repas » dont se targuent certains prospectus est la ligne de démarcation entre les bonnes maisons et les médiocres.

La chère est particulièrement frugale à Ecouen ; « la nourriture, avait dit Napoléon, ne saurait être trop simple, de la soupe, du bouilli et une petite entrée, rien de plus [19] ». Ainsi fut dit, ainsi fut fait, et la surintendante trouva même que c'était là faire bombance, car comme elle l'explique dans une lettre : « le jour du rôti, le plat de légumes est de trop sur les tables. J'ai fait ce retranchement... » et elle ajoute plus loin : « la soupe au lait régulièrement le soir n'est pas un régime sain. J'ai l'intention de la supprimer... » Jamais de dessert sauf à la fête de l'Empereur et aux quatre grandes fêtes religieuses où l'on distribue des tartes et des gâteaux.

Pour compléter l'ordinaire, on donne dans la plupart des pensionnats un petit pain pour couper l'après-midi et en été de l'eau vinaigrée pour se rafraîchir. Restent les friandises que les parents apportent au parloir lorsque le règlement l'autorise.

Les avis parfois très divergents des anciennes pensionnaires se rejoignent tous sur la qualité très médiocre de la nourriture. Marie de Flavigny — on s'en serait douté — ne peut évoquer celle du Sacré-Cœur sans un haut-le-cœur : « Nos repas, dit-elle, ne péchaient pas seulement par l'absence d'aliments substantiels et d'une boisson salubre — nous ne mangions à l'ordinaire que du bœuf bouilli, des haricots blancs, des choux, du lard, etc., nous ne buvions que de l'eau ou du mauvais vin *frelaté* —, ils étaient encore accommodés de telle sorte par les sœurs converses, les viandes en étaient si desséchées par la cuisson ou si arrosées d'une graisse nauséabonde que malgré nos jeunes appétits, la répugnance l'emportait le plus souvent et nous réduisait au pain sec [20]. » Elle évoque aussi le mystérieux hachis où étaient confondus les restes de toute la semaine et les débris recueillis sur les assiettes, et qui était servi le jeudi sous le nom très vague de « tourte à la viande ».

Henriette Sansom, cette enfant de Marie qui a pourtant si bon esprit et se montre si peu critique lorsqu'elle parle de son cher pensionnat, rejoint l'opinion générale : à Beaujon, le menu est invariable, les rations « courtes », l'abondance « plus que légère » et la confiture « a un arrière-goût de tabac ».

De génération en génération, il se colporte d'étranges légendes sur la gastronomie des augustines de Honfleur, mais toutes les légendes n'ont-elles pas un fond de réalité ?... Depuis une époque immémoriale où une élève a découvert du mouron dans sa salade, toute feuille autre que de la laitue, de la mâche ou de la chicorée est baptisée « mouron » et fait l'objet de conciliabules inquiets qui sont autant d'occasions pour rompre le silence et taquiner la religieuse qui « fait » le réfectoire :

« Ma bonne sœur, qu'est-ce que cette verdure, je vous prie ?

— Ça, mademoiselle, c'est des appétits.

— Non, ma bonne sœur, c'est du mouron ! »

Et tout le monde regarde son assiette avec méfiance. On dit aussi que la soupe à l'oseille est faite avec des feuilles de mûrier, « comme s'il n'était pas plus facile de se procurer de l'oseille que du mûrier à vers à soie [21] ! »

La frugalité de la nourriture des pensionnats relève à la fois d'une préoccupation morale et d'une précaution pseudo-médicale. Au chapitre de la moralité, on enseigne aux élèves, et on explique benoîtement aux parents, que la religion prescrit la mortification et que c'est au nom de la pénitence que les pensionnaires sont condamnées à manger du pain sec. A l'appui de ces principes, une pseudo-science misogyne vient mettre son grain de sel et prescrit une alimentation d'une extrême sobriété, excluant tout ce qui est « épicé, délicat ou recherché », bref tout ce qui agit « sur le système nerveux qu'il est toujours dangereux d'exciter, *surtout chez les jeunes filles,* car c'est ainsi qu'on ôte à l'estomac cette *virginité* des systèmes organiques si précieuse au développement des organes et à leurs fonctions, et qu'en développant l'irritabilité dans le système nerveux, on prépare et provoque les plus grands désordres dans la vie animale et *dans la vie morale* [22] ». En clair, car le style de Bonnin à qui l'on doit ces affirmations est aussi lourd à digérer que la cuisine des internats, la nourriture frugale prépare des femmes vertueuses.

Il est étonnant dans ces conditions que la pitance des pensionnats de jeunes filles n'ait pas produit plus de saintes... !

Tous les repas pris au réfectoire le sont dans le plus parfait silence : pour demander du pain on lève la main car les élèves « écoutent avec attention », disent les règlements — entendent avec distraction, dit le bon sens —, la lecture offerte à leur appétit spirituel.

C'est une élève, la lectrice « de semaine » qui est chargée

de faire la lecture à ses compagnes. Elle prend ses repas en avance et, juchée sur un très haut tabouret ou dans une petite chaire réservée à cet effet, dans un bruit de vaisselle et de couverts d'argent entrechoqués, elle lit quelque passage de *Télémaque*, de *Robinson Crusoé*, du *Génie du christianisme*, ou la vie du saint dont on célèbre la fête ce jour-là.

Le règlement de l'institution de Mlle Viard précise qu' « on doit manger proprement, ne pas jeter la mie de pain, ne jamais laisser de croûtes » et qu' « il est défendu de donner à ses compagnes aucun des aliments qui sont servis [23] ». Heureusement le supplice ne dure pas très longtemps et les bouches ne s'ouvrant que pour manger, les repas sont avalés en à peine une demi-heure. On procède ensuite dans certains couvents au lavage des couverts, un rite assez répugnant que l'on pratique entre autres au Sacré-Cœur de Nancy, sous le Second Empire : à la fin des repas, une sœur converse apporte à chaque table « une très petite cuvette de fer-blanc aux trois quarts pleine d'eau chaude » et les huit élèves assises autour de la table agitent chacune à leur tour leurs couverts dans l'eau, les essuient avec leur serviette et les roulent dedans [24]...

Enfin, les grâces expédiées, on détale dans le jardin où le silence est enfin rompu pour la récréation.

Du pain sec et des jeux

La récréation où se confondent toutes les classes du pensionnat représente environ deux heures et demie de la journée : une demi-heure après le « premier déjeuner » et une heure après chacun des autres repas, à moins qu'un manquement au règlement ne vous retienne en classe, privée de récréation.

Dans le jardin, quand le temps le permet, les langues libérées s'en donnent à cœur joie ; on est priée cependant de se récréer « gaiement *mais sagement* », un peu comme Mme Dupin recommandait à sa petite-fille Aurore de s' « amuser *tranquillement* » ! Chez Mlle Bazin, tout ce qui peut détendre les élèves après des heures d'immobilité et de silence est précisément interdit : il est « expressément défendu de traîner, d'employer des termes grossiers et des expressions familières, de courir *fort*, de choisir des jeux trop brutaux ». Bref, il est interdit de faire tout ce qui est amusant et surtout de folâtrer *à deux*. La sous-maîtresse qui garde la récréation veille au grain : celles qui s'essaient à ce jeu interdit sont immédiatement interpellées par un mot bref et rejoignent les autres.

Les conversations à deux où peuvent se glisser « les tristes secrets » émanant d'élèves averties, sont défendues dans tout pensionnat bien tenu et pourchassées impitoyablement, comme pouvant dégénérer en amitiés particulières, le cheval de bataille des éducateurs. Ils se divisent à ce propos en deux écoles : il faut proscrire les amitiés particulières à grand renfort d'objurgations, d'exhortations et de punitions, dès qu'on surprend deux élèves ensemble, ou bien il faut éviter d'éveiller l'attention sur un danger souvent imaginaire et dont la connaissance est autant à craindre que le danger lui-même. Mais une chose est certaine, ces amitiés sont « dangereuses » même chez les jeunes personnes.

D'abord tout simplement parce que, selon le vieil adage : qui se ressemble s'assemble, ces amitiés sont en général l'association de deux mauvais caractères, de deux défauts semblables, et que ces imperfections mises en commun ne s'additionnent pas mais se *multiplient* ! On combat donc les duos de médisance, de coquetterie, de dissipation, de légèreté, de commérage, des défauts, comme chacun sait, typiquement féminins.

Ces « intimités » sont aussi accusées de diminuer le goût pour la prière, l'application au travail, la gaieté dans les récréations et la charité pour les autres élèves, ainsi que d' « exalter ces émotions de sensibilité qui agitent aveuglément la jeunesse [25] », écrit Mme Campan. En conséquence, « il est extrêmement important d'étouffer de bonne heure cette affection et de s'en ouvrir à son directeur de conscience », recommande *Le Guide des jeunes pensionnaires.*

Les amitiés particulières sont de l'avis général « criminelles » car il est rare que deux jeunes filles soient attirées l'une vers l'autre par le seul charme de la vertu, même en les supposant douées d'un excellent naturel. Et quand bien même l'auraient-elles été, il faut craindre qu'elles ne persévèrent pas longtemps dans d'aussi pures dispositions et qu'après avoir commencé par la vertu, leur « liaison » ne sombre dans le vice, « tels deux fruits sains et vermeils placés trop près l'un de l'autre, qui, si on ne les sépare pas à temps, ne tardent pas à se gâter [26] ».

Mais il est des fautes « contre les mœurs » qu'il ne s'agit pas de signaler à l'attention publique en les appelant par leur nom. « Si une maîtresse est obligée de traiter de ce délicat sujet, elle ne doit en parler que sous l'appellation de *fautes contraires à la modestie* et dans des termes couverts qui ne puissent éveiller aucune mauvaise pensée dans l'esprit de celles qui ont le bonheur d'en être exemptes ».

Particulière ou non, l'amitié n'est pas encouragée car, l'amie de couvent ou de pension n'est pas toujours du choix des parents et ne sera pas forcément du goût du mari... D'ailleurs, pour éviter de favoriser les épanchements, les élèves ne sont pas autorisées à se tutoyer et, si elles s'appellent en petit comité par leur nom de baptême, elles se donnent en classe ou en public du « Mademoiselle ».

Puisque les jeunes filles ne doivent jamais être seules (la tête travaille), ni à deux (on peut se faire des confidences), les pensionnaires sont toujours en groupes de trois.

Si les conciliabules sont interdits, les jeux brutaux prohibés, comment occuper le temps de la récréation ? Par des jeux « de jeunes filles » qui varient avec la mode et avec les âges : les rondes chantées, la marelle, la balle élastique, la corde à sauter, les grâces ; les barres sont jugées un peu trop viriles et le saute-mouton carrément obscène et susceptible d' « exciter les sens [27] ».

Le travail n'est pas interdit, aussi voit-on çà et là, surtout à la veille des examens, des élèves qui se promènent un livre à la main ; on entend aussi, venant de la salle des pianos, la cacophonie des gammes sempiternelles. Il est en revanche interdit de retourner dans le dortoir ou de se promener dans la maison sans une autorisation expresse. Les déplacements ne sont autorisés qu'en rang. Les choses vont encore plus loin à Ecouen où, pour aller seule d'un endroit à l'autre, une pensionnaire doit se faire délivrer un laissez-passer sur lequel est inscrit l'endroit où elle a la permission de se rendre : lingerie, musique, infirmerie, etc. Si une dame rencontre une élève qui circule sans son passeport, elle la conduit derechef chez Mme la surintendante qui, en une semonce bien sentie, se charge de lui faire passer ses velléités d'indépendance...

Leçons, répétitions, récitations

Après une heure de détente, vers 9 heures, la cloche sonne, les jeux cessent, les rangs se reforment et sans souffler mot, les pensionnaires entrent en classe.

Le travail proprement dit occupe environ 8 heures de la journée. Il se répartit en études, en répétitions et en leçons générales ou particulières qui se succèdent à un rythme parfois très soutenu : « De 9 h 30 à 12 h 30, grandes et petites travaillaient sans aucune interruption », raconte Henriette Sansom, et « de 2 h 30 à 6 h 30, il n'y avait pas une pause de cinq minutes, sauf pour la classe des petites à qui on accordait un quart d'heure pour manger leur pain du goûter au jardin. Dans les autres classes, on le consommait en travaillant [28] ».

Données par des professeurs venus de l'extérieur, les leçons constituent la partie noble de l'enseignement. Elles sont aussi variées que l'institution est chère, et il n'est pas rare de voir jusqu'à une vingtaine de matières proposées à l'avidité des pensionnaires : la lecture, l'écriture, l'orthographe, l'analyse, le style, la rhétorique, la logique, l'arithmétique, la tenue des livres, la géographie, la cosmographie, la physique, la zoologie, la botanique, l'histoire sainte, l'histoire ancienne, l'histoire moderne, la mythologie, les langues : pléthore de disciplines où s'éparpille l'attention des élèves.

Le professeur type d'une institution de demoiselles est un homme marié d'âge moyen, ni trop jeune (c'est dangereux) ni trop âgé (c'est ridicule) ; les prospectus prêtent d'ordinaire aux professeurs une « douce amabilité », alliée à une « juste sévérité » et naturellement un savoir assuré, qui n'est pourtant sanctionné par aucun diplôme.

Le rituel est immuable : M. le professeur arrive, salue « gracieusement » ses élèves, « respectueusement » la religieuse ou la sous-maîtresse qui garde la classe, grimpe sur l'estrade, et commence sa leçon. Les cours se font *ex cathedra,* sans aucune participation des élèves qui écoutent, prennent des notes et se livrent accessoirement à de menus travaux : « Elles font leur petite correspondance, leurs devoirs en retard, une broderie de prédilection », remarque J. Bomoloque qui, pour avoir été lui-même professeur, a bien remarqué le manège des pensionnaires...

La répétition du cours échoit à une sous-maîtresse, qui est en outre chargée de faire réciter les leçons. Chez Mlle Bazin, le règlement précise que les élèves doivent réciter leurs leçons « mot à mot, par ordre et chacune à leur tour [29] ». Cette récitation mécanique de perroquet a cours dans la majorité des maisons d'éducation comme le confirme Gyp, élève éphémère du Sacré-Cœur de Nancy. La méthode avait de quoi effarer cette élève à l'insatiable curiosité, vive et pétulante, transplantée en cours d'année dans un couvent dont elle découvre atterrée les méthodes pédagogiques : « D'une voix nasillarde, elle [l'élève] annonce le mot à mot de la leçon ; pas de points, pas de repos et de nombreux cuirs [30]. On voit qu'elle ne comprend rien de ce qu'elle dit. D'un coup donné sur la table avec son crayon, Madame Victoire l'interrompt et ça signifie qu'une autre élève doit reprendre à la même place et continuer [31]... »

Le dortoir : s'endormir en priant

Vers 7 heures, au son de la cloche, livres et cahiers disparaissent dans les pupitres, les tabourets reculent avec empressement et vacarme. Toujours en bon ordre, on descend au réfectoire pour le souper. Après une ultime récréation, sonne le coucher précédé de la prière récitée en classe.

Dans l'ombre, car une judicieuse économie interdit le gaspillage du gaz, on monte jusqu'aux dortoirs [32]. Les ablutions sont rapides sinon inexistantes et, derrière les courtines, on se déshabille en silence. Quand toutes sont couchées, un petit tas de vêtements soigneusement plié au bout du lit, le gaz s'éteint et il ne reste plus que la lueur tremblotante de la veilleuse dans sa lampe suspendue. Le mal est supposé fuir la lumière, tandis que le démon se complaît dans les ténèbres : la veilleuse aide à déjouer les ruses de l'enfer et à ne lui laisser aucun repaire. Alors, sortie d'au milieu des lits, s'élève une voix : « Bonsoir, mon bon ange, c'est à vous que je me recommande, vous qui m'avez si bien gardée ce jour, gardez-moi aussi bien cette nuit... » Il est même recommandé de faire, chacune en particulier, un examen de conscience et un acte de contrition, en effet, comme le dit une maîtresse de pension à ses élèves : « Le sommeil est l'image de la mort et le lit celle du cercueil ; n'y entrez donc jamais qu'avec une conscience pure, parce que vous ignorez si vous en sortirez autrement que pour être portée au tombeau [33]. »

Dans certains couvents, une religieuse va de lit en lit porter de l'eau bénite à chaque élève et, comme on s'était éveillé le matin, on s'endort le soir, une prière sur les lèvres. Il est 9 heures.

Les sous-maîtresses connaissent enfin un moment de répit : assises à une table au fond du dortoir, éclairées par un petit lumignon fumeux, elles peuvent lire ou écrire une lettre, avant de se coucher dans un lit-mirador placé sur une estrade d'où elles ont une vue panoramique sur les pensionnaires endormies ou feignant de l'être. Il est 10 heures.

D'un bout à l'autre de l'année, les jours se succèdent selon ce rythme que rien n'altère, du 1er octobre au 15 août. Le jeudi, les récréations sont plus longues et on a double ration de travail à l'aiguille, de piano et parfois une promenade en rang. Le dimanche, les exercices de piété : messe, vêpres, salut et le catéchisme occupent la journée de celles qui ne retournent pas dans leur famille. Comme chaque matin, ces infortunées se lèvent à 6 heures...

Le jeudi et le dimanche, il y a les visites au parloir, mais la description qu'en fait Gyp n'a rien de bien enthousiasmant ;

jugez plutôt : « Ces deux ou trois heures d'immobilité perchée sur une chaise trop haute au dossier de laquelle il était défendu de s'appuyer, les pieds ballants dans l'espace parce qu'il était également défendu de les poser sur les barreaux, avec aux mains des gants de coton blanc raides [...] me semblaient le pire des supplices. Les gâteaux que je n'aimais guère ne me dédommageaient pas de cette contrainte [34]. »

Ce rythme immuable ne subit de modification que les jours de fête et, beaucoup plus rarement, les jours de... révolution. A la pension André, en juin 1848, des élèves menées par Juliette Lamber [35], fille d'un républicain socialiste, organisent une manifestation. Elles font une collecte de mouchoirs bleus, blancs, rouges pour fabriquer des drapeaux, et de la propagande en faveur du peuple massacré : un bataillon de pensionnaires exaltées se forme et défile dans la maison aux cris de « Vive la République ! », « Vive les insurgés ! ». Les maîtresses affolées tentent de disperser l'émeute, aidées par une troupe d'élèves conservatrices ; il s'ensuit un pugilat monstre pour défendre ou arracher les drapeaux ; on échange des coups et des coups d'ongle, on s'arrache les tresses, enfin, la meneuse est capturée et faite prisonnière au parloir. Elle sera renvoyée le jour même [36].

Mais les révolutions sont malgré tout assez rares dans une vie de pensionnaire...

V

Le « trousseau de connaissances »

Dès l'aube du XIXe siècle, plus personne ne conteste le *droit* des femmes à l'instruction, ni même le *devoir* de se constituer ce qu'on appelle un « trousseau de connaissances », mais il flotte encore à travers tout le siècle un certain nombre de préjugés. Ce qu'on apprend aux filles, le choix des disciplines auxquelles elles ont accès, et la façon dont on les leur enseigne, très différente de celle des garçons, sont réglementés par quelques grands principes qui puisent leur justification dans l'existence d'une prétendue nature féminine.

A partir d'opinions très généralement partagées, il est facile de reconstituer une sorte de vademecum de l'instruction des filles.

1. L'*instruction* des femmes importe beaucoup moins que leur *éducation* :

« L'instruction n'est pas importante pour une femme... » (Eugénie Milleret [1]).

2. L'esprit des femmes n'est pas inférieur à celui des hommes, mais *il fonctionne différemment* car la femme est affectivité plus que raison :

Les femmes « n'ont ni l'invention qui crée ou découvre, ni la généralisation qui synthétise, ni la force sans convulsion [...] Les facultés mâles leur manquent aussi radicalement que l'organisme d'Hercule à la Vénus de Milo » (Barbey d'Aurevilly [2]). ou encore :

« On ne prouve rien aux femmes, elles ne croient qu'avec le cœur » (Alphonse Karr[3]).

3. Les femmes n'ont jamais fait aucun chef-d'œuvre et l'humanité ne leur est redevable d'aucune invention :

« Elles n'ont fait ni l'Iliade, ni l'Enéide, [...] ni le Parthénon, ni l'église Saint-Pierre, ni la Vénus de Médicis [...] ni le Livre des Principes, ni le Discours sur l'Histoire, ni Télémaque. Elles n'ont inventé ni l'algèbre, ni les télescopes [...] mais elles font quelque chose de plus grand que tout cela : c'est sur leurs genoux que se forme ce qu'il y a de plus excellent dans le monde : un honnête homme et une honnête femme » (J. de Maistre[4]).

4. Une femme ne peut être supérieure que comme femme. Si elle concurrence l'homme sur son terrain, elle est ridicule, à la limite, elle n'est plus une femme :

« Le grand défaut d'une femme, c'est de vouloir être un homme et c'est vouloir être un homme que vouloir être savante » (J. de Maistre[5]).

5. Trop d'instruction nuit à sa féminité, et science et féminité sont difficilement compatibles :

« Oh ! Les femmes ! Les femmes ! [...] Elles ne savent pas que leur premier intérêt, leur premier devoir est d'être séduisante. Qu'elles s'instruisent... bien, mais qu'elles ne négligent pas pour s'instruire ce qui doit faire leur premier attrait ; qu'elles lisent, mais qu'elles chantent ; qu'elles sachent parler anglais comme une Anglaise, mais qu'elles sachent porter un chapeau à la française ; qu'elles fassent des vers, si elles peuvent, mais qu'elles sachent rire et chanter, plaire, enfin plaire avant tout » (Mme E. de Girardin[6]).

6. Les pédantes sont immariables :

« Une coquette est plus aisée à marier qu'une savante ; car pour épouser une savante, il faut être sans orgueil ce qui est très rare ; au lieu que pour épouser la coquette, il ne faut être que fou, ce qui est très commun » (J. de Maistre [7]).

7. Toute l'éducation des filles doit, dès le berceau, avoir pour objet la maternité future :

« Elever une fille, c'est former une mère... La femme est dans la mère et pas ailleurs ; la maternité est son alpha et son oméga » (Dr Fonssagrives [8]).

8. Une femme peut être instruite, mais elle ne doit pas le montrer, à plus forte raison une jeune fille :

« On permet à une femme de lire à condition qu'elle n'amasse que pour enfouir... Il est permis de lire en cachette et défendu de se mêler à une conversation sérieuse, c'est ce qu'on appelle se faire pardonner son savoir » (Mgr Dupanloup [9]).

9. L'ignorance des femmes est le gage de leur soumission :

« Donner à une femme du raisonnement, des idées, de l'esprit, c'est mettre un couteau dans la main d'un enfant » (Taine [10]).

10. A tout prendre, entre l'ignorance et le pédantisme, il faudrait choisir l'ignorance :

« Il n'est aucun de nous qui ne préférât, pour passer la vie avec elle, une servante à une femme savante » (Stendhal [11]).

En fonction de ce Décalogue tracé d'une plume trempée dans l'anti-féminisme, on va voir que le « trousseau de connaissances » que l'on donne aux filles ne ressemble en rien au paquetage de compétences dont on munit les garçons.

Les études dites classiques

L'écriture : leur truc en plumes

Jusqu'à un âge assez avancé, les filles continuent à recevoir des leçons d'écriture. A une époque où l'on s'écrit beaucoup entre particuliers et où la machine à écrire n'a pas encore été inventée, une bonne écriture est indispensable pour l'agrément de ses correspondants et, éventuellement, comme outil de travail. C'est pourquoi jusque vers quatorze ans, les jeunes filles continuent à perfectionner leur calligraphie, sous la direction d'un maître d'écriture parfois insolemment surnommé « professeur de belles lettres »...

L'écriture enseignée au XIXe siècle rejoint presque le dessin, et ses subtilités, aujourd'hui tombées dans l'oubli, justifiaient alors la chaire de professeur d'écriture dans les collèges et les pensions. On distinguait plusieurs sortes d'écritures : d'abord la *ronde*, la *coulée* et la *bâtarde* que l'on traçait « à main posée ». Larges, bien assises, très lisibles, ces trois écritures servaient pour les titres, les en-têtes, etc. En revanche, la *cursive* ou *anglaise*, penchée, allongée, se traçait « à l'expédiée » ; elle avait l'avantage d'être plus rapide et spontanée. Elle servait pour le tout-venant.

Au début du siècle, on utilisait encore les plumes d'oie qu'il fallait tous les jours tailler au canif pour leur redonner du « pointu ». Ce n'est pas avant 1820 que l'usage des plumes métalliques se généralisa. D'ailleurs de nombreux professeurs continuèrent à exiger des plumes d'oie, sous prétexte qu'avec elles seules, on pouvait tracer des pleins et des déliés convenables.

Les maîtres d'écriture prenaient leur enseignement très au sérieux, et leurs leçons tenaient à la fois du cours de calligraphie et du cours de maintien ; il s'agissait d'écrire avec grâce, la tête, le buste, le bras et la main droite disposés suivant des règles imposées. Le professeur d'Aurore Dupin, M. Lubin, avait mis au point divers instruments pour contraindre ses élèves à avoir « la tête droite, le cou dégagé, trois doigts allongés sur la plume et le petit doigt étendu sur le papier de manière à soutenir le poids de la main », c'est-à-dire « 1° pour la tête, une sorte de couronne en baleine ; 2° pour le corps et les épaules, une ceinture qui se rattachait par-derrière à la couronne, au moyen d'une sangle ; 3° pour le coude, une barre de bois qui se vissait à la table ; 4° pour l'index de la main droite, un anneau de laiton soudé à un plus petit anneau dans lequel on passait la plume ; 5° pour la position de la main et du petit doigt, une sorte de socle en buis avec des entailles et des roulettes [12] » !

Pour pénétrer leurs élèves de l'importance d'une bonne écriture, les professeurs rappellent que c'est une simple lettre mal formée qui, en 1614, fut à l'origine de la guerre civile : la régente, Marie de Médicis avait adressé au prince de Condé une missive où elle lui faisait des propositions de paix. A cause d'un *u* mal écrit, le courrier à qui l'on remit le pli se méprit sur l'adresse indiquée et galopa à bride abattue jusqu'à A*n*gerville en Normandie alors que le prince attendait à A*u*gerville, en Orléanais...

La littérature à l'usage des jeunes filles

La littérature est la reine des études classiques, une reine chaste et pudique, car des auteurs bien intentionnés ont dressé à l'intention des jeunes filles des catalogues de morceaux choisis « où l'on a fait entrer ce qui est sain et d'où l'on a banni ce qui est *louche* et à plus forte raison ce qui est *mauvais* ».

Dans ces choix, on note une grande prédilection pour le XVIIe siècle : Bossuet, Fénelon, Pascal, Mme de Maintenon, Mme de Sévigné, La Bruyère pour les prosateurs ; Corneille est à peu près le seul dramaturge dont les pièces ne sont pas expurgées et, s'il faut bien admettre Racine, encore préfère-t-on ses *Lettres* et ses *Odes* à ses pièces, à l'exception d'*Athalie* et d'*Esther* ; La Fontaine sert trop souvent de pâture aux pensums pour être apprécié ; quant à Molière, il est le plus souvent interdit pour cause de trivialité.

Dans le programme littéraire qu'il propose, Mgr Dupanloup ignore le XVIIIe siècle et autorise « quoiqu'en tremblant » la poésie contemporaine. Mais qu'on ne se méprenne pas sur la libéralité du docte évêque d'Orléans, les poètes qu'il tolère sont le très chrétien Victor de Laprade, auteur des *Poèmes évangéliques* et décrit dans le Larousse comme « grave, ample, élevé », et Joseph Autran à l'inspiration comparable. Tout le reste, c'est-à-dire Musset, Vigny, Lamartine, Hugo etc., est rejeté en bloc comme une poésie vaine et malfaisante « qu'une femme honnête et surtout une jeune fille ne pourraient se permettre de parcourir sans nuire à son innocence et à sa réputation [13] ».

Ce point de vue est amplement partagé : « La poésie sans ciel et sans Dieu, c'est l'œil sans regard, la musique sans mesure, l'âme sans cœur, malheur à une femme qui se nourrit de ces chants impies de poètes en démence... Ah ! Fuyez jeunes filles ! Que l'aimable Vierge Marie vous cache dans son voile blanc, que l'ange du berceau vous couvre de ses ailes, que les personnes qui vous élèvent ne se laissent point [...] séduire par la littérature perverse du siècle [14]. »

Des leçons de style complètent les cours de littérature, car le style est la pierre de touche de la bonne éducation. Celle qui sait écrire « avec abandon, mais sans négligence, avec naturel, mais sans trivialité, d'un style vif, dégagé, gracieux... » possède un atout appréciable qui lui vaudra dans le monde une réputation enviée. Il n'est pas nécessaire de pousser les jeunes filles dans cette voie : beaucoup ont une véritable manie de la correspondance et dépensent des sommes rondelettes pour payer l'affranchissement de leurs lettres [15]. L'une d'elles fait stipuler dans son contrat de mariage que son mari lui allouera mensuellement mille cinq cents francs pour les frais de port de son courrier...

Pour former le style rien ne vaut l'étude de la rhétorique avec son cortège de métaphores, d'antonomases, de synecdoques et d'hyperbates qui ne sont pas « des péchés et des gros ! » comme le crut une petite fille [16] en ouvrant un jour une *Petite rhétorique des demoiselles,* mais des figures de style !

Les sujets de narration ont le double avantage de former le style et d'élever l'âme ; à côté des sujets historiques : le supplice de Jeanne d'Arc, la mort de Saint Louis, le baptême de saint Augustin, abondance de sujets moraux : une visite de bienfaisance, le baptême d'une cloche, lettre d'une orpheline à sa tante qui l'a élevée, et pléthore de descriptions : histoire d'une pâquerette, une heure à ma fenêtre, vue des cieux par une belle nuit, dialogue entre le Nil et le Gange, etc. [17].

Une littérature sans amour, des auteurs sans fantaisie, des exercices de style d'une fadeur écœurante, voilà de quoi conjurer un des dangers que la littérature recèle dans les plis de son manteau : *la tentation de la création littéraire* ! car la littérature « qui donne aux jeunes personnes le désir *et même le talent* d'écrire, qui tend en un mot à faire d'elles des romanciers ou des poètes, cette littérature n'a-t-elle pas ses dangers ? » écrit-on en 1846.

La femme-auteur, la femme-poète est une aberration de la nature ; on ne tolère pas qu'une femme ait une plume à la main sinon pour faire les comptes de sa cuisinière ou écrire des lettres. Dupanloup n'autorise la création littéraire chez une femme *qu'à la condition qu'elle n'écrive que pour ses enfants et qu'elle ne soit jamais publiée* [18]. Qu'elle s'exprime oralement ou sur le papier, toute communication intellectuelle, tout commerce d'esprit est interdit à la femme, encore plus strictement à la jeune fille. Et il faut leur supposer une bien grande curiosité intellectuelle pour admettre qu'elles puissent l'entretenir sous le manteau, en secret, creusant dans leur esprit une mine sans ouverture, sans jamais trouver à leurs idées, à leurs connaissances une issue ou un emploi. D'où, de temps en temps, des coups de grisou qui ont nom George Sand, Juliette Lamber, Marie d'Agoult, Séverine, etc. et comme on n'est jamais trahi que par les siennes, même Mme de Staël décrète que « la gloire est chez une femme le deuil éclatant du bonheur ».

Exemplaire, cette nouvelle de la comtesse de Bassanville parue en 1850 et intitulée *L'Espérance et la Charité* : c'est l'histoire d'une jeune fille, Fermina, douée d'un talent de poète, qui va chercher la gloire à Paris. Elle connaît un succès éphémère bientôt suivi de l'oubli et de la misère dans un grenier humide. Miraculeusement sauvée de la déchéance par un jeune homme qui l'épouse, elle goûte enfin le vrai bonheur dans le mariage et la maternité. Concluant la nouvelle, la réponse de Fermina à une amie lui demandant quelles sont ses dernières œuvres : « Toute ma poésie la voici ! répliqua Fermina en montrant avec un orgueilleux sourire les deux petites têtes blondes qui se pressaient contre elle. J'ai oublié toutes les autres car devant les sublimes tendresses et les saints devoirs de la maternité, les émotions de l'art restent froides et insuffisantes pour le cœur d'une femme. Depuis six ans, les seuls vers que j'ai faits sont des chansons pour endormir mes enfants. C'est que vois-tu, depuis six ans, [...] l'expérience a chassé mes folles rêveries et je n'ai que trop appris à mes dépens que *le bonheur n'existe pour les femmes que dans les devoirs et les joies de la famille* [19]... »

Les langues : anglais, yes ! latin, non !

Comme beaucoup de choses en ce milieu de siècle, l'enseignement des langues vivantes se démocratise ; il a toujours été répandu dans les hautes sphères, dans les milieux officiels et diplomatiques mais, dans les années cinquante, il n'est pas de pensionnat, même modeste, qui n'enseigne au moins l'anglais [20].

La langue anglaise est de loin la plus étudiée et les leçons sont comprises dans le prix de la pension ce qui prouve que l'anglais est considéré non pas comme une connaissance facultative et supplémentaire, mais comme un savoir nécessaire.

Langue musicale par excellence, l'italien complète l'enseignement du chant pour celles qui ont des dispositions ; mais c'est aussi la « langue de l'amour » d'où une certaine réticence à l'enseigner à des jeunes filles déjà enclines à ne penser qu'à ça ! Quelques leçons suffisent à comprendre la signification d'*adagio, rubato, pizzicato,* etc. et à apprendre la déclinaison du mot *bravo* pour ne pas se couvrir de ridicule à l'Opéra : « Voici comment cela se décline : M. Rubini [21], *bravo !* Mlle Grisi [22], *brava !* les cent musiciens de l'Opéra finissent l'ouverture de Guillaume Tell, *bravi* [23] *!* »

Bien que son éducation ne soit pas du tout représentative de l'éducation standard donnée aux filles de son siècle, et qu'elle détonne au milieu de ses contemporaines par son instruction encyclopédique, il faut citer comme exceptionnel le cas de Judith Gautier, la fille du poète qui apprend tout simplement... le chinois ! Elle y est initiée par un authentique fils du ciel à tresse, Ting-Tun-Ling, venu en France avec l'évêque de Macao. Son protecteur étant mort, le Chinois se trouve sans le sou et bientôt réduit à la misère, si Théophile

Gautier ne l'avait recueilli. Judith se plonge, d'abord par jeu, puis par goût, enfin avec rage dans les grimoires chinois. Ses progrès sont surprenants et, accompagnée de Ting en guise de chaperon, elle va chaque jour à la Bibliothèque impériale, recopier des poèmes qui constitueront un jour le matériau d'un livre [24]. Mais revenons à des jeunes filles d'un modèle plus courant...

On admire celle qui parle plusieurs langues, mais si, par hasard, elle a appris le latin, il lui est recommandé de le cacher « comme un péché ». Elle lit Dante et Shakespeare dans le texte : on lui pardonne. Elle est capable de comprendre les psaumes : c'est un bas-bleu ! Le latin, tellement « utile pour lire les inscriptions des fontaines publiques [25] », est la chasse gardée du sexe fort.

« L'anglais se parle, l'italien se chante ; mais une langue morte, la langue des pédants de collège ! Comment ! Cette charmante jeune fille conjuguera, déclinera, répétera ces affreux verbes en *ire* et en *are*, qui ont fait tant d'imbéciles ! Comment ! Il sortira des infinitifs et des supins de cette jolie bouche ! Ne voyez-vous pas que vous défigurez un des plus délicats ouvrages de la nature ? Adieu son naturel, son caractère de femme. Pourquoi une femme est-elle charmante ? Parce qu'elle ne raisonne pas [26] », et chacun sait que le latin est la meilleure école du raisonnement...

Pour les préserver de ce ridicule, rares sont les jeunes filles à qui l'on enseigne le latin. Aurore Dupin l'apprend, mais uniquement parce qu'elle suit les mêmes leçons que son frère Hippolyte. Quant à la très pieuse Elisabeth de Prades-Lavalette, à dix-huit ans, elle demande à ses parents des cours de latin comme cadeau de Noël « pour comprendre les prières de la liturgie ». Ses parents acceptent, elle prend donc des leçons et son biographe conclut, étonné : « cela ne l'empêcha pas de rester toujours charmante »...

L'histoire : les batailles de la vertu

S'il est un domaine où les jeunes filles du XIXe siècle battent à plate couture celles du XXe, c'est bien l'histoire. Il est vrai que l'interdiction de lire des romans les jette dans les bras d'une discipline dont les héros vivent des aventures qui n'ont rien à envier aux personnages de fiction.

Sans doute *leur* histoire est-elle bourrée de noms, de dates, de chronologies appris par cœur, de poèmes mnémoniques rabâchés :

Pharamond fut, dit-on, le premier de ces rois,
Que les Francs dans la Gaule ont mis sur le pavois...

Toutefois, nombreuses sont celles qu'un véritable goût de l'histoire pousse à dépasser ce niveau. A douze ans, la nièce de Flaubert, Caroline Hamard, se grise d'Augustin Thierry et de ses *Récits mérovingiens* qui l'« amusent ». Le livre de prédilection de Marie Cappelle est l'*Histoire de Charles XII* de Voltaire. Les livres de Guizot, de Barante, de Mignet, de Michelet ou de Ségur ont des lectrices assidues.

A côté de l'histoire de France et de l'histoire universelle, l'histoire ancienne tient une place de choix : Sémiramis, Ninyas, Solon, Pisistrate, Hipparque, Aristogiton, Aristide, Thémistocle, Epaminondas et bien d'autres n'ont pas de secret pour elles. Qui s'en souvient aujourd'hui ?

Bien entendu, l'histoire enseignée aux filles diffère sensiblement de celle qu'apprennent les garçons : « il faut porter les jeunes gens aux grandes choses, aux actions héroïques et les filles aux modestes vertus qui font les enfants obéissantes, les épouses dévouées et les mères chrétiennes [27] », aussi, sans pour autant négliger la chronologie, les batailles et les hommes d'action, l'accent est mis sur les coutumes des différentes nations et les femmes qui se sont distinguées par leurs vertus : sainte Clotilde, sainte Geneviève, Blanche de Castille, Elisabeth de Hongrie, etc. On tire également des leçons « tristement salutaires » des existences impies de Brunehaut, Frédégonde ou d'Isabeau de Bavière. Comme le dit Michelet [28], « pour la fille, l'histoire est surtout une base religieuse et morale [29] » et son enseignement relève plus de la formation éthique que de la culture générale : « il ne faut pas lui raconter la vie des grandes femmes pour qu'elle en parle *aux autres,* mais pour qu'elle s'en parle *à elle-même* [30] ».

Lorsqu'il s'adresse à des jeunes filles, l'enseignement de

l'histoire se heurte à une difficulté de taille : l'adultère, qui encombre les livres sous la forme avenante des favorites et des bâtards dont Dunois, bâtard d'Orléans qui « bouta » les Anglais avec Jeanne d'Arc, est le plus prestigieux représentant. En face de cet embarras, il existe plusieurs stratégies. D'abord le silence et le refus d'explication que choisit le professeur de Valérie Dubois : « Lorsque je lui demandais, dit-elle, qui était Gabrielle d'Estrées ou Mme de Montespan, il se redressait, roulait des yeux féroces et disait d'une voix rauque :

— Passons.

— Mais, lui disais-je, si nous passons toujours, je ne saurai rien.

— Vous saurez, Mademoiselle, ce qu'il convient à votre âge de savoir [31]. »

Autre solution, le flou que préconise l'abbé Balme-Frézol : « En ce qui concerne les vices et l'inconduite des princes, [...] la maîtresse doit s'en tenir à des termes généraux : la corruption des mœurs, les mœurs dissolues de ce prince, les mœurs dépravées, etc. et ne pas même faire allusion à aucune anecdote qui puisse éveiller dans les jeunes imaginations des impressions dangereuses [32]. » Mieux vaut pour une fille rester ignorante mais pure, que savante mais « corrompue »...

Une dixième muse pour la géographie

La chronologie et la géographie sont, paraît-il, les deux yeux de l'histoire, aussi la géographie est-elle parfois enseignée en même temps que l'histoire pour donner aux élèves une compréhension en relief des événements.

Au début du siècle, le monde n'a encore que quatre parties ; l'*Océanique* ne fait son apparition dans les manuels que vers 1840. Pour chaque continent, on étudie en d'insipides nomenclatures les villes, les provinces, les fleuves, les montagnes, les « productions », etc. pays après pays. Tous les manuels n'ont pas cette haute ambition et *La Géographie des demoiselles* éditée en 1840 règle le sort de l'Asie en douze incroyables vers :

Au levant de l'Europe est la célèbre Asie
Où vécurent Adam, Noé, Jésus, Marie
Où sont Arabes, Turcs, Indiens, Persans, Chinois
Tartares, Thibetins [sic], Russes, Cochinchinois
Portant en son midi des biens en abondance
Des villes et des bourgs, d'une grandeur immense
De nombreux végétaux de toute utilité
Des brillants minéraux d'une extrême beauté
Avec une étonnante et forte colonie
Que gouverne l'Anglais par une compagnie
Des colons portugais sous un grand vice-roi
Et sous un archevêque en la grande Goa [33].

Il est vrai que ces vers ne sont destinés qu'à des débutantes mais, pourquoi, parce qu'elles sont petites et filles, leur faire apprendre un tel fatras d'imprécisions et d'inexactitudes où, dans un mélange confus, la religion et la légende viennent se mêler à la réalité ?

Dans quelques bonnes pensions, c'est Cortambert en personne qui vient faire les leçons de géographie. Professeur au lycée Charlemagne et président de la Société géographique de Paris, Cortambert [34] écrivit pour l'éditeur Hachette une infinité de livres pour tous les cycles de l'enseignement, très longtemps réédités. Il tenta d'imposer une dixième muse, Eugéa, protectrice de la géographie, et à défaut d'y réussir, révolutionna l'enseignement en transformant les sèches énumérations d'autrefois en dissertations vivantes où intervenaient l'ethnographie, l'agronomie, la géologie, l'économie.

Ses élèves en ont laissé le portrait d'un savant qui était « l'indulgence même » et qui venait « au secours de l'élève appelée au tableau et lui assurait qu'elle savait très bien le nom qu'il venait de lui souffler : " c'est ça, c'est ça ", répétait-il avec bonté [35] ».

La mythologie : des héros revus et corrigés

Pour mieux comprendre la peinture et la sculpture tellement redevables aux héros de la mythologie, pour mieux comprendre les allusions qui reviennent si facilement sous la plume des poètes, des orateurs de l'époque, la mythologie figure au programme des études féminines. Les légendes gréco-romaines, comme les contes de fées et l'histoire sainte constituent le fonds des bibliothèques de petites filles ; c'est dans ces livres qu'elles apprennent à lire et dans leur imagination, les dieux païens se confondent dans un même merveilleux avec les grandes figures de l'Ancien Testament et les personnages de contes.

La mythologie « du premier âge » met surtout l'accent sur les rares épisodes qui peuvent passer pour moraux dans l'optique chrétienne : les aventures de Phaéton et d'Icare sont censées mettre en garde contre les conséquences funestes de l'orgueil ; la métamorphose de Narcisse prêche pour la modestie, etc.

Plus tard, il s'agit de faire le tri entre la « bonne » religion et les mauvaises et, à l'âge de l'adolescence, la mythologie est envisagée comme un repoussoir, un faire-valoir de la religion catholique et romaine. Les dieux du panthéon gréco-romain sont orgueilleux, brutaux, jaloux, « voluptueux », à l'occasion meurtriers et « le contraste qu'offre avec la beauté des Saintes Ecritures et la divine morale de l'Evangile cet amas de fictions [...] ne peut manquer de frapper l'esprit des jeunes personnes et d'*exciter leur reconnaissance envers la Providence qui les a fait naître au sein du Christianisme* [36] ».

Les notions d'amant, d'adultère, d'infidélité, sont pudiquement gommées des aventures des dieux, ou travesties en euphémismes beaucoup plus convenables : l'adultère qui court les rues de l'Olympe se transforme en *mariage secret.* Ainsi Jupiter, le dieu du coup de foudre, « pour se soustraire à la jalousie de Junon son épouse qui ne pouvait souffrir les autres femmes que son mari *épousait en secret,* se métamorphosait souvent »... Déesse de la Beauté (rarement désignée sous le nom de déesse de l'Amour), Vénus collectionne elle aussi les *maris secrets...*

L'arithmétique des familles

« Les jeunes filles seront un jour épouses et mères de famille ; elles auront une maison à diriger, un ménage à tenir et par conséquent des comptes à régler. L'habitude des calculs *un peu compliqués*, les applications diverses des opérations à la pratique des affaires usuelles procurent à une femme de grandes ressources dans son intérieur [37]. »

L'arithmétique enseignée aux jeunes filles est essentiellement pragmatique : les nombres et les quatre opérations, les surfaces et les volumes constituent le niveau élémentaire auquel s'arrêtent beaucoup de filles. Celles qui s'attaquent à la « haute arithmétique » se débattent dans des problèmes de fractions, dans les règles de trois, les règles d'intérêt, d'escompte [38], les diaboliques règles de société [39], etc.

Les problèmes offerts à la réflexion des écolières sont très « sexistes » ; il est beaucoup question de dépenses pour des trousseaux, de corbeilles de mariage, de budgets où les bonnes œuvres et la part des pauvres viennent compliquer les calculs. Ils sont aussi très révélateurs de l'époque où ils ont été imaginés et l'on pourrait dater les manuels d'après les problèmes proposés. Sous la Restauration, les rois ont la vedette : on calcule la durée de leur règne. Sous le Second Empire, on calcule la hauteur de la colonne Vendôme et l'on s'intéresse aux victoires de l'armée : « Dans l'espace de 60 années, les armées françaises ont remporté environ 2 340 [!] victoires sur les champs de bataille. Combien de victoires ont-elles remportées en moyenne par année [40] ? » La prospérité et les progrès techniques constituent une source inépuisable de problèmes : les robinets et les baignoires commencent une longue carrière de débordements, les capitalistes font de gros gains à la Bourse ; en 1850, le chef de gare de Versailles compte ses wagons ; en 1860, les locomotives de Paris-Strasbourg se croisent, etc.

Le nouveau système des poids et mesures [41] est aussi au programme. Encore plus que la conversion des lieues en kilomètres, il importe aux filles de savoir que l'aune vaut 1,8 mètre, la livre 500 grammes, l'once 30 grammes, et la chopine 0,5 litre.

Enfin les leçons d'arithmétique sont complétées par ce que l'on appelle « la tenue des livres », autrement dit quelques notions élémentaires de comptabilité. Apprendre des articles du Code de commerce, tenir un cahier de comptes, un livre de caisse, rédiger des quittances, des lettres de change, des billets à ordre, ennuient beaucoup les élèves dont les plus fortunées trouvent à la vérité ces occupations bien vulgaires et bourgeoises.

En conclusion, les inspectrices des pensionnats de jeunes filles notent dans leurs rapports que l'étude de l'arithmétique est très « antipathique aux jeunes personnes » et que leur niveau est bien faible. Gyp le confirme lorsqu'elle avoue qu'à douze ans elle ne savait toujours pas faire une division...

La botanique asexuée

C'est la science féminine par excellence, la seule qui, « chez une femme, ne donne aucune prise au ridicule », qui ne risque pas de lui attirer le qualificatif désobligeant de pédante, de bas-bleu[42]. « C'est aux femmes qu'il appartient de parler de ce que les végétaux ont de plus intéressant, décrète Bernardin de Saint-Pierre ; elles ont même avec eux les rapports les plus doux. Les arbres semblent faits pour les ombrager, les gazons pour les reposer, les fleurs pour les parer. Qui sait mieux qu'elles en assortir les bouquets et en composer des guirlandes, des couronnes, des chapeaux ? Elles sont elles-mêmes les fleurs de la vie, comme les enfants en sont les fruits. »

Sans compter que la connaissance des simples et la confection des tisanes cadrent idéalement à l'époque, avec le portrait de la femme aimante et dévouée, née pour soigner, apaiser, panser les siens et l'humanité souffrante.

Mais la botanique, comme toutes les sciences, fait l'objet d'une mouture spéciale, « à l'usage des jeunes personnes » pour ne pas altérer leur innocence et « éviter un développement prématuré d'idées ». Aussi la botanique des demoiselles se réduit-elle à des classifications, des listes de noms latins avec leur traduction en langue vulgaire ; la reproduction des plantes, la fécondation par les insectes ? On saute « à pieds joints par là-dessus » comme le fait le précepteur d'Aurore Dupin ; ou bien on pose sur ces sujets ambigus un voile pudique, en raison « des parties sexuelles des plantes, lesquelles dans leurs rapports réciproques ont de l'analogie avec l'union qui a lieu chez les animaux » et chez les humains, donc ! On préfère parler des amours de Flore et de Zéphyr et tout est dit.

Eût-on appris à ces jeunes filles les mystères de la génération des plantes avec une précision scientifique, il n'est même pas sûr qu'elles auraient fait un rapprochement avec la reproduction humaine et beaucoup auraient pu dire comme George Sand : « J'étais si chaste que je ne comprenais même pas bien le sens du mot chasteté... »

En guise de travaux pratiques, on encourage le jardinage. Dans les couvents ou les pensionnats qui jouissent d'un assez grand jardin, chaque pensionnaire dispose de quelques mètres carrés de terre où elle a le droit de semer, cultiver et récolter les plantes de son choix. L'une d'elles raconte le succès de telles initiatives et les essais agronomiques des élèves : « Le long du mur, dans une ombre éternelle, étaient nos jardins ! Longue bande de terrain étroite comme le trottoir d'une ruelle et divisée en tout petits morceaux. J'y vis tenter des modes de culture bien hardis ! J'y vis semer des petits pois mêlés à du sucre en poudre et planter des pieds de violette entortillés dans des chiffons de flanelle pour empêcher les refroidissements [43]... »

La chimie du pot-au-feu

Si la botanique se taille la part du lion dans les sciences naturelles enseignées aux jeunes filles, la minéralogie et la zoologie sont effleurées à coups de définitions qui, en quelques pages, font le tour des règnes minéral et animal. Ces leçons de choses sont avant tout des leçons de mots dont le but est d'enseigner l'harmonie de la nature, la puissance du Créateur et la sagesse de la Providence.

Lorsqu'elles s'adressent aux filles, la physique et la chimie se parent du qualificatif d' « économiques » ; en effet, elles traitent uniquement des phénomènes pouvant avoir une application dans la vie usuelle. Le blanchissage, c'est de la chimie ; faire des conserves et des confitures, c'est faire de la chimie et une jeune fille qui retire une tache sur son châle avec de l'ammoniaque, fait une expérience ! La cuisson du pot-au-feu est même l'occasion d'étudier d'intéressants phénomènes : « Mise en contact avec l'eau froide, la viande lui cède une partie de l'albumine qu'elle renferme, des matières extractives, une partie des sels et la matière colorante du sang qui l'imprègne. Lorsqu'on porte le liquide à ébullition, l'albumine et la matière colorante du sang se coagulent [...] en même temps, la graisse se fond et forme des *yeux* à la surface du bouillon [44]. »

Seuls les cours de sciences professés à la Sorbonne en 1869 dans le cadre des cours d'enseignement secondaire, dépasseront le niveau de la chimie du pot-au-feu...

Quelques notions d'astronomie, que l'on appelle plus volontiers au XIXe, la cosmographie, sont les bienvenues dans le bagage scientifique d'une jeune personne bien élevée. Ici, ce n'est pas le pragmatisme qui explique la présence de cette science dans les programmes d'éducation féminine, c'est la religion, car elle puisera dans la contemplation de l'Univers un plus vif amour de son Créateur : « En regardant les astres, elle songera à celui qui les a créés, à celui devant qui, selon la belle expression de l'Ecriture les étoiles sont heureuses de briller et sa faible science sera un grain d'encens de plus ajouté aux actes de son culte et de son adoration [45]. »

Les arts d'agrément

Les arts d'agrément, dessin, musique, piano, danse, appelés aussi les « talents », prennent dans l'emploi du temps d'une jeune fille une place considérable et ce ne sont pas les mieux nées à qui on les enseigne avec le plus d'acharnement ; ces signes tangibles de la bonne éducation sont encore plus avidement recherchés dans la petite bourgeoisie.

Le dessin et la peinture à l'eau... de rose

Depuis l'origine du monde, aucune femme n'a produit de chef-d'œuvre, disent les tenants de l'infériorité intellectuelle et artistique des femmes. Elles étudient pourtant plus que les hommes la musique et le dessin, insistent-ils. C'est vrai, mais c'est beaucoup plus la façon incomplète et édulcorée dont on leur enseigne ces arts qu'il faut incriminer, que leur nature soi-disant inférieure.

Fait symptomatique : en 1836, E.M. Lefranc fait paraître un *Traité élémentaire de dessin à l'usage des écoles de filles.* Tout le traité est consacré au dessin linéaire, c'est-à-dire au dessin géométrique, à plat, sans ombre ni perspective. L'application du dessin linéaire ? La broderie, pompeusement baptisée *peinture à l'aiguille* ! La même année, le même auteur fait paraître le même traité mais à l'usage des garçons : on y trouve tout un chapitre sur la perspective auquel n'ont pas droit leurs sœurs... !

On se contente bien souvent pour les filles de professeurs médiocres, telle que cette Mlle Greuze qui enseigna le dessin à Aurore Dupin. Elle se disait la fille du célèbre peintre, sans qu'on en ait jamais eu la preuve ; elle n'avait en tout cas pas le talent de son père et enseignait à son élève « à arrondir de gros vilains yeux avec d'énormes cils qu'il fallait compter un à un avant d'avoir une idée de l'ensemble d'une figure[46] ».

Bien sûr, il existe des jeunes filles du monde à qui l'on donne de bons professeurs et qui dépassent le stade du dessin linéaire. Isabey enseigne le dessin au pensionnat de Saint-Germain, sous le Consulat ; sous la Restauration et la Monarchie de Juillet, Girodet et Gérard ont une importante clientèle de femmes et de jeunes filles de la bonne société ; Eugène Giraud est professeur à la pension Beaujon, sous le Second Empire, etc. Mais en dépit de ces bons maîtres, les techniques enseignées, les sujets et les genres autorisés sont trop limités pour permettre l'éclosion d'une forte personnalité picturale. Le pastel, l'aquarelle et la miniature sont les seules techniques qui puissent soi-disant s'accorder avec la nature et la sensibilité féminines ; « la peinture à l'huile, par son appareil, son odeur et par la longue pratique qu'exige son étude peut nuire à la santé des femmes » ! Le modèle vivant, le dessin d'après nature sont jugés trop difficiles pour des jeunes filles. A la pension Beaujon, on loue chez Durand-Ruel des pastels ou des estampes que les élèves *recopient* scrupuleusement.

La nature morte de fleurs est le genre féminin par excellence. Les roses de Redouté, le « Raphaël des fleurs » qui, à la demande de l'impératrice Joséphine, peignit les 169 roses des jardins de la Malmaison, constituent une source inépuisable d'inspiration ou plutôt de recopiage. En revanche, le genre héroïque et historique, les batailles, l'architecture et toutes les grandes compositions sont réservés aux hommes, de même — est-il besoin de le préciser — que le nu. Il existe toutefois quelques manuels d'anatomie humaine *dédiés aux gens du monde*, dans lesquels les corps offerts à la vue des jeunes personnes sont savamment drapés de tissus qui dissimulent ce qu'elles ne doivent pas voir. La préface précise que « la mère peut en permettre la lecture à sa fille »...

Bon an, mal an, à raison d'environ trois heures de dessin par semaine, beaucoup de jeunes personnes ont un joli petit talent de croqueuse ; comme un appareil-photo, elles emportent leurs carnets en voyage et croquent la Suisse ou l'Italie à la pointe de leurs crayons.

Mais, comme dit Renée Maupérin au cours d'une conversation avec un prétendant : « Ces arts d'agrément qu'on nous permet... Il ne faut pas que ça dépasse une certaine petite moyenne : au-delà du morceau à quatre mains, et de la mine de plomb, ça devient du genre, de la pose... Tenez, je fais de l'huile, moi, ça désole ma famille... Je ne devrais peindre que des roses à l'aquarelle. » Affolé par tant d'audace, le prétendant fuira sans demander son reste [47]...

La musique : un must

La musique est le complément *obligé* de l'éducation des filles. Qu'elles aient ou non de l'oreille, qu'elles y trouvent du plaisir ou de l'aversion, il faut qu'elles payent leur tribut au piano ou au chant, parfois aux deux.

Celles qui n'ont pas une jolie voix se rabattent sur un instrument dont le choix est, pour une fille, assez limité. Les instruments à vent leur sont interdits, « parce qu'ils exigent des attitudes, des mouvements et des efforts d'insufflation auxquels elles ne pourraient se livrer qu'en dérogeant d'une manière désagréable, choquante même aux règles de la bienséance, de la grâce et de la modestie, dont elles ne doivent jamais s'écarter [48] ». Mis à part les instruments à percussion impensables, restent les instruments à cordes : après la Restauration, la harpe qui fait si bien « valoir le bras et la main » est passée de mode ; le luth a un côté exotique et poseur qui rappelle trop Corinne au cap Misène ; le violon, sans être frappé d'interdit, est inhabituel et jugé inesthétique ; enfin, la guitare sent trop l'Espagne. Conclusion : le piano règne et sans compétition.

L'invention du Florentin Cristofori a bien prospéré et enrichi les Pleyel, Pape, Erard et confrères. Les « clavecins à marteaux » ont conquis tous les étages de la société et des immeubles. On en trouve partout jusque dans la loge du portier, dans l'arrière-boutique et dans la mansarde. En 1833, les statistiques recensent 320 facteurs de pianos dans Paris et on peut écrire en 1862 : « Aujourd'hui, il faudrait n'avoir jamais pu réunir 3 ou 4 billets de cent francs pour se priver du plaisir de troubler quotidiennement sa paix et celle de ses voisins par la répétition persévérante d'une sonate ou d'une étude. »

L'enseignement du piano tient en pension beaucoup de place, au sens propre du mot. Au couvent des augustines anglaises, on en compte 30. Le record est battu à Saint-Denis, où l'on recense sous la Restauration 50 pianos, entassés *dans une seule et même pièce.* « Je crus devenir sourde, raconte Marie Cappelle, en entrant dans une salle renfermant 50 pianos, tous joués en même temps, et qui faisaient une infernale harmonie de gammes, sonates, valses, exercices, romances, cadences, tous les degrés de forces, tous les genres de musiques se confondant, se heurtant, se faussant [49]. »

Vers quinze ans, à raison d'au moins deux heures de piano par jour (parfois quatre), pendant sept à huit ans, la plupart des demoiselles finissent par jouer fort convenablement trois ou quatre morceaux « à effet ». Vers 1830, les morceaux à la mode sont les valses de Chopin, les impromptus de Schubert et la *Dernière pensée* de Weber. C'est ce que joue Ursule Mirouet devant son parrain, ému jusqu'aux larmes ; c'est le morceau à la fois brillant et sentimental que les jeunes personnes exécutent en rougissant au cours des soirées musicales où leur talent est mis à contribution, des concerts d'amateur où, disent les mauvaises langues, on trouve « de la prétention au lieu de talent, des cris pour du chant, du bruit pour de l'harmonie », et dont les vrais mélomanes doivent se méfier « comme un gourmand se défie de la fortune du pot et un gourmet des liqueurs de famille »...

Au cours de ces soirées, les jeunes musiciennes passent un mauvais quart d'heure. Dans les salons bourrés de chaises où s'entasse pour l'occasion un public d'amis et de relations, on entend ce genre de conversation :

« Vous chanterez, ma fille. — Non, maman, je ne chanterai pas. Je vous assure qu'il me serait impossible d'ouvrir la bouche devant tant de monde. — Enfantillage que tout cela ! Je vous ai donné un maître de musique... il dit que vous êtes en état de chanter en société... d'ailleurs je vous entends assez à la maison... Vous chantez du matin jusqu'au soir. — Mais, maman, c'est que je suis seule ou qu'on ne m'écoute pas... si vous saviez quelle peur j'éprouve rien qu'à l'idée que tout le monde va avoir les yeux sur moi... J'étouffe déjà... j'ai une sueur froide... vous savez bien que je n'ai pas pu dîner. — Raison de plus : il faut vaincre votre timidité... je ne vous ai pas donné un maître de musique pour que vous ayez des sueurs froides [50]. »

Elle finit par chanter, charmante, « rouge comme une cerise », saluée par des applaudissement, des « bravo ! », des « très bien ! », des « enlevé ! », que sa mère boit à longs traits. C'est bien souvent l'orgueil des mères qui enferme les filles dans le bagne des quatre heures quotidiennes de musique. Mais, comme dit Pigault-Lebrun, « réfléchissons un peu, et ne blâmons pas tant les mamans, car une fille qui chante dans ce genre de réunion est nécessairement mise en évidence ; on demande *ce qu'elle a* [comme dot] et quelquefois cette question mène loin. Or toutes les mamans ont envie de marier leurs filles et toutes les filles ont envie de se marier [51] »...

Tout indispensable que soit l'étude de la musique à une bonne éducation, on ne l'entoure pas moins de précautions car, la musique, en agissant sur les sens, passe pour périlleuse : « La culture des notes hâte singulièrement la venue des velléités nubiles. Il y a dans la mélodie des sons quelque chose de sympathique qui *mélancolise* le cœur et le dispose à s'ouvrir. »

En ouvrant le très sérieux *Dictionnaire des sciences médicales*[52] on peut lire l'incroyable expérience menée par des savants dans le but de prouver que, chez les mammifères, la musique provoque des manifestations érotiques. Le 10 prairial an VI, ces savants donnent un concert aux éléphants du Jardin des Plantes, Hanz le mâle et Parkies la femelle, et notent leurs réactions :

« L'air de danse en si mineur de l'*Iphigénie en Tauride* de Gluck les mit dans une agitation extrême. Tout à coup, cette vive agitation s'est calmée et leur émotion a changé d'objet sous l'influence de l'air si tendre et si mélodique de la romance *O ma tendre musette,* exécutée en ut mineur sur le basson seul et sans accompagnement. Le son mélancolique de cet instrument parut leur faire éprouver une sorte d'épanchement [...] Hanz parut moins sensible aux charmes de cette mélodie, mais elle excita chez Parkies les sensations les plus vives, les transports les plus passionnés. Ce fut en vain qu'elle chercha à faire partager son ivresse à son indifférent compagnon [...]

« Cette excitation et les agaceries de la femelle allaient toujours croissant et elles redoublèrent surtout aux accents gais et vifs de *Ça ira* exécuté en ré par tout l'orchestre. Jusqu'ici, Hanz ne partageait point l'exaltation amoureuse de la femelle, mais l'air de musette de l'ouverture de *Nina* joué sur clarinette seule, fut le signal de sa défaite. Il s'arrêta vis-à-vis de l'instrument qui lui procurait de si délicieuses sensations et là, attentif, immobile, il écoutait avec une sorte de ravissement. Bientôt, il ne fut plus maître de se contenir, des signes non équivoques décelèrent son émotion amoureuse. »

Cette expérience a été faite par des hommes de science dans un but essentiellement médical. Les éléphants n'atteignent pas la maturité sexuelle avant vingt ans quand ils sont élevés dans les pays tempérés. Ceux dont il est question n'avaient que seize ans, et comme le soutient l'auteur de l'article, « l'époque où ils devaient obéir à la loi générale de la procréation fut devancée par le pouvoir de l'harmonie ». Conclusion de cette expérience inattendue : « Si la musique produit des effets si énergiques et aussi subits sur les manifestations sexuelles chez les femelles de quelques mammifères, il n'y aurait rien d'étonnant que grâce à son exercice journalier, elle pût influencer sur la marche de l'ovulation et hâter la maturation des ovules chez les jeunes filles. » De là à accuser la musique d'engendrer la nymphomanie chez les jeunes filles, il n'y a qu'un pas...

Prudence, donc ! D'abord, on ne saurait apporter trop de soin à choisir les morceaux de musique, et « une mère ne doit jamais permettre que sa fille chante ou accompagne des paroles passionnées, équivoques et triviales qui réveillent des images blessantes pour les convenances ou contraires à la pudeur [...] et lorsqu'une jeune fille ose les chanter publiquement, elle fait naître involontairement la pensée qu'elle n'est pas novice dans la science du mal et qu'elle pourrait bien être familiarisée avec les vices dont elle excelle si bien à parler le langage [53] ». Se méfier des duos ! Des duos avec un jeune homme où l'on exprime des sentiments fictifs auxquels pourraient se substituer des sentiments vrais... N'oublions pas que « *parler* l'amour des autres quand on a de 16 à 20 ans est une épreuve ; le *chanter* est un péril [54] ».

La danse : Terpsichore en pension

La nécessité pour une jeune fille de bien danser ne fait pas l'ombre d'un doute, même dans les éducations les plus rigoristes. Le maître à danser est, dans les maisons d'éducation, un personnage important, estimé, reconnaissable à des jarrets d'acier, une cambrure exagérée, sa boîte à violon, et... son grand âge : M. Elie, qui enseigne à la pension Beaujon, est « un homme du mauvais côté de la cinquantaine » et singulièrement inoffensif ; M. Abraham, professeur chez les augustines anglaises sous la Restauration, approche des quatre-vingts ans et sa qualité d'« ex-professeur de grâces de Marie-Antoinette » lui vaut un succès inaltérable...

Les leçons ont lieu en groupe, sous l'œil vigilant d'une surveillante. On commence par des exercices d'assouplissement à la barre d'appui. Les élèves, chaussées d'escarpins légers, tiennent la barre d'une main, et de l'autre, pincent gracieusement leur jupe en l'élargissant. Le maître pour leur montrer le geste correct en fait autant en pinçant son veston entre le pouce et l'index. Il s'accompagne toujours d'un violon qui lui permet de jouer de la musique tout en exécutant lui-même les pas, et s'aide de son archet pour redresser une mauvaise position, sans toucher ses élèves de la main, ce qui pourrait parfois être fort inconvenant. Première position, deuxième position..., les pieds bien en dehors... Aurore Dupin a inventé une sixième position qui consiste à tourner au maximum les pieds en dedans pour rétablir l'équilibre !

« Effacez les épaules, rentrez la *ceinture* ! » dire rentrer le *ventre* aurait été trivial et indécent.

« Déployez bien vos jupes, bras en corbeille ! »

Après l'échauffement, on enchaîne avec les *danses de salon*. Dans certains couvents de province, la leçon de danse est une concession aux goûts du siècle. Les religieuses ne la tolèrent qu'avec prudence et s'efforcent d'y maintenir une extrême réserve ; la grâce est certes un atout important pour une jeune fille, mais pas au point de lui sacrifier les bonnes mœurs ! Aussi la chorégraphie enseignée a parfois un bon siècle de retard : en plein Second Empire, on apprend encore le menuet, la pavane, et la gavotte chez les augustines de Honfleur ; on tolère à la rigueur le quadrille, et c'est seulement sous la pression des parents qu'on autorise enfin « les danses à deux » : polka, mazurka, scottish, etc., « à la condition expresse qu'on ne se prendrait point la taille. On se tient donc par les mains sous prétexte que c'est plus gracieux [55] ». Quant à la valse, c'est une inconvenance dont on ne parle même pas.

Du temps perdu ?

Tous ces talents acquis à coups de leçons à vingt, trente francs le cachet, et qui empiètent dangereusement sur les études classiques, ne sont-ils pas du temps et de l'argent jetés par les croisées ? Apprendre de front le piano, le chant, le dessin, etc., parfois sans aucune disposition, ne mène souvent qu'à une laborieuse insignifiance dans chacun des domaines.

L'utilité de ces arts d'agrément est encore plus suspecte si l'on sait que le piano survit rarement au premier enfant et que « le plus souvent, le piano reste fermé *dès le lendemain du mariage* pour le repos de la femme et du mari ». En somme, ces leçons n'ont d'autre but que d'occuper et de distraire les jeunes filles jusqu'à leur mariage, tout en faisant un contrepoids aux études intellectuelles qui, enseignées seules, risqueraient de les entraîner sur la pente du pédantisme. Officiellement, c'est augmenter leurs moyens de plaire ; c'est du moins ce qu'on leur dit pour leur faire aimer ces arts d'agrément, « agrément que nient par parenthèse les infortunés voisins condamnés à entendre des journées entières certaines études de chant ou de piano » !

Le maintien et le savoir-vivre

La « civilité des jeunes personnes »

Le maintien est une notion assez complexe où interviennent la démarche, le port de tête, la physionomie, la grâce des gestes et des attitudes, le savoir-vivre et le savoir-parler dans diverses circonstances de la vie. C'est la résultante de mille éléments échappant à l'analyse, qui font dire d'une jeune fille qu'elle a ou n'a pas de tenue, et qui passent pour révéler son caractère : la nonchalance reflétant la paresse, l'affectation l'orgueil, etc.

Maintien et savoir-vivre s'enseignent dans les institutions, souvent en même temps et avec le même professeur que la danse. On apprend aux jeunes filles à se bien tenir, à faire la révérence avec grâce, à traverser un salon, à se ganter, à s'éventer, à descendre de voiture, à recevoir des visites imaginaires, à faire les honneurs d'un salon fictif, tout est prévu, même la façon d'éternuer.

Chez les augustines anglaises, M. Abraham s'installe dans un fauteuil et dit aux élèves :

« Mesdemoiselles, je suis le roi et la reine et comme vous

êtes toutes appelées, sans doute, à être présentées à la cour, nous allons étudier les entrées, les révérences, et les sorties de la présentation. » Puis, on apprenait à saluer dans un salon la maîtresse de maison, la princesse, la duchesse, la marquise, la comtesse, la vicomtesse, la baronne et la présidente, chacune dans la mesure de respect ou d'empressement réservée à sa qualité. Après quoi, M. Abraham faisait le prince, le duc et ainsi de suite, jusqu'au vidame et à l'abbé [56].

De temps en temps, les directrices de pension organisent dans leurs salons privés de petites réceptions pour mettre en pratique les leçons, dans un décor naturel. « Il est bien entendu que *la plus laide partie du genre humain* est rigoureusement exclue de ces bals [57]. »

La quantité des manuels de savoir-vivre, civilités, codes, conseils etc., réédités pendant tout le XIXe siècle prouve l'immensité de la clientèle et l'avidité de cette riche bourgeoisie en ascension d'acquérir la distinction et les bonnes manières qui doivent compléter la réussite financière. Les auteurs de ces livres qui balisent les chemins du bon ton se sont souvent cru obligés d'écrire sous un pseudonyme aristocratique, gage magique de leur autorité : Mme d'Adhémar, Comtesse de Dax, Comtesse de Bassanville, Mme de Sérizy, etc., pour les auteurs qui se sont plus particulièrement penchés sur la civilité des jeunes personnes. L'arbitraire de ces règles de bienséance — cela-ne-se-fait-pas-parce-que-cela-ne-se-fait-pas — ne semble pas gêner celles qui s'y plient, la menace du ridicule et de la dérogation sociale tuant dans l'œuf toute velléité de révolte.

A chaque partie du corps s'appliquent des règles :

Pour ce qui est du visage, l'air nonchalant et langoureux, l'air affecté et hautain, l'air sévère et bougon, l'air évaporé ou étourdi sont également contraires à la bonne tenue d'une jeune fille. Il lui reste à montrer « un visage gai, serein, ouvert, tranquille, sans affectation, sans contrainte, un certain air de bonté, de douceur, de piété, d'amabilité, capable de gagner les cœurs et de les porter à Dieu [58] ». La quadrature du cercle ! Et ce n'est pas tout puisque le savoir-vivre exige « qu'on tienne ordinairement la tête droite, sans la lever, ni la baisser, sans la pencher ni d'un côté ni de l'autre, qu'on ne la soutienne pas de la main, qu'on ne la branle par à chaque mot ou pour répondre à une question, qu'on ne la tourne pas çà et là à la moindre occasion [59] »...

Une jeune fille bien élevée peut-elle se permettre de rire en société ? Souvent ? Non. Aux éclats ? Certainement pas. Avec réserve ? A la rigueur, bien qu'on lui conseille de se borner à sourire « ce qui est à la fois plus fin et plus gracieux [60] » ! Elle est donc autorisée à sourire, « *à moitié*, la femme mariée a seule le droit de sourire *tout à fait* [61] »...

Reçues ou rendues, les visites constituent à l'époque les trois quarts de la vie diurne des femmes [62]. La jeune fille accompagne souvent sa mère chez ses relations et, lorsque revient son « jour », se tient au salon pour l'aider à recevoir.

Dans un salon, sa place est près de sa mère, sur une chaise ou un tabouret (jamais un fauteuil, réservé aux personnes âgées), jamais auprès du feu (la place d'honneur). Elle ne s'assied pas n'importe comment : « ne pas s'asseoir de travers, conseille la *Civilité des jeunes personnes*, ne pas accrocher l'un de ses bras au dossier de la chaise, ne pas s'accouder sur une table, ne pas se balancer, ne croiser ni les jambes, ni les pieds, ne pas trop serrer, ni écarter les genoux, ne pas mettre les pieds sur les bâtons de chaise », etc. Il est enfin tout à fait déplacé de se draper dans ses jupes en s'asseyant ou, d'étaler sa robe autour de soi comme le font les parvenues pour éviter les faux plis, de retirer son chapeau, ses gants.

Une jeune fille en visite, à table, peut-elle avoir de la conversation, ou du moins y jeter son grain de sel ? Premier principe : elle ne doit jamais parler sans qu'on l'interroge, alors seulement, elle peut répondre. Deuxième principe : un homme qui a une jeune personne placée à côté de lui « ne doit lui parler que de banalités et causer fort peu avec elle [63] ». On comprendra que, coincées entre ces deux préceptes, les jeunes filles ne parlent pas d'abondance. Lorsqu'elles le font, c'est « avec mesure, sans vivacité, ni trop haut ni trop bas, en évitant deux écueils : l'un d'être guindée comme une quakeresse et de répondre par monosyllabes, l'autre d'être trop bavarde et de chuchoter avec un air d'intimité, ce qui marque une très mauvaise éducation dans tous les cas, *mais surtout si la personne avec laquelle vous parlez est un homme ; l'âge même n'y fait rien*[64] ».

Si elle se risque à parler, la jeune fille doit surtout s'interdire de regarder son interlocuteur fixement dans les yeux, et s'exprimer « en baissant et relevant la vue de temps en temps » et, ce qui est le signe infaillible d'une bonne éducation, ne parler qu'au conditionnel : au lieu d'énoncer une opinion d'une manière positive, elle la soumet comme un doute : *Ne semble-t-il pas que...* plutôt que : *je pense que...* Il est de très mauvais ton d'interrompre, d'ergoter, de soutenir une opinion qui ne rencontre pas l'assentiment de son interlocuteur, lorsqu'il est plus âgé. « Une jeune personne doit faire de bonne grâce le sacrifice de son opinion *quand même elle serait convaincue d'avoir raison*[65]. » Pas d'opinion tranchante et définitive à moins qu'il ne s'agisse de grandes vérités morales (Dieu, la patrie, la famille) qui ne permettent pas le doute et ne souffrent d'être bafouées. Sur tout le reste « elle peut exprimer son sentiment *simplement et sans chaleur* ».

C'est, à la vérité, le silence qui lui sied le mieux, en raison de son inexpérience et de la réserve inhérente à son âge et à son sexe, et qu'on se rassure, « les hommes de sens et d'esprit ne prendront jamais ce silence pour de la stupidité... ». Les jeunes filles ne doivent jamais perdre de vue qu' « on leur trouvera beaucoup plus d'esprit si elles laissent paraître celui des autres que si elles montrent celui qu'elles ont ». C'est cette chère comtesse de Dax qui l'affirme et on peut lui faire confiance. Au pays de la conversation, les jeunes filles sont muettes.

Si certains manuels de savoir-vivre se contentent de conseiller aux jeunes filles la modestie et l'effacement, d'autres n'hésitent pas à prescrire carrément la timidité qui serait, d'après eux, plus payante : « la jeune fille timide et silencieuse qui rougit à chaque mot qu'on lui adresse et qui, par sa dignité, tient les hommes à distance, laisse dans leur esprit un souvenir pur, agréable »... D'ailleurs, Dieu, dans sa grande sagesse, aurait créé la femme glabre dans le seul but de lui faire exprimer ses émotions par « les variations brusques de coloration de sa figure, dépourvue de productions pileuses[66] » !!! Et quand une jeune fille ne sait plus rougir, elle perd un de ses charmes, puisque « cette extrême sensibilité dont la rougeur est l'indice est le plus touchant des attraits chez une jeune personne et *la timidité est toujours l'indice d'un bon naturel*[67] »...

La fin de la jeune fille bien élevée

La seconde moitié du siècle aura eu l'honneur de donner naissance à ce qu'on a appelé le « benoîtisme », un mot formé sur le titre d'une comédie à succès de Victorien Sardou, *La Famille Benoîton,* jouée en 1865. Dans cette riche famille bourgeoise, évoluent des jeunes filles aux toilettes excentriques, au maintien provocant et au langage imagé. De Jeanne, l'auteur dit que « c'est la princesse des contes de fées ! Dès qu'elle ouvre la bouche, il tombe des grenouilles ». Elle n'hésite pas à dire en passant à table : « allons becqueter », commande à sa couturière « une robe faite dans une étoffe à petits jockeys jaunes qui franchissent des haies vertes sur des chevaux lilas, bleus et rouges », ne peint pas à l'aquarelle mais à l'huile, et joue aux courses, autant d'extravagances interdites aux jeunes filles bien élevées.

Ce ne sont pas tant les changements de régime et les révolutions qui transforment les bonnes mœurs, que le progrès qui, en bouleversant les habitudes familiales, modifie les mœurs. A partir des années 1860, avec la prospérité du commerce, le vent est à l'accroissement des fortunes et à la multiplication des plaisirs. Le matérialisme détrône certaines valeurs spirituelles et oriente les nouvelles générations vers la poursuite d'un idéal plus concret. D'aucuns pensent enfin que le langage, les façons de mauvais ton ont été colportés du demi-monde vers le monde par les messieurs qui font la navette entre les deux[68]...

La haute aristocratie, dernier bastion du « comme il faut », résiste encore au benoîtisme, et les milieux traditionnels gardent encore assez d'influence pour sauvegarder tant bien que mal les principes séculaires, mais, sous l'influence des parvenus, les habitudes du passé tendent à s'effacer et les jeunes filles de la bourgeoisie se montrent de plus en plus « embenoîtées ».

A qui la faute ? A leurs parents, bien sûr !

« Que faites-vous toute la journée ? demande-t-on à une femme.

— Je m'occupe à gâter mes enfants », répond-elle.

Il n'y a plus de jeunes filles, répète-t-on à la fin du Second Empire. De mon temps, on ne les élevait pas comme ça ! radotent les douairières. « Jusqu'à mon mariage, dit l'une d'elles, née sous Louis-Philippe, j'ai mangé le pilon des volailles. Du temps de ma mère, c'était encore pis, l'arête du turbot revenait de droit aux enfants. Aujourd'hui, le blanc du poulet n'est pas assez blanc pour mademoiselle, il faudrait lui servir des ortolans désossés[69]. »

Résultat d'une telle éducation : la naissance d'un nouveau type de jeune fille qui commence, sinon à supplanter, tout du moins à faire de l'ombre à l'ingénue d'autrefois. Les jeunes personnes *new-look* sont tout ce que le savoir-vivre désapprouve depuis soixante ans : décidées, désinvoltes, pétulantes, pleines d'aplomb dans leur maintien et leur conversation, « elles s'aventurent dans des sujets dont elles ne saisissent pas toujours l'inconvenance... elles tranchent avec hauteur des questions qui font encore réfléchir les têtes grises[70] ». Dans les voitures, on en voit occuper la place du fond avec leur mère, c'est-à-dire la place la plus favorable à l'étalage de la toilette et à la quête des regards, laissant leur père s'asseoir « à rebours ». Sur les boulevards, elles marchent la tête haute et la plume au vent « comme un sous-lieutenant de cavalerie étrennant son premier panache ». Certaines de ces jeunes évaporées appellent les hommes par leur prénom et « donnent des poignées de main aux artistes[71] » ! Elles dépensent sans compter l'argent de leurs menus plaisirs qui leur est répandu à pleines mains. Julie de Trécœur, l'héroïne d'Octave Feuillet, a, dès treize ans, ses chevaux, son groom, et une voiture à son chiffre. Ses amies savent à un louis près le prix d'un cachemire, s'y connaissent en diamants et elles n'ont pas brisé leurs poupées depuis deux jours que déjà elles songent à se mettre du noir sur l'œil comme leur mère.

Il n'est pas jusqu'à leurs qualités morales qui n'en prennent un coup : la soif de luxe, des plaisirs va jusqu'à tuer chez certaines le dévouement, l'abnégation et le sens maternel, qualités féminines par excellence. Le matérialisme et l'individualisme du siècle engendrent parfois des « monstres » qui épouvantent leurs contemporains, comme cette jeune fiancée qui tire des plans sur la comète. Sa grand-mère l'interrompt :

« — ... Mais, étourdie que vous êtes, tous vos plans d'avenir s'en iront à vau-l'eau dès le premier enfant !

— Le problème est résolu. A vous le poupon, grand-mère.

— Et je le nourrirai, n'est-ce pas, gamine ?

— Fi ! L'horreur ! Est-ce qu'on n'a pas inventé des Bourguignonnes pour allaiter ces monstres-là ?

— J'ai bien nourri ta mère et ta mère t'a nourrie.

— Eh bien ! Ce n'est pas moi qui me laisserai sucer par un crapaud. »

« Historique », précise, atterré, le rapporteur de cette anecdote [72].

Les livres d'éducation tentent vainement de remonter le courant, en brandissant devant ces dévoyées la menace du célibat : « La plupart des demoiselles se trompent quand elles pensent qu'avec leur enjouement et leurs manières peu réservées, elles trouvent plus aisément à s'établir. Elles ignorent sans doute la façon de penser des hommes. Ils s'amusent volontiers avec les personnes légères, *mais, s'il s'agit d'un établissement, ils recherchent les plus réservées* [73]. » D'ailleurs, Renée Maupérin, l'héroïne des Goncourt, qui parle argot, se baigne dans la Seine, et, de sa voix flûtée, « tire des pétards » au milieu des conversations les plus graves, fait fuir tous les épouseurs...

La jeune-fille-bien-élevée, silencieuse et réservée, qui ravaude ses bas et courbe l'échine sur le métier à tapisserie héréditaire, conserve ses partisans nombreux et inconditionnels, mais le ver est dans le fruit, et la jeune fille poussée en plein vent commence à faire de l'ombre à la demoiselle en espalier. Celle-ci tend tout doucement à devenir un anachronisme au sein d'une société âpre et dure qui jugera un jour — mais un jour encore lointain — sa douceur et sa réserve désuètes, superflues. Mais, nous n'en sommes pas encore là, et comme le dit Taine en parlant des jeunes filles de la fin du Second Empire : « elles flottent entre les restes du passé et les ébauches de l'avenir. » Une situation assez inconfortable !

La « science domestique »

« *Question :* Qu'est-ce que le Ménage ?
Réponse : C'est l'Art de conduire une maison. Le degré d'attachement et de soins pour son intérieur est *un signe du degré de moralité* d'une personne[74]. »

Le ménage, plus noblement appelé la « science domestique », fait partie intégrante de l'éducation des filles de bonne famille. Son enseignement mêle aux connaissances pratiques le façonnement de qualités morales indissociables : l'ordre et l'économie. « Qu'une mère ne craigne pas de rendre sa fille *avare,* ce n'est pas de ce siècle, écrit Mme Campan, qu'elle sache que le partage fait entre le mari et la femme, donne à l'un le soin d'acquérir, à l'autre celui de conserver[75]. » En outre, une maison bien tenue, une bonne table sont des gages de bonheur en retenant au foyer le mari, les fils qui ne seront pas tentés d'aller chercher ailleurs les agréments qu'ils ne trouvent pas chez eux. En vain une jeune fille apporterait-elle en dot la fortune, la beauté, l'instruction, « si elle a le malheur d'ignorer la science du ménage, tout espoir de bien-être domestique sera détruit. Aux premiers témoignages d'affection succédera l'étonnement, à l'étonnement la mauvaise humeur. Le chef de famille souvent occupé à l'extérieur, éprouvera du dépit lorsqu'il reconnaîtra que sa maison est mal conduite, la froideur s'installera dans les relations ».

On pourrait penser que seules les filles de bourgeois ont besoin de cette science et que les jeunes personnes de haut rang peuvent négliger les soins d'intérieur qu'elles confieront dès leur mariage à une femme de charge et à une armée de domestiques. Pas du tout ! D'abord, l'ordre et l'économie sont, dit-on, tout aussi nécessaires pour ménager les petites fortunes que pour conserver les grandes, et lorsqu'on apprend à ces futures grandes dames à ravauder leurs bas, c'est moins en vue de tirer un jour parti de leur travail manuel que de les rendre capables d'en diriger l'exécution chez leurs domestiques.

D'ailleurs, le souvenir encore très frais de la Révolution a prouvé qu'il n'existait aucune position de fortune qui puisse mettre une femme à l'abri d'être un jour sa propre domestique, et, dans les cas extrêmes, d'être obligée d'exercer un métier. La littérature enfantine abonde en histoires morales où la jeune héroïne, à cause de la ruine de son père, est réduite à travailler de ses mains, pour faire vivre sa famille. C'est elle qui, grâce à un talent de brodeuse ou de couturière, redonne aux siens la prospérité perdue. Elle trouve accessoirement l'amour d'un « intéressant » jeune homme, puisque, comme on se tue à le dire, l'amour ne peut naître que de l'estime...

Tirer l'aiguille est « le plus joli maintien pour une jeune fille » et pas une ne se déplace sans emporter son ouvrage. On peut même le prendre avec soi pour rendre visite à des amis intimes. « Ce n'est que dans les visites de cérémonie et dans les bals ou les fêtes que l'on est dispensé d'avoir son ouvrage, et à moins de cela, un dé, des ciseaux, des aiguilles doivent vous accompagner *partout* car ce sont en quelque sorte les attributs de votre sexe [76]. »

Ensuite, les travaux d'aiguille sont un remède contre l'oisiveté, mère de tous les vices, et « à l'idée d'une femme qui ne sait pas coudre, on se demande à quoi elle peut passer son temps et on la soupçonne *de ne pas toujours l'employer convenablement* ». L'aiguille, « gardienne des bonnes mœurs », écrit sans rire le Dr Fonssagrives.

Le terme travaux d'aiguille recouvre une infinité d'ouvrages : la broderie, la dentelle, la tapisserie, le crochet, les jours, les ouvrages en filet, en perles, en cheveux, les fleurs artificielles représentent l'aristocratie des travaux d'aiguille, mais il y a aussi les reprises et la coupe, plus prosaïques et fonctionnelles. Beaucoup de jeunes filles de bonne famille se limitent aux premiers et il est assez rare de trouver des jeunes personnes riches et lancées qui font leurs robes elles-mêmes. Philippe de

Massa raconte pourtant dans ses souvenirs que, venant un jour rendre visite au baron Haussmann la veille d'un grand bal donné à l'Hôtel de Ville, il fut introduit dans un salon transformé en atelier de couture où les deux filles du préfet, étaient occupées à confectionner les robes qu'elles devaient porter à la soirée du lendemain [77].

Dans les couvents et les pensionnats — même les plus chers —, les travaux d'aiguille occupent au moins une heure par jour, souvent deux. Les élèves reprisent leur linge, cousent des vêtements pour les indigents et brodent, tout en écoutant quelque lecture instructive. Coudre en silence est dangereux, « car leur imagination très facilement excitée les entraînerait bientôt loin de l'école, *peut-être loin de ce qui est licite* ». Mme Emmeline Raymond le confirme : « La broderie offre quelques dangers, elle emploie les yeux et les doigts, mais elle laisse l'esprit libre, par conséquent oisif, en proie aux rêveries inutiles, aux chimères préjudiciables ; pendant que la jeune fille ou la femme sont assises tout près de la fenêtre, bien tranquilles et en apparence bien occupées par la broderie, où voyagent leurs idées ? Où vont leurs rêves ? [...] si elle est romanesque et évaporée, ses rêves l'enlèvent à la réalité et lui parlent de dévouements chevaleresques, de sentiments exaltés, de mille contes bleus qui dépoétisent *la vie simple et calme dans laquelle son ambition doit se renfermer.* »

Il est difficile d'enseigner à des pensionnaires autre chose que des travaux d'aiguille. Il n'y a guère qu'au Sacré-Cœur de Conflans, dans la région parisienne, qu'on apprend aux élèves à faire des confitures. L'une d'elles, « héritière d'un des plus beaux noms de France », se brûla un jour en goûtant, malgré la défense de la sœur cuisinière, de la confiture de reines-claudes bouillante, ce qui lui valut au couvent, puis plus tard dans le monde, le surnom de *La Gloutonne*. Mais, comme le fait remarquer un échotier insolent quelques années plus tard : « *La Gloutonne* dansait l'autre soir à l'ambassade de... La marmelade de reines-claudes, n'est plus ce qu'elle aime [78] ! »

A la Légion d'honneur, on s'en serait douté, la science

domestique a la vedette. Le règlement oblige les élèves à faire leurs robes et tout leur linge. Napoléon, visitant la maison en mars 1809, tient à inspecter les bas que tricotent les pensionnaires, « il les ouvrit, y passa la main et les inspecta comme l'aurait pu faire une bonne ménagère ». Du temps de Mme Campan, les élèves apprennent aussi à blanchir le linge, à repasser, à faire des confitures et des conserves, mais la surintendante se repent rapidement de « confier à leurs fers chauds et mal assurés des mousselines, et à leur inévitable gourmandise des fruits, du sucre ». Le repassage et les confitures sont rapidement abandonnés. Mais les grandes apprennent à faire la soupe, en vertu de la pensée très élevée et quasi biblique de l'Empereur : « On vit de soupe et non de beau langage. » La confection de « cette soupe de soldat : une soupe épaisse [...] où la cuiller pouvait se tenir droite, et dans laquelle, à côté de la viande ou du lard, les haricots, les pois, les oignons [...] tenaient le principal rôle », n'est pas du goût de tout le monde ; beaucoup d'élèves trouvent cela du dernier commun, pourtant toutes « allèrent tourner la cuiller dans la marmite, la petite fille du Doge comme les autres[79] ».

Sous la Monarchie de Juillet, la science domestique est à l'honneur, la famille régnante donne l'exemple et si l'on a le privilège d'être admis dans l'intimité royale, il n'est pas rare de voir la reine et les princesses absorbées dans leurs ouvrages comme dans la plus simple famille bourgeoise. Aux Tuileries comme au château de Madrid à Neuilly, Marie-Amélie, ses filles, ses brus et Mme Adélaïde brodent autour d'une grande table ronde dont chaque tiroir est marqué à leur nom. Elles travaillent inlassablement pour des loteries de bienfaisance.

Mais trente ans plus tard, les travaux ménagers ne jouissent plus du même prestige, bien au contraire. Le souvenir de la Révolution s'estompe et, en cette période de luxe effréné, les tâches domestiques semblent vulgaires, subalternes, surtout dans la bourgeoisie financière et industrielle, enrichie sur le conseil de Guizot et qui tient maintenant le haut du pavé. Un balai ? Fi donc ! Des économies ? A quoi serviraient les millions ? Raccommoder mon linge ? C'est bon pour ma femme de chambre ! Il s'agit au contraire d'éclabousser le monde pour qu'il soit averti de votre récente élévation. Les bourgeois opulents ne demandent à leur femme et à leurs filles que d'être les vitrines ambulantes de leur prospérité, aussi inactives que faire se pourra. On a parlé d' « aristocratie aux mains blanches » pour railler ce snobisme des parvenues qui se seraient fait plutôt tuer que d'être surprises avec un tablier autour des reins et Anatole France note à la fin du siècle : « Les petites filles de nos gros industriels ne comprennent pas que Peau-d'Ane fît des gâteaux puisqu'elle était fille de roi... »

VI

Les nerfs de l'éducation : discipline et émulation

« Il est surtout utile aux femmes de savoir obéir. *C'est là qu'est la véritable source de leur bonheur.* » Si, comme le pense Mme Campan, la discipline est pour les filles un gage de félicité, le XIXe siècle dut être pour la gent à crinoline un paradis sur terre, car, dès l'âge le plus tendre, les filles — plus encore que leurs frères — sont astreintes à l'obéissance la plus passive.

« Quand ma mère avait dit : " ceci n'est pas convenable ", on se tenait pour avertie et l'on ne s'avisait pas de demander pourquoi », rapporte Gabrielle de Cisterne, exprimant par cette simple phrase l'autorité sans appel des parents et l'obéissance sans murmure des enfants, des adolescents de l'époque et même des adultes, puisque Elisabeth de Clermont-Tonnerre avoue encore trembler devant son père à plus de quarante ans [1] ! Les parents et les éducateurs ne sont jamais tenus d'expliquer les raisons de leurs interdictions et de leurs sommations, et il leur est même recommandé de ne jamais commenter leurs décisions devant un enfant. Comme le disent les traités de pédagogie, « justifier sans cesse vos commandements, c'est vous mettre sur le pied de l'excuse, c'est en appeler à son jugement et en provoquer les objections... De plus, l'obéissance doit être prompte. Tout le temps qui s'écoule entre l'ordre et l'exécution, est une révolte de l'amour-propre. Commandez d'un seul mot et qu'il soit sans appel [2] ». D'ailleurs bien plus nombreuses sont les mères qui, dictant à leur fille ce qu'elles ont à faire, préfèrent utiliser l'expression *il faut*, plutôt que *vous devez*.

Quelle que soit leur tyrannie, leur injustice parfois, les

parents sont placés comme des divinités sur un piédestal, indéboulonnables, parés d'un prestige intouchable, rangés au même titre que Dieu ou la patrie, au nombre des entités sacro-saintes et indiscutables.

Au milieu de tous les partisans de l'obéissance passive, imposée à coups de punitions, il n'y a guère que Mme de Rémusat pour faire remarquer qu'il n'y a pas de mérite quand il n'y a pas de responsabilité et que la responsabilité n'existe que lorsqu'on choisit librement, entre le bien et le mal. Il s'agit donc moins, dans l'éducation, d'interdire le mal et d'imposer le bien, que d'*apprendre à vouloir* faire le bien. « Sans doute, dit-elle, l'obéissance aux parents est un devoir qu'il ne faut pas laisser sans exercice, mais il faut songer au temps où l'enfant sera séparé de ses parents, pour sa sûreté comme pour sa dignité, il faut donc mieux lui *inspirer* le devoir que lui *dicter*[3]. » Mais Mme de Rémusat parle dans le désert...

Cousines de l'obéissance, l'humilité et la soumission, passent pour être chez une fille les plus grandes des vertus ; il s'agit, et le plus tôt possible, de faire plier sa volonté devant celle des autres, une salutaire habitude puisqu'un jour elle devra fléchir devant la volonté de son époux... Cette soumission de la femme n'est pas un caprice des hommes, mais — de l'aveu des femmes elles-mêmes — une habitude qui remonte à la Genèse, imposée par le Créateur : « Dieu de tous temps a voulu que nous obéissions ; il créa la première femme sujette à l'homme. »

« On entend dire par hasard d'une jeune fille qu'elle a une " volonté de fer ". Est-ce un éloge ? Non, *c'est un reproche* ; c'est le reproche d'une obstination invincible, d'un entêtement qui ne cède à rien. On dira au contraire, en parlant d'une autre jeune fille, qu'elle n'a pas de volonté. Est-ce un éloge cette fois ? Oui, en général, on entend par là qu'elle est douce, soumise, qu'elle se contente de suivre une autre volonté, celle de sa mère[4]. » Pour faire plier les caractères, rien de tel qu'un régime répressif, qui contrarie sans cesse le moindre désir, qui va au-devant des moindres penchants pour mieux les étouffer.

Elevée suivant ces méthodes, Séverine, dans son autobiographie romancée, décrit l'éducation de Line, son héroïne : « Elle adore les robes claires, on l'habille en foncé, elle aime les gâteaux crémeux, on ne lui permet que les gâteaux secs, elle serait contente d'avoir de jolies boucles, on la tond comme un " bleu " ; elle ne se plaît qu'à faire des bonshommes, on la campe devant le piano. » On lui serre la vis, on la prend constamment à rebrousse-poil, on la soumet à une contrainte perpétuelle sous prétexte de vaincre la nature, bref on « saccage son bonheur ».

Bien des parents de l'époque pensent, comme ceux de Line, qu'il est bon que les filles n'aient pas de volonté propre et qu'une forte discipline sape à la base leurs tendances, leurs goûts, l'éveil naissant de leur personnalité, de peur qu'elles ne s'évadent hors des sentiers battus, loin des humbles devoirs qui la retiendront, demain, au foyer. « Non seulement, l'enfant ne doit pas dire *je veux*, mais encore, il est préférable qu'*il ignore jusqu'à la possibilité du désir.* » En outre, l'abnégation, le dévouement seront plus faciles à une jeune fille humble...

La comtesse de Dax, auteur de livres sur l'éducation des jeunes personnes, dont un chef-d'œuvre du genre, *Souvenirs et conseils aux enfants de Marie*, le best-seller des couvents, souhaite que toutes ses lectrices puissent faire graver sur leur tombe, en guise d'épitaphe, le plus beau des éloges : « Elle fut humble et modeste. »

L'amour-propre, la sûreté de soi, l'arrogance sont des défauts honnis que des punitions bien senties vont se charger d'extirper de leur caractère ; et plus les punitions seront mortifiantes et propres à inspirer la peur, plus elles seront efficaces car « la crainte trempe les âmes comme le froid trempe le fer. Tout enfant qui n'aura pas éprouvé de grandes craintes, n'aura pas de grandes vertus ; les puissances de son âme n'auront pas été remuées. Ce sont les grandes craintes de la honte qui rendent l'éducation publique préférable à la domestique parce que la multitude des témoins rend le blâme terrible et que la censure publique est la seule qui glace d'effroi les belles âmes[5] ».

Les punitions : humilier et faire un exemple

Tout le monde a en tête les verges du général Dourakine, si promptes à cingler le dos des enfants indisciplinés, ou le fouet de Mme Fichini, l'intraitable belle-mère de Sophie. On pourrait penser que, née au pays du knout, la comtesse de Ségur « en rajoute » et transpose dans la France du Second Empire un peu de la brutalité de sa Russie natale. Il n'en est rien et, à Emile Templier qui dirigeait chez Hachette la célèbre collection de la Bibliothèque rose, et qui trouvait un peu outrée la furie fouettarde de Mme Fichini, la comtesse répondit qu'il s'agissait là d'épisodes véridiques « avec la variante que ce n'était pas une belle-mère, mais une mère qui élevait ainsi sa fille » et elle ajoutait : « J'en aurais pu citer d'autres plus cruels encore [6]. »

Ce n'est pas qu'on soit cruel ou sadique, mais, à l'époque, l'usage du fouet, du martinet, de la cravache ou de la règle est universellement considéré comme indispensable à la bonne éducation et, comme disent les frères Goncourt, « les enfants sont comme la crème, les plus fouettés sont les meilleurs [7] ».

Bien des prospectus de pensionnats précisent que la maison n'a pas recours à ce genre de punitions, mais pourtant, la férule ou la règle servant à pointer un détail intéressant sur le tableau noir ou à indiquer une ville sur la carte de géographie, s'écartent souvent de leur destination pour venir cingler les doigts des écolières qu'elles ramènent au silence ou à l'attention. Sous la Restauration, il existe au Sacré-Cœur de Poitiers un maître particulièrement redouté, possesseur d'une règle qui devient parfois dans ses mains impatientes un instrument de torture. L'âge tendre de certaines élèves, les engelures qui saignent en hiver, rien ni personne ne fléchit sa dureté. Ses victimes en pleurent [8] !

Les fouets, très courants dans les pensionnats de garçons, sont plus rares chez les filles, mais en cherchant bien, on en trouve encore à la fin du Second Empire, et même entre les mains des plus charitables religieuses ! La sœur Fulgence réussit à inculquer à Judith Gautier la haine du piano à grands coups de verges trempées dans du vinaigre. Il est vrai que son manque de goût pour cet instrument entraînait la jeune fille à taper au hasard sur le clavier et à donner des coups de pied dans la caisse. Résultat : « La leçon finissait mal [...] Dans une terrine à demi pleine d'eau et de vinaigre trempaient les verges menaçantes. La sœur Fulgence les saisissait, vous faisait mettre à genoux, troussait vos jupes et vous fouettait d'une main alerte [9]. » Au bout de deux ans de ce traitement, Judith déchiffrait « une ligne de la polka *Fleur des champs et fleurs des salons* ». De l'efficacité des châtiments corporels !

Il n'y a pas que dans les internats que l'on administre ces corrections, à l'intérieur de la famille, le père, la mère, la bonne et la gouvernante exercent conjointement le droit de fouettage et « ce n'est pas seulement dans les classes où la rudesse des mœurs pourrait être une excuse, mais dans *tous* les rangs de la société que cet usage se retrouve », écrit-on en 1859.

Avec le temps, on voit toutefois s'élever une réprobation de plus en plus forte contre les parents et les éducateurs qui ont le « triste courage de lever une main qui ne doit que bénir », sur un enfant et à plus forte raison *une* enfant. Les peines corporelles, dit-on, outragent la nature, avilissent le corrigé et le correcteur, et n'ont pas la valeur pédagogique qu'on leur a longtemps prêtée : les verges sont en disgrâce, en théorie, sur le papier, car sur les reins des jeunes personnes et de leurs frères, elles continueront encore quelque temps à siffler vertement.

A côté des châtiments corporels, les éducateurs ont dépensé des trésors d'imagination dignes de Shéhérazade pour concevoir les mille et une punitions qui sont censées faire sentir au moyen d'une fatigue, d'un ennui ou d'une humiliation salutaires qu'on ne gagne rien à négliger ses devoirs.

C'est évidemment l'éducation en commun qui donne lieu aux inventions les plus extravagantes. Pour frapper les coupables et dégoûter les autres, il faut un signe *sensible* du blâme encouru ; aussi la punition qui est autant considérée comme un châtiment que comme un exemple, épouse la plupart du temps la faute. C'est ainsi que le *bonnet d'âne* en papier jaune bien épais est décerné aux mauvaises élèves et aux paresseuses, bref à celles qui mettent « une ténacité particulière dans la fainéantise ». Le bonnet d'âne a d'ailleurs un avatar qui est le bonnet de nuit que les coquettes et les orgueilleuses gardent toute la journée, même au réfectoire ou à la chapelle. Le tablier mis à l'envers relève de la même volonté de combattre la vanité et le goût des chiffons.

La punition de l'*écriteau* est également très mortifiante : sur un carton accroché autour du cou ou épinglé dans le dos, on porte, calligraphié en pleins et déliés, l'aveu de sa faute : « paresseuse », « causeuse », « raisonneuse », « impolie », etc.

Ce qu'on appelle au pensionnat la « fourberie », n'est pas exactement le mensonge. Ce défaut qualifie une foule de petites hypocrisies comme par exemple utiliser ce qu'on appellerait aujourd'hui des anti-sèches pour la composition. Celles qui sont convaincues de fourberie portent le *nœud de fourberie* attaché à l'épaule, et la fourbe est mise en quarantaine tant qu'elle est marquée du ruban gris, une couleur qui symbolise ce défaut sournois.

La *langue rouge* est le châtiment des menteuses endurcies. C'est un grand morceau de drap rouge porté dans le dos par la délinquante qui « cherche les murs pour s'y adosser et échapper ainsi aux affronts ».

Il y a encore la *table de confusion* qui stigmatise divers délits allant du désordre opiniâtre à la dissipation dans les rangs, en passant par la lenteur caractérisée à obéir à la cloche. C'est une petite table où les coupables prennent leurs repas en tête à tête avec elles-mêmes. A Ecouen, la table de confusion porte le nom de table de bois pour la simple raison qu'on y est servie sans nappe. On y était condamné lorsque, « dans le cours d'un mois, on avait réuni douze mauvaises marques. Chaque mauvaise marque était composée de douze mauvais points [10] ». Cela fait, pour qui sait compter, 144 mauvaises marques ou mauvais points, ce qui n'est pas rien si l'on songe que, d'après un système de vases où communiquent le vice et la vertu, les bons points peuvent effacer les mauvais et vice-versa [11]. Il est vrai que religieuses et sous-maîtresses distribuent les mauvais points plus vite que leur ombre, et que le moindre manquement au règlement, un simple mot échangé au dortoir ou au réfectoire amène sur leurs lèvres un péremptoire « Mademoiselle, je vous marque ! », suivi de la notation immédiate du mauvais point sur un calepin qui ne les quitte jamais et qu'elles portent autour du cou ; comme l'a remarqué Mme Campan, « le livret sorti du sac, le crayon préparé produisaient autant d'impression que la vue de l'antique férule ou du martinet [12] ». Les mauvais points de Damoclès éternellement suspendus au-dessus des têtes blondes ont une étonnante prolificité compte tenu du fait que l'élève marquée qui « raisonne », en gagne instantanément un deuxième, un troisième, etc. si elle continue de se rebiffer !

Si l'on ajoute encore les *pensums* : vingt, cinquante, cent lignes à copier sur un cahier de pénitence, ou à apprendre pour cœur ; la *retenue* qui prive de la récréation et la *consigne* qui supprime une sortie dans la famille ; le cachot appelé aussi *chambre de discipline* ou *cabinet noir*, où l'on croupit dans l'ombre pour un temps plus ou moins long, au pain sec et à l'eau ; le *tableau d'infamie*, antithèse du tableau d'honneur, où sont inscrites les mauvaises élèves ; et pour les petites le *coin*, le nez au mur et le *piquet*, debout ou à genoux les bras en croix, on aura fait le tour de ce que l'imagination, mise au service de la discipline et de l'exemplarité, au nom du « plus grand bien » des élèves, a créé de plus mortifiant.

Mais le comble de l'insupportable n'est pas encore atteint, il y touche lorsque la volonté d'humilier la coupable dépasse les bornes et s'assortit en outre de violence physique. C'est ainsi qu'une surveillante des augustines anglaises forçait — pour une broutille — ses élèves à baiser la terre. « Cela faisait partie de la discipline du couvent ; mais les religieuses se contentaient du simulacre et feignaient de ne pas voir que nous baisions notre main en nous baissant vers le carreau, tandis que Mlle D... nous poussait la figure dans la poussière et nous l'eût brisée si nous eussions résisté [13]. » Baiser la terre est un châtiment assez courant dans les couvents, mais il est assez généralement admis que l'on baise sa main, ce qui revient au même puisque nous ne sommes que poussière !

L'humiliation peut aussi dépasser les limites du soutenable lorsqu'elle s'entoure d'une mise en scène grandiose et lugubre destinée à décupler son effet, comme à Ecouen où la punition la plus grave était pour une élève la perte de la ceinture de couleur ceignant sa taille. Le fondateur avait imaginé que celle qui se serait rendue coupable d'une faute grave serait dégradée comme un militaire au milieu de la cour. Les trois cents élèves, les cinquante dames et tout le personnel réuni sont rangés en carré dans la cour intérieure du château. L'élève est conduite à l'endroit où la croix de la Légion d'honneur se dessine en pavés de marbre noir et la surintendante dénoue solennellement la ceinture. La première et unique élève qui fut ainsi dégradée s'évanouit d'effroi dans les bras de Mme Campan et resta trente heures « dans la plus alarmante léthragie [14] ». Le châtiment fut supprimé.

C'est aussi une trop forte humiliation qui conduisit une fillette de douze ans au suicide ; elle avait volé une montre et son père l'avait condamnée à suivre à travers la ville la procession de la Fête-Dieu, avec l'écriteau « voleuse de montre » attaché sur la poitrine. Au retour de la procession, elle courut se précipiter dans la pièce d'eau du château [15]...

Malgré tout ce qui précède, on peut dire que le XIXe siècle est en net progrès sur le XVIIIe, siècle des Lumières, qui fut témoin de ce que l'on fit de plus ridicule, de plus odieux et de plus macabre au chapitre des punitions : à Port-Royal, une petite fille qui avait dérobé un écu de six francs fut condamnée par les religieuses à être symboliquement pendue. « Une poulie fut placée au plafond d'une classe ; par le moyen d'une corde, on y suspendit un panier à linge et bientôt la petite fille fut hissée jusqu'au plafond ; les religieuses et les élèves de la maison défilèrent ensuite sous le panier en chantant le *De profundis* [16]. » On croit rêver...

L'émulation : les croix et la bannière

L'émulation — une notion aujourd'hui frappée d'excommunication — qui pousse au perfectionnement individuel par le jeu de la comparaison avec les autres, est le second moteur de l'éducation du XIXe siècle. Elle n'est possible que dans l'éducation en commun dont elle constitue le principal avantage pour les uns, et le grand inconvénient pour les autres. Car tout le monde n'est pas partisan de l'émulation *pour les filles.* Elle développe la jalousie et la haine [17], deux vilains défauts qui, en vertu d'une morale sexuée, sont plus graves chez les filles que chez les garçons ; « du désir de s'élever au-dessus des autres à celui de les voir descendre au-dessous de soi, le pas est glissant [18] », sans compter que la sensibilité soi-disant exacerbée des filles leur fait ressentir beaucoup trop violemment les affres de la défaite ou les joies de la victoire. Ajoutez encore que l'émulation « compromet ce caractère de réserve, de retenue qui est l'ornement et le devoir de leur sexe [19] » !

Il n'empêche que la concurrence est largement encouragée dans les couvents et les pensionnats qui ont imaginé, pour la mieux stimuler, des récompenses presque aussi variées que les punitions.

Des plus insignifiantes aux plus honorifiques on trouve d'abord les bons points. Vu leur peu de valeur dans l'échelle des récompenses, les maîtresses les prodiguent « comme des dragées un jour de baptême » ; mais toute l'utilité des bons points réside dans le fait qu'ils servent à acquérir une récompense plus grande car, vingt-cinq bons points valent un billet de satisfaction, quatre billets de satisfaction valent une carte de mérite, et quatre cartes de mérite donnent droit à un prix, donc à un livre !

Dans certains établissements, les bons points servent de monnaie d'échange au cours de curieuses ventes aux enchères qui ont lieu tous les mois selon le rituel suivant : « Avant l'encan, on récitera le *Veni Sancte* et ensuite la Supérieure montrera le livre, le tableau, le chapelet qu'on propose en récompense et le mettra à tant de bons points ; les élèves alors surenchériront et l'objet restera à celle qui en offrira davantage[20]. » Une scène bien inattendue, qui se déroule sous l'œil de M. le curé, invité pour cautionner par sa présence cette cérémonie quelque peu mercantile.

Les croix, les médailles arborées en sautoir, ou épinglées sur l'épaule — jamais sur la poitrine, ce qui ferait trop viril — sont plus difficiles à gagner : elles récompensent le travail ou la conduite jugée sur toute une semaine. Cependant on recommande aux éducatrices de « les multiplier assez pour qu'à peu près 1/4 des élèves puisse en obtenir une », *ceci pour contenter un maximum de parents* et, accessoirement, pour ne pas décourager leurs filles. Il est intéressant de constater que les plus précieuses, les plus convoitées ne sont pas celles qui couronnent le travail, mais « la bonne conduite, la bonne volonté, et l'étude de la religion »...

Figurer au *tableau d'honneur* n'est pas une mince faveur puisque le tableau, présentant la liste des élèves qui se sont fait remarquer par leur conduite ou leurs progrès, est exposé dans le parloir et que les parents ne manquent point d'y jeter un coup d'œil. A ne pas confondre avec la *table d'honneur* qui consiste à être invitée à la table de la directrice.

Au chapitre des récompenses, la Légion d'honneur se distingue encore par son originalité, c'est ainsi qu'une tradition bucolique décerne deux fois par an, aux élèves les plus méritantes le privilège de planter en grande pompe un arbre orné de rubans multicolores et d'un petit panonceau portant leur nom. Tous ces « arbres de récompense » finirent par former une grande avenue baptisée l' « allée des premières », promenade de prédilection de Mme Campan.

Les études sont sanctionnées par des examens ou compositions, qui ont lieu deux à trois fois par an. Le dernier examen qui clôture l'année est généralement public[21]. Le jury est composé des professeurs de la maison, de M. l'aumônier, de quelque notabilité qui a bien voulu par sa présence honorer l'assemblée et donner plus de solennité à la cérémonie. On s'arrache les académiciens, les écrivains en vogue, ceux qui ont « des mœurs » bien entendu, et les ecclésiastiques. Quinze jours à l'avance, les élèves n'en dorment plus car une à une, elles vont être mises sur la sellette : « Je vais enfin passer quinze jours entiers avec vous et mon cher papa, écrit Marie F. à sa mère, je ne pense qu'au bonheur d'être en vacances. Je voudrais pouvoir sortir ce soir même. Pourquoi faut-il auparavant paraître à ce terrible examen ? Toutes les maîtresses, tous les parents, toutes les grandes élèves pourront m'interroger, cela me fait trembler. J'ai peur d'être intimidée, de répondre des sottises [22]... » A la vérité, on entend rarement de sottises car l'examen de chaque discipline est confié au professeur chargé de ladite discipline, ce qui fait dire aux mauvaises langues que toutes les questions sont prévues et les réponses préparées... Et, pour plus de sûreté, « on étudie partout et sans relâche en récréation, au réfectoire, au dortoir, à la chapelle ».

La séance se termine par un petit discours du président du jury qui proclame les résultats et émaille son laïus de petites phrases toutes faites sur « l'excellente tenue de la maison », « l'admirable dévouement de Mme la Directrice » et « la bonne direction des études », etc.

Enfin vient la distribution des prix, apothéose de la Directrice ou de la Supérieure. C'est un rendez-vous mondain où il est de bon ton de se montrer, le couronnement de toute une année de rabâchage, et surtout le paroxysme de l'émulation. L'engouement pour les distributions des prix est si grand qu'une pension qui l'avait supprimée perdit en une année presque toute sa clientèle, frustrée d'une si belle journée, et fut obligée, in extremis, de rétablir cet usage qui « ranima la fièvre de l'émulation ».

Pour ce jour de gala, les établissements un peu sélect font imprimer des invitations sur bristol où il est annoncé par exemple : « Les religieuses du Sacré-Cœur de Jésus, rue de Varenne, 77, ont l'honneur de vous inviter à la Distribution des prix de leurs élèves ; elle aura lieu le mercredi 29 août à 9 heures précises et sera présidée par son Eminence le Cardinal archevêque de Paris... »

L'invitation s'accompagne d'un programme annonçant les festivités, voyez plutôt :

« Grande exposition des ouvrages en tous genres
25 morceaux de piano à deux mains
12 morceaux de piano à quatre mains
10 chœurs, 6 romances, et 14 duos
40 fables, 2 pièces de vers, dont l'une *La mort d'Hippolyte*,
2 styles et trois discours, le 1er par M. Le curé, le 2ème par le professeur de style, et le 3ème par Madame.

Le nombre des prix sera de 673, celui des couronnes de 1 346. (Que de larmes de joie !)

La cérémonie durera 6 heures [23]. »

Dû à une plume insolente, ce programme est imaginaire, mais si l'on divise tous les chiffres par trois, on approche dangereusement de la réalité.

La distribution des prix est l'occasion de montrer les talents des jeunes personnes et par là de prouver l'excellence des professeurs et de l'enseignement. C'est pourquoi les morceaux de piano succèdent aux romances chantées, que relaient la récitation de poésies et parfois de véritables représentations théâtrales. Pour jouer ces « petites pièces morales », les élèves, afin de ne pas outrager les bonnes mœurs, ne se travestissent pas et « portent les costumes de leur sexe », même pour interpréter les rôles masculins.

Ces divertissements ne sont pas du goût de tout le monde, d'autant que les directrices de pensions, poussées — elles aussi — par une saine émulation rivalisent d'apparat, dressent de véritables théâtres, louent parfois des salles de spectacle, et couronnent leurs élèves au son des fanfares. L'administration tente de mettre le holà, en interdisant en 1837 [24] les danses, les représentations théâtrales et les concerts à l'occasion des distributions des prix, mais en vain et les pensionnaires continuent, contre vents et arrêtés, de danser, chanter, pianoter et jouer la comédie, pour le plus grand bonheur de tous, ou presque.

Vient ensuite la proclamation du palmarès. Il y a généralement cinq grands prix dits *de premier ordre* : les prix de sagesse, d'instruction religieuse, d'application, de succès et d'excellence, des prix *de second ordre* pour toutes les disciplines : littérature, arithmétique, géographie, etc., et une foule de prix divers : de douceur, d'ordre, de politesse, de soumission, de bonne camaraderie, etc. Enfin, les prix de consolation qui encouragent « les efforts même incomplets, et les bonnes volontés trahies par la lenteur de l'intelligence », doux euphémisme pour désigner les nullités crasses...

Au pensionnat de Saint-Germain, au début du siècle, le prix de bon caractère, récompensé par une rose artificielle, était décerné au scrutin ; il revenait à quatre concurrentes qui s'étaient distinguées par leur douceur, leur gentillesse envers les filles de service et leurs égards envers les maîtresses. Tout le monde votait : les élèves, les dames, et le « petit » personnel. Mais le jour du vote s'accompagnait de pleurs et de grincements de dents, parfois d'évanouissements : « L'exaltation s'en mêla, à chaque nomination de rosières, les pleurs et les sanglots retentissaient, on pleurait de n'avoir pas eu la majorité tant désirée, les amies unissaient leurs larmes aux pleurs et aux sanglots de leurs amies. » Si bien que devant les crises de nerfs et un tel excès d'émulation, Mme Campan décida de supprimer le prix de bon caractère dont l'attribution avait l'effet indésirable d'exacerber les mauvais !

Tout s'achève par des discours émouvants. La directrice a du mal à retenir ses larmes en évoquant certaines de ses enfants qui vont définitivement échapper à sa tendresse pour être lancées dans le monde. L'émotion gagne toute l'assistance et « bien des larmes sont versées, rosée salutaire[25] »... La fête ne saurait être complète sans un zeste de charité, et l'on tire une tombola dont les lots ont été confectionnés par les élèves, au profit des pauvres de la paroisse.

On passe une dernière nuit au pensionnat où est célébrée le lendemain matin une messe d'action de grâces avec un *Te Deum* chanté qui vient clore l'année et ouvrir le temps des vacances. Les voitures se pressent dans la cour pour emmener les demoiselles et leurs malles ; le règlement qui interdit les témoignages de tendresse est aboli : on s'embrasse.

« Où irez-vous, Sidonie ?

— A Baden-Baden avec mes parents, et vous, Mathilde ?
— A Dieppe avec ma tante et mes cousines...
— Gardez-vous bien du soleil, vous reviendriez hâlée.
— Oui, oui, à l'année prochaine... »

VII

Les vacances

Une idée qui fait son chemin... de fer

Inconnu sous l'Ancien Régime, l'usage des vacances régulières est encore si nouveau sous la Restauration que beaucoup de parents ne réclament pas leur fille pour les cinq ou six semaines que durent les congés d'été. George Sand raconte que pendant le temps de son éducation chez les augustines anglaises, elle ne prit aucunes vacances l'été : « Ma grand-mère disait qu'elle aimait mieux ne pas interrompre mes études. » Elle resta donc enfermée pendant deux ans.

Les vacances mettront un certain temps à s'imposer totalement dans l'esprit des parents et j'en veux pour preuve les prospectus des couvents et des pensionnats qui précisent, encore sous le Second Empire, que le prix de pension annuel est de 1 000 francs par exemple, *non compris le temps des vacances* pour lequel il faut compter « en sus » une somme d'environ 150 francs.

Au couvent des Oiseaux, les laissées-pour-compte quittent quand même la capitale et, dans d'énormes pataches de déménagement où s'entassent les pensionnaires et leurs malles, gagnent le noviciat de Corbeil pour respirer un peu de ce bon air « qui fait le bon sang, qui prépare et fait les bonnes digestions [1] ».

Ces malheureuses pensionnaires qui passent leurs vacances enfermées sont victimes, pour certaines, de la négligence et de l'égoïsme de leurs parents qui préfèrent ne pas s'embarrasser d'enfants pour aller aux eaux ou aux bains de mer. Elles sont également victimes d'un préjugé, bien pratique au demeurant, selon lequel les vacances, avec leur cortège de divertissements et de mondanités, risquent d'annuler en quelques semaines le bénéfice de toute une année de rigueur morale. C'est ainsi que sous prétexte d' « âme mieux gardée », les filles passent parfois cinq, dix ans cloîtrées, ne voyant leurs parents que quelques instants aux rares jours de sortie, ou dans le parloir. Et ce sont d'ordinaire celles qui sont mises en pension les plus jeunes qui, par un injuste cumul des malchances, ne sortent jamais l'été.

En dehors des vacances d'été qui durent à peu près du 15 août au 1er octobre [2], les pensionnaires ont droit, à l'occasion du jour de l'An, de Pâques et de la Pentecôte, à des petits congés qui n'excèdent jamais trois jours. Mais toutes n'ont pas cette chance car, chez les Dames anglaises par exemple, on ne découche que pour le jour de l'An.

Les sorties sont plus fréquentes (tous les quinze jours ou tous les mois), mais la liberté s'y compte en heures ; chez Mlle Duchemin : « les élèves sortent pour aller chez leurs parents un dimanche sur trois, après la messe. Elles doivent rentrer le jour même avant 9 heures du soir ou le lendemain matin avant 8 heures [3] ». Dans d'autres institutions, on doit impérativement être de retour *le jour même* avant 8 heures. Des vacances bigrement courtes diront les écolières du presque XXIe siècle, mais on considère, à l'époque, qu'elles suffisent amplement « au besoin de repos que peuvent éprouver les maîtres et les élèves et qu'il y aurait d'ailleurs de graves inconvénients pour l'instruction et l'éducation à leur permettre de s'absenter plus longtemps ».

A la Légion d'honneur, ce ne sont pas des parents indignes qui privent les pensionnaires de vacances, mais un règlement indigne : « Aucune élève, dit le statut de 1809, ne pourra être retirée par ses parents *avant qu'elle n'ait atteint l'âge de* 18 *ans accomplis* ou que son éducation n'ait été achevée. » Et lorsque le grand chancelier remet à l'empereur une note pour demander si les élèves pourraient sortir sous la conduite de leurs parents pour quelques jours ou *quelques heures*, Napoléon répond d'une plume autoritaire : « Non. » A partir de 1821, la discipline s'adoucit et on accorde quelques jours pour le 1er janvier. En 1857, nouveau progrès : quelques jours à Pâques et pendant l'été. Mais sous le Premier Empire, à Ecouen « les vacances étaient inconnues », raconte Marie-Thérèse Martin, une ancienne pensionnaire qui fut séquestrée sept ans, « seules nos mères étaient admises à visiter la maison et à se promener avec nous dans le parc, nos pères ne dépassaient pas le parloir [4] ».

C'est d'ailleurs cette discipline inhumaine qui provoqua un événement sans précédent : la disparition de deux pensionnaires, deux sœurs, volatilisées, escamotées à la barbe de Mme la surintendante. Léon Gozlan relate l' « affaire » :

« Au bout de 10 minutes, toute la maison savait la terrible catastrophe, on sonne toutes les cloches, les corridors retentissent des noms des deux sœurs, on sonde les fossés, on secoue les grilles, les gardes-chasses vont fouiller les bois. » Mme Campan parle d'offrir sa démission de surintendante d'Ecouen à jamais perdue par le déplorable enlèvement des deux pensionnaires. L'affaire remonte jusqu'à l'empereur. Quand, au petit lever, Napoléon eut pris connaissance de l'événement, il fit quelques questions sur l'âge et la famille des deux pensionnaires ; il demanda le règlement intérieur de la maison. Après l'avoir relu, il posa le doigt avec force sur un article et sourit, puis roula le règlement d'Ecouen et recommanda au chancelier de ne rien entreprendre pour retrouver les deux pensionnaires.

Le soir, le chancelier remettait à l'empereur une lettre où Mme Campan annonçait que les deux sœurs, rendues à leurs classes, ne s'étaient évadées que pour embrasser leur mère qui les attendait dans un hôtel d'Ecouen. Elles avaient été poussées à cette évasion par la rigueur du règlement qui ne permettait aux filles de ne communiquer avec leur mère que tous les quinze jours. Elles n'avaient pu se résigner à une si longue privation.

« Ecrivez à Mme Campan, dit Napoléon, que les deux sœurs seront mises aux arrêts pendant une heure. Mais ajoutez qu'à dater d'aujourd'hui, il sera libre à toutes les pensionnaires d'embrasser leur mère quand elles le demanderont [5] ». La belle amélioration !

Sous le Second Empire, commence à se développer le goût des voyages. On ne peut pas, sans commettre un crime de lèse-fashion, passer l'été à Paris. Les uns vont dans leurs terres, d'autres à la mer, d'autres encore aux eaux. Les plus fortunés vont de l'un à l'autre grâce au chemin de fer qui, moyennant quelques escarbilles, un peu d'effroi dans les tunnels et l'angoisse de perdre ses colis qu'on compte et recompte, vous mène de Paris à Deauville en dix heures et de Vichy à Paris en une journée.

Chaque année, la toile d'araignée des voies ferrées centrées sur Paris, s'étend sur la France et, en vingt ans, le train permet aux baigneurs et aux buveurs d'eau d'accéder en foule dans les lieux de villégiature de leur choix, ou du moins de s'en rapprocher suffisamment pour que le voyage ne soit plus une expédition.

L'idée d'aller à l'étranger et de chercher le plus loin possible le bonheur de rentrer chez soi, suivant l'expression de Paul Morand, commence timidement à se généraliser. « Assez loin », ce n'est encore dans bien des cas que la Suisse, les bords du Rhin et l'Italie.

Mais voyager n'est pas encore l'apanage des jeunes filles. Si elles voyagent, c'est pour oublier un chagrin d'amour ou un amoureux. Les parents dont la fille persiste à vouloir se marier contre leur gré, lui assignent parfois une épreuve d'un an sans revoir l'objet de sa flamme. Pour faciliter l'accomplissement de cette épreuve, et distraire l'obstinée, ils l'emmènent en voyage, généralement en Italie. Les jeunes filles voyagent aussi pour de soi-disant raisons de santé ; on les voit donc aux bains de mer et aux eaux.

Les bains de mer

La mode des bains de mer remonte, en France, au tout début du XIXe siècle. Mais de l'autre côté de la Manche, les Anglais se baignaient depuis longtemps à Brighton ce qui remplissait de terreur les émigrés français. Mme de Boigne avait pourtant pris goût à la baignade pendant son exil et, de retour en France, elle vint à Dieppe bien décidée à ne pas perdre une aussi saine habitude. Chacun de ses bains attirait sur la grève une foule de curieux remplis de compassion. « On demandait à mes gens, dit-elle, si j'avais été mordue d'un chien ; j'excitais une extrême pitié [6]. » En effet, les bains de mer étaient jusqu'alors réservés aux fous et aux personnes mordues par un chien enragé. On les attachait à une corde et on les plongeait tout nus dans la mer à trois reprises « le temps d'un *Ave Maria* ». Après la banqueroute de Law, Dieppe fut, paraît-il, envahi d'une foule de malheureux qui venaient de perdre leur fortune et la raison.

En 1813, la reine Hortense vient se baigner à Dieppe ; mais il faudra attendre vingt ans pour qu'une autre princesse, Marie-Caroline de Naples, duchesse de Berry, apporte en Normandie son goût méditerranéen pour les bains de mer, et lance la vogue de la *balnéothérapie,* car il s'agit autant de se divertir que de soigner sa santé.

La duchesse prend son premier bain dieppois le 31 juillet 1824 et revient à Dieppe chaque année (sauf en 1828) jusqu'à la révolution de 1830. C'est elle qui ouvre la saison et d'après Daniel Stern, « le jour de l'ouverture de la saison, au premier bain, l'étiquette voulait que l'on tirât le canon au moment où la princesse entrait dans la mer et que le médecin inspecteur y accompagnât l'Altesse Royale. Le docteur Mourgué gardait pour cette grande occasion son plus bel habit de ville, avec un pantalon neuf ; il offrait à la princesse sa main droite gantée de blanc, comme pour le bal ; c'était à mourir de rire ».

Eclipsant la gloire de Dieppe, d'autres stations balnéaires se créent sur le littoral normand : Trouville, « la plage de velours », Etretat découvert par Alphonse Karr entre deux déchirures de la falaise, Deauville, lancé par le duc de Morny et qui faillit s'appeler Mornyville après la mort de son bienfaiteur. Enfin, au milieu du siècle, le lointain pays Basque devient à la mode. Déjà en 1843, Victor Hugo passant à Biarritz au cours d'une escapade amoureuse avec Juliette Drouet, prévoyait : bientôt « Biarritz mettra des parapets sur les mornes, des rampes à ses dunes, des escaliers à ses précipices, des kiosques à ses rochers, des bancs à ses grottes et des pantalons à ses baigneuses ». A peine dix ans plus tard, c'est chose faite, avec en supplément, ce que Victor Hugo n'a pas prévu : la villa Eugénie, une vaste construction qui tient « à la fois de la gare et de l'établissement thermal ». De 1855 à 1868, elle abrite tous les étés (sauf en 1860 et 1864) le couple impérial venu prendre un peu de repos, accompagné de toute la cour.

Dames et demoiselles ont pour se baigner un accoutrement hautement spécialisé. Sous la Restauration, Marie de Flavigny qui s'ébat à Dieppe avec la duchesse de Berry, porte un pantalon de zouave et un sarrau à manches longues en laine noire, d'épais chaussons de corde et, pour se protéger de l'eau salée, nuisible à la chevelure, une coiffe de toile cirée [7]. Ce qu'elle ne dit pas, mais les journaux de mode nous l'apprennent, c'est que les femmes portent sous leur tenue de bain un corset. Ce corset est d'abord en tissu, puis, lorsque la mode imposera des tailles de guêpes, il sera armé de baleines de jonc, à défaut de baleines de fer qui auraient risqué de rouiller.

Quarante ans plus tard, lorsque Gyp se baigne à Langrune-sur-Mer (près de Caen), la mode n'a pas beaucoup évolué : elle parle d'un pantalon noir qui descend au mollet, d'une blouse « énormément large qui s'enflait dans l'eau comme un ballon », d'un bonnet de toile cirée, et d'espadrilles à grosses semelles de corde « qui pesaient cinq kilos quand elles étaient mouillées [8] ». Gyp conclut que lorsqu'elle sort du bain, la plus jolie fille du monde est une « monstruosité ».

Entre-temps, le costume de bain féminin a pourtant fait quelques progrès ; il est toujours de laine assez épaisse pour des raisons de décence (à Royan le règlement prohibe « *les tenues de toile fine qui se plaquent sur la peau* »), mais il s'agrémente d'un galon de couleur qui borde la laine noire. Sa coupe s'est améliorée et les guides touristiques donnent quelques conseils aux couturières de ces demoiselles pour le rendre plus propre à la natation : « On aura soin de ne pas fixer les manches entièrement à l'entournage du corsage dans une étendue de 6 à 8 cm, correspondant au creux de l'aisselle pour laisser à l'eau la faculté de sortir par ce hiatus. » Comme cela est bien dit ! « Si les manches sont trop larges et non ouvertes sous l'aisselle, l'eau s'y entonne à chaque élan des bras et ne trouvant pas d'issue pour ressortir oppose une résistance fort pénible à surmonter [9]. » Une autre amélioration consiste en une ceinture spéciale que l'on dénoue en sortant de l'onde pour éviter que la blouse ne colle trop indécemment sur le corps !

On s'en serait douté, hommes et femmes ne se baignent pas au même endroit. A Dieppe, sous la Restauration, les dames se baignent à gauche et les messieurs à droite de la plage, séparés par « un espace assez considérable pour qu'on ne puisse pas se reconnaître d'un côté à l'autre ». Mais à Biarritz, la plage de Port-Vieux est tellement exiguë que les sexes y sont à peu près confondus, ce qui lui assure sous le Second Empire un grand succès... Dans les stations qui disposent de plusieurs plages, il en est généralement une réservée aux seules dames.

Dans une lettre du 14 août 1853, postée à Trouville, Flaubert écrit à Louise Colet son dégoût des plages : « J'ai passé hier une grande heure à regarder se baigner les dames. Quel tableau ! Quel hideux tableau ! » Alors, pourquoi diable y passer une « grande » heure ?... Comme lui, beaucoup d'hommes trouvent leur femme et leurs filles hideuses à la plage. Il n'empêche qu'ils se pressent sur les promenades qui surplombent la grève pour les reluquer « armés de lorgnettes d'opéra » et parfois de télescopes qui servent beaucoup moins à compter les étoiles dans le ciel qu'à observer les pléiades de dames qui vont et viennent de la terre à la mer et de la mer à la terre. C'est « aussi malséant que possible », juge Marie de Flavigny. Aussi, pour dérober les femmes aux regards des voyeurs, la plupart des stations balnéaires ont un service de cabines mobiles tirées par des chevaux jusqu'au bord de l'eau. Les adversaires de ces carrioles leur reprochent de salir la plage, de tout bouleverser, d' « écraser les bébés », mais n'avouent pas la véritable raison de leur antipathie...

Le rituel du bain obéit à quelques règles hygiéniques auxquelles se conforment naturellement les dociles demoiselles. Avant de se mettre à l'eau, on doit éviter tout exercice violent qui vous met « en moiteur ». Aussi doit-on descendre sur la plage « lentement » et, aussitôt arrivé, s'étendre à l'ombre quelques minutes. Bien entendu, trois longues heures se sont écoulées depuis le dernier repas et la digestion est achevée.

Il n'est pas question d'affronter seule l'élément liquide. Des escadrons de baigneurs assermentés qui patrouillent sur les plages, louent leurs services moyennant cinquante centimes le bain ; ils se reconnaissent à leur tenue pittoresque : veste et pantalon bleu foncé, chapeau de cuir sur lequel on lit « Baigneur juré », large écharpe rouge garnie de franges jaunes. Ce sont des pêcheurs « de bonne conduite » qui, le temps de la saison, abandonnent leurs filets pour un travail beaucoup moins fatigant, beaucoup plus lucratif et beaucoup plus amusant, puisque leur rôle consiste à faire boire la tasse aux gens de qualité. Pour les hommes, les femmes ou les enfants la technique est semblable : « le guide-baigneur les prend dans ses bras pour pénétrer dans les flots, et, arrivé à une certaine profondeur, les plonge rapidement dans l'eau en leur faisant d'abord passer la tête sous la lame [10] ». C'est ce qu'on appelle le bain *à la lame.* Les jeunes filles crient beaucoup, font des grimaces en ressortant de l'eau. Rares sont celles qui apprennent à nager, et, après deux ou trois plongeons la tête la première, le baigneur se contente de les remorquer doucement à la surface de l'eau.

La baignade est pour beaucoup de ces jeunes filles un supplice, une corvée qu'elles subissent comme elles avaleraient une potion amère, car la mer est censée tout guérir : l'anémie (la chlorose), les troubles de la puberté, les nerfs fragiles, etc.

Curieusement, c'est plutôt à Paris qu'à la mer que les jeunes filles — très rares à la vérité — apprennent à nager dans l'eau calme des piscines. Judith Gautier apprend dans le bassin de l'école de natation du pont de Neuilly. Le bain Ouarnier, quai Voltaire, ouvert dès la Restauration, compte dans sa clientèle les femmes et les jeunes filles les plus distinguées de Paris, pendant tout le siècle. Ce sont les filles de Louis-Philippe qui ont mis à la mode cet établissement où l'on n'admet que la clientèle féminine. L'eau de la Seine y est filtrée et le personnel stylé : un baigneur est même un jour renvoyé pour s'être permis de dire à une jeune fille pendant sa leçon de natation : « Allongez bien les bras *mon petit canard*[11]. »

Mais revenons sur les galets de Dieppe, ou le sable de Trouville, où nos baigneuses en sortant de l'eau, avalent un petit verre de cognac, s'essuient avec des serviettes de flanelle et prennent un bain de pieds chaud, avant de remettre leurs vêtements de ville. L'opération leur a coûté 2,05 francs si elles ont loué le matériel :

« cabane à flot, y compris le bain de pieds chaud	65 c
costume d'entrée de bain	40 c
peignoir	20 c
serviette	10 c
bonnet	10 c
chaussons	10 c
guide-baigneur	50 c[12] »

Pour les pudiques ou les coquettes qui ne veulent pas être vues dans un costume qu'elles jugent indécent ou inélégant, ou encore pour les frileuses qui n'aiment pas la fraîcheur des bains à la lame, il existe dans chaque station un établissement de bains qui offre, dans des cabinets particuliers, des bains d'eau de mer chaude ou froide pompée à chaque marée par une machine hydraulique. On pratique aussi les bains de sable chaud dans des fosses creusées sur la plage où l'on entre, derrière des paravents, « dans la plus complète nudité ».

En dehors du temps de la baignade, les femmes restent sur la plage, à l'abri de tentes de toile ou de vannerie, tandis qu'au casino les hommes jouent au billard. Assises sur un pliant au milieu de la bouffissure de leurs jupes, le visage emmitouflé dans des voiles de gaze qui les protègent du soleil, et coiffées de grands chapeaux de paille d'Italie, elles caquettent avec autant d'aisance que dans un salon. D'ailleurs, « la plage, écrivent les Goncourt, n'est que le prolongement du salon ». Personne mieux que Boudin n'a rendu ces beaux après-midi nuageux avec le vent de la côte normande qui décoiffe les femmes en crinoline, si ce n'est Maupassant qui sait si bien faire entendre dans ses nouvelles « le bruit de la vague sur les galets, sec comme un déchirement de toile ».

Enfin, le soir, dès que la fraîcheur de la mer fait abandonner la plage, on danse et, entre deux quadrilles, on tire une loterie au profit des veuves et des orphelins du port. Ah ! les beaux jours !

Les eaux : rendez-vous des gens bien portants

Si juillet est plutôt réservé aux bains de mer, août est la pleine saison des eaux. « Aller aux eaux, paraître aux bains de mer est devenu dans notre monde une nécessité sociale », écrit la comtesse Dash en 1861. On peut même dire qu'à la même époque, pas un médecin de la bonne société ne conserve sa clientèle féminine, s'il ne s'avise de glisser aux maris et aux pères que *Madame* ou *Mademoiselle* ne sauraient se passer de prendre les eaux.

Il y a les eaux françaises et les eaux étrangères, les eaux familiales et les eaux à la mode : Spa, Plombières, Ems, Wiesbaden et Baden-Baden, « capitale d'été de l'univers ». Ce sont les plus cosmopolites, les plus mondaines et demi-mondaines ; les deux clans rivaux des grandes dames et des courtisanes s'y coudoient en terrain neutre, un peu comme au Bois. On ne s'y repose pas, on change simplement de fatigue. Il y a aussi les eaux spécialement recommandées aux jeunes personnes.

Une des maladies chroniques les plus souvent citées dans les manuels d'hygiène concernant les jeunes filles est la chlorose ou maladie des pâles couleurs. A les lire, tout ou presque relève de la chlorose : « Les hémorragies menstruelles abondantes et trop rapprochées qui affaiblissent la constitution » ? La chlorose. Le teint pâle ? La chlorose. Les lèvres décolorées ? La chlorose. Les « chairs molles et comme bouffies » ? La chlorose. Un tempérament triste et lymphatique ? La chlorose, la chlorose, vous dis-je ! *Ignorantus, ignoranta, ignorantum* ! comme aurait dit Molière. La chlorose, que l'on appelle aujourd'hui l'anémie des jeunes filles, se soigne alors par des cures d'eaux ferrugineuses dont les sources les plus renommées sont à Spa, Forges-les-Eaux, Bussang, Pyrmont, Lamalou, Luxeuil, La Bourboule, Vichy (sources de Mesdames). Aussi sont-elles nombreuses à y rechercher la bonne mine et la gaieté, à coups de petits verres d'eau curative et de bains.

Ajoutez aux jeunes personnes prétendument malades, toutes celles qui accompagnent leurs parents (vrais ou faux malades), et qui estiment utile de profiter de l'occasion pour faire une cure sous le prétexte fallacieux que « cela ne peut pas faire de mal », et vous comprendrez que les jeunes personnes sont légion dans les villes d'eau. D'autant que ces lieux de villégiature sont le rendez-vous d'une foule de gens venant poursuivre autour des sources, des buts très variés : la santé, la fécondité, mais aussi la fortune autour des tables de jeux, l'aventure et... le mariage. « Les garçons en chasse de dot et les mères en quête de gendres, sont paraît-il plus nombreux que les femmes stériles et fatiguées de l'être [13]... »

Pendant trois semaines, la journée d'une curiste (une « vraie ») est bien occupée : elle se lève de bon matin car la plupart des traitements recommandent de prendre les eaux à jeun. Les palais délicats boivent l'eau minérale mélangée à du petit-lait, à des sirops, ou à du vin, pour masquer le goût désagréable d' « une eau près de laquelle un rat mort du choléra est musc et benjoin [14] ». Elle se rend ensuite à l'établissement thermal prendre le bain, dans un cabinet particulier ou dans la piscine.

Dans certains établissements, comme à Plombières sous le Second Empire, la même piscine est ouverte aux hommes et aux femmes. Maupassant décrit l'atmosphère d'une de ces piscines mixtes, celle de Loèche en Suisse : « Vingt baigneurs trempent vêtus de longues robes de laine, hommes et femmes ensemble. Les uns mangent, les autres lisent, les autres causent. On pousse devant soi de petites tables flottantes. Puis on joue au furet ce qui n'est pas toujours convenable. Vus des galeries qui entourent le bain, nous avons l'air de gros crapauds dans un baquet [15]. » Il y a fort à parier que les jeunes filles ne vont pas dans ces piscines mixtes ! Après chaque bain, on se repose dans les salons.

Dans les hôtels, les repas, annoncés par un carillon, se prennent à 10 heures du matin et à 5 h 30 du soir. Dans la salle de restaurant, les tables d'hôtes, préférées jusqu'au Second Empire aux petites tables particulières, favorisent les rencontres et une vie sociale animée.

L'après-midi se passe à écouter un concert en plein vent autour du kiosque, à faire montre de ses toilettes sur la promenade, et en excursions dans les environs. On loue des chevaux, des mulets, ou des calèches pour sillonner la campagne en famille.

Le soir, on a dans les villes d'eau « tous les plaisirs de l'hiver, moins l'hiver » : les bals, les concerts, le théâtre où l'on applaudit les plus grands artistes, le jeu, les feux d'artifice, etc. On chante, on danse, on s'habille, sous prétexte de santé. D'ailleurs, la danse a l'agrément de la faculté, et en 1835, un médecin de Niederbronn, une ville d'eau alsacienne, la recommande à ses clientes : « La valse, dit-il, est un précieux adjuvant de la cure »...

Les joies de la campagne

Les vacances à la campagne sont plus paisibles, au moins jusqu'à la période de chasse. La vie de château est parfois sans façon mais jamais sans apprêt, dit la comtesse Dash : « On peint, on lit, on fait de la musique, on sculpte, on cause, on se promène, on monte à cheval ; tout cela épinglé, pomponné, tenu comme sur le boulevard des Italiens, quand même on ne devrait pas voir un chat ou un singe pendant quinze jours. On se doit cela à soi-même et au respect de son miroir. »

Une des grandes distractions est l'organisation d'un pique-nique où l'on invite les propriétaires voisins. A une portée de fusil du château, parfois plus, les carrioles apportent sous les ombrages les victuailles d'un repas dégusté sur l'herbe. Comme si elles partaient au bout du monde, les jeunes filles emportent dans les fontes d'un petit âne châles, couvertures, ombrelles, parapluies, sans oublier le filet à papillons, la canne-pioche pour déraciner une plante rare et un panier pour rapporter des fleurs.

Avec le début de l'automne, reviennent les mondanités et les chasses ; le programme en est fixé depuis longtemps : on sait qu'on célébrera la Saint-Hubert chez Mme X..., qu'on jouera la comédie chez Mme Y... et qu'il y aura chasse et bal chez les Z...

Pour les jeunes filles qui ne rentrent pas au pensionnat, c'est le moment de se préoccuper de leur tenue d'amazone. Depuis la Restauration, les femmes et les jeunes filles du monde sont en France de plus en plus nombreuses à monter à cheval, à l'imitation des Anglaises qui depuis longtemps courent, sautent, suivent les chiens de près dans les chasses et ne craignent pas les chutes.

L'escadron des jeunes filles qui montent à cheval obéit aux mobiles les plus divers : les unes s'y enrôlent pour maigrir, les autres pour « engraisser » (l'avis des médecins diverge sur la question), par goût personnel, par imitation d'autrui, ou par désir de se faire tailler la plus séduisante tenue d'amazone, de coiffer un chapeau d'homme et de porter des bottes. Car, pour beaucoup de femmes, le cheval n'est que prétexte à se montrer dans une aguichante tenue. L'argument hygiénique est secondaire, il est pourtant des esprits pour lesquels l'amazone, « placée dans une *position élevée*, dans une atmosphère *plus pure* » respire mieux [16] !

Le costume d'amazone est un subtil compromis entre ce que la décence autorise, ce que l'étiquette impose, et ce que le confort conquiert, pour que la cavalière ne soit pas trop gênée dans ses mouvements, tout en gardant ses droits à l'élégance. La robe, portée sur un corset et de nombreux jupons, est jusqu'en 1830 une robe « à queue » dont la traîne a au moins la longueur réglementaire d'une demi-aune (soit 60 cm). Elle tombe depuis le cheval comme une draperie. Plus longue, elle est plus élégante mais parfois périlleuse : « Les jupes dont la queue traîne jusqu'à terre peuvent être dangereuses, et le cheval finit toujours par marcher dessus. »

Sous la Monarchie de Juillet, la robe à queue perd du terrain et les couturières coupent désormais des robes « rondes », aussi longues derrière que devant, avec de gros plis. Sous le Second Empire, les épaisseurs de jupons sont remplacées — sous la jupe — par une culotte de peau. Les femmes portent pardessus ce pantalon une paire de bottes montant bien haut.

Le corsage, que les couturières habiles savent faire « large tout en ayant l'air ajusté », suit les errements de la mode avec une touche de masculinité apportée par le col officier, une rangée de petits boutons et une basque imitée des vestes des lanciers. Le couvre-chef varie aussi avec la mode. Il n'a aucun rôle de protection et ne sert qu'à couronner la tenue d'une touche élégante et fixer la voilette qui protège de la poussière. Le *bolivar*, porté sous la Monarchie de Juillet, est progressivement remplacé par le haut-de-forme. Des gants de peau de renne pour ne pas s'abîmer les mains, un *stick* en rhinocéros complètent l'équipement de la cavalière à la mode.

Ainsi vêtue, l'amazone rend de grands services à la peinture et à la littérature. Les romans de Balzac, de George Sand, d'Octave Feuillet, de Jules Sandeau sont parcourus de romanesques héroïnes qui apparaissent en habit de cheval à l'homme qu'elles vont aimer. L'élan littéraire et le goût du pittoresque amènent certains auteurs à commettre de petites invraisemblances. Ainsi Théophile Gautier évoque une amazone « qui montait un cheval turc *blanc comme le lait* et vif au possible », mais, cher poète, les femmes ne montaient jamais de cheval blanc pour une raison bien prosaïque, c'est que les poils blancs auraient sali leurs robes qui étaient toujours taillées dans des étoffes noires, ou bleu marine très foncé ! Seules les demi-mondaines osent la couleur et les très jeunes filles le gris.

Les chevaux les plus doux dits « chevaux de robe » sont naturellement réservés aux femmes. Monter un cheval qui a du sang est l'usurpation d'un privilège masculin, et pas un père ne souffrirait de voir sa fille rouler à terre comme un jockey de steeple-chase. « Elle monte à cheval comme une écuyère de cirque » est, dans la bouche d'un homme, un reproche mêlé d'admiration pour une jeune fille qui a du cran, mais un peu trop pour son sexe.

Ne parlons pas de celles qui montent à cheval à califourchon, « jambe deçà, jambe delà », comme Aurore Dupin montait sa jument Colette dans les landes de Nohant. Née trente ans plus tard que George Sand [17], Olympe Audouard s'attirait encore les foudres de son entourage. Son père, inconsolable de la perte de deux fils avant sa naissance, trouvait bon d'habiller sa fille en garçon, et de lui faire monter son poney à califourchon. Une parente horrifiée dit un jour à la fillette : « Ne sais-tu pas que c'est un *péché mortel* de porter un costume qui n'est pas celui de son sexe [18] ? »

VIII

L'éducation religieuse et morale

La religion est, au XIXe siècle, la base de l'éducation des filles, car si l'instruction donne la connaissance, seule la religion donne la vertu qui est, pour l'époque, la qualité primordiale de la femme, que toutes les autres réunies ne sauraient remplacer.

Comme toutes les bonnes habitudes, celle de la religion doit être prise tôt. D'ailleurs, ajoute un aumônier du Sacré-Cœur « il n'est aucune étude qui tende autant que celle de la religion, *à perfectionner l'intelligence* [1] » !

Pourquoi tant de pères de famille, n'ayant eux-mêmes aucune religion, tiennent-ils à ce que leur fille reçoive une éducation religieuse ? Pourquoi des libres penseurs, non contents de mettre leur enfant dans une de ces pensions laïques où la dévotion est déjà très soignée, la placent-ils dans un couvent ? C'est qu'ils savent que plus leur fille respectera l'autorité divine, plus ils pourront compter sur son amour, sa soumission et sa bonne tenue. La religion est le plus sûr des garde-fous, le meilleur mentor que l'on puisse donner à une femme pour se défendre contre elle-même. En un mot, la religion des filles et des femmes protège l'honneur des familles et, si la piété et la crainte de Dieu leur font défaut, elles « tomberont » infailliblement.

Ne serait-elle pas convaincue par cet argument, qu'il en existe un autre beaucoup plus fort aux yeux d'une jeune personne coquette : l'impiété rend laide ! Parfaitement ! Comme le dit avec beaucoup de sérieux et de pénétration *L'Ami des jeunes demoiselles* : « L'observateur *profond* voit même sur le visage des femmes impies les traces de l'impiété ; leurs traits deviennent plus durs, plus sombres, plus soucieux » et seules la religion et une conscience pure donnent aux traits féminins un indéfinissable charme. Ceci rejoint l'opinion de Chateaubriand qui, lui aussi, recommande la piété aux femmes dans le seul intérêt de leur beauté et de leur séduction. « Douceur, soumission, aménité, tendresse sont une partie des charmes que le créateur prodigua à notre première mère et la philosophie [c'est-à-dire l'athéisme] est mortelle à cette sorte d'attrait. »

La religion est d'autant plus nécessaire à une femme qu'elle peut lui être utile pour se consoler des malheurs de l'existence, d'un mariage sans amour, d'une union mal assortie, des avanies d'un époux qui a, quant à lui, des accommodements avec le ciel. C'est l'opium des femmes, qui sont elles-mêmes très conscientes de se droguer : « Le bonheur à la poursuite duquel nous nous épuisons en vain n'appartient qu'à celles à qui la religion a donné la modération des désirs et la résignation », écrit Cécile Fallet. Elever une fille dans la religion, c'est donc lui donner une poire pour la soif, lui constituer un trésor que rien ne pourra lui enlever (à la différence de sa dot !), qui la rendra encore plus heureuse si la Providence la gâte, et qui sera son réconfort si sa vie « n'est qu'un tissu de coups de poignards qu'il faut savoir boire goutte à goutte », suivant la puissante formule du Sapeur Camember.

Les « ragoûts d'oraison »

Communes aux couvents et aux pensionnats laïques, les prières matinale et vespérale, le *benedicite* et les grâces encadrant chaque repas, parfois la messe [2], constituent un minimum de pratiques religieuses imposées aux pensionnaires. Mais pour trouver des jeunes filles véritablement confites en dévotion comme des bonbons dans du sucre, il faut franchir la clôture et pénétrer dans les couvents, où chaque heure, chaque occupation de la journée fait l'objet d'une prière.

Les pensionnaires des couvents ont des livres de piété qui

leur proposent pour chaque instant des oraisons qui sont soit récitées, soit dites « de cœur ». Dans *L'Instruction chrétienne des jeunes filles,* en usage chez les ursulines, le seul fait de s'habiller n'amène, sur les lèvres des élèves, pas moins de *quatre* prières :

— *En commençant de s'habiller :*
« O Dieu de mon âme, revêtez-moi de votre grâce, de votre justice et de votre sainteté et couvrez-moi de la robe nuptiale d'une parfaite charité. »

— *En achevant de s'habiller :*
« Ces habits ne sont pas des ornements dans lesquels je doive me glorifier, ils me sont plutôt des sujets de douleur et de pénitence puisque la nécessité que j'en ai me vient du péché ; c'est vous, ô mon Sauveur Jésus-Christ, qui êtes toute ma beauté, tout mon bonheur, toute ma gloire. »

— Enfin, *en étant tout à fait habillées :*
« Voici ô Seigneur, votre petite servante prête à faire aujourd'hui et tous les jours de la vie votre sainte et adorable volonté (...) »

— *En se chaussant,* elles penseront que le Christ marchait pieds nus et elles diront :
« Mon Sauveur, faites que mes affections *qui sont les pieds de mon âme,* ne se souillent et ne s'attachent point à la vanité du monde, mais qu'elles vous cherchent toujours vous qui êtes la voie, la vérité, et la vie [3]. »

On pourrait continuer ainsi pendant des pages et des pages avec les prières à dire en se lavant, en se peignant, etc. où se bousculent les comparaisons tirées par les cheveux...

Tout s'achève par la récitation en rafale du *Pater,* de l'*Ave,* du *Credo,* du *Confiteor,* des Dix Commandements, du *Veni Creator,* du *Salve Regina,* de l'*Ave Maris stella* et du *De profundis.* Les pensionnaires des ursulines sont-elles quittes de toutes prières ? Non pas ; elles enchaînent alors avec le *bon propos* récité dans la chapelle et qui se compose des actes d'adoration, de foi, d'espérance, de charité et d'amour, suivis d'une kyrielle de prières à la Vierge, aux Saints, à l'ange gardien, etc. Le tout *avant* la messe de 7 heures ! Le soir, la nourriture spirituelle est tout aussi copieuse...

Dans bien des couvents, des bénitiers disposés dans les classes permettent aux élèves de se signer en entrant, et toutes les heures tinte une cloche qui annonce la prière dite « de l'heure » : « Marie, mère de Dieu, ma vie s'en va, ma mort et mon jugement s'approchent ; quand ce moment redoutable sera venu, Sainte Vierge, soyez ma bonne mère et rendez-moi favorable le Sacré Cœur de votre divin Fils. » A 7 heures, il est question des sept péchés capitaux, à 8 des huit béatitudes, à 9 des neuf chœurs des anges, etc.

Des oraisons « jaculatoires » éclatent à tout moment de la journée comme des pétards ; ce sont de brèves invocations que prononce une religieuse et auxquelles toute la classe doit répondre :

« O cœur de Marie...

— Soyez mon refuge !

— Mon doux Jésus...

— Miséricorde ! »

« Il y en a comme cela à l'infini et cela part tout d'un coup au moment où l'on s'y attend le moins [4]. »

Les moindres actions de la journée, les plus banales s'accompagnent d'une prière : chez les augustines de Honfleur, comme dans d'autres communautés, les élèves doivent dire bien fort en frappant à une porte : « Loué, béni, adoré soit le très saint sacrement de l'autel. » A l'intérieur, on répond : « A jamais ! » ce qui équivaut à « Entrez ! ». Alphonse Allais qui connaissait ce détail pour l'avoir appris de sa sœur, ne manquait jamais de crier à tue-tête quand on frappait à son huis : « A jamais [5] ! »

« Offrez cela au Bon Dieu » est le leitmotiv des religieuses. Le travail, les jeux des récréations, le sommeil, tout est offert à Dieu même des offrandes beaucoup moins nobles : « Les engelures, le gras au réfectoire, les aiguilles qui cassent, le mauvais temps un jour de congé : tout est bon pour le Bon Dieu. » Ce moyen facile de prêcher la résignation et le sacrifice n'est pas du goût de tout le monde :

« Une belle offrande pour le Bon Dieu vraiment : des engelures, et des poires blettes. Voyons ma mère, qu'est-ce que vous voulez qu'il en fasse ? » répond un jour une pensionnaire dont la spiritualité s'accommode mal de tels sacrifices [6].

La première communion : la toge prétexte [7]

La première communion est le rite de passage de l'enfance à l'adolescence. Après s'être approchée du « banquet eucharistique », une enfant mérite l'appellation de jeune personne, est autorisée à relever ses cheveux et à porter des jupes longues, autant de signes objectifs qui révèlent sa récente maturité morale.

La préparation de ce sacrement n'est pas prise à la légère et l'année-charnière de la première communion fait une large place aux devoirs religieux, quitte à négliger l'instruction. Cette année-là, Célestine de Ségur se souvient n'avoir reçu à Noël que des livres de piété ; tous ses ouvrages de couture sont destinés aux pauvres et les bals d'enfants où elle allait les hivers précédents lui sont interdits ; enfin, les livres de distraction, *Mille et une nuits*, contes de fées, disparaissent de sa bibliothèque [8]. Rien n'est épargné pour pénétrer les enfants de l'importance du sacrement qu'elles vont recevoir, et les y préparer dans l'austérité.

La retraite dure une semaine de prières ininterrompues et de mortifications. Les jeux sont interdits aux récréations pour maintenir une atmosphère de pénitence. Les prédicateurs aiment à jouer avec l'émotivité des enfants. Au couvent de l'Assomption en 1841, la retraite est prêchée par « un jeune prêtre au teint très rouge, très exalté » qui prend pour thème d'une conférence l'accident de chemin de fer du Paris-Versailles survenu la veille. Ses envolées sur la mort, le jugement dernier, les châtiments éternels réussissent à épouvanter son auditoire : « Deux petites filles tombèrent en convulsion. Les autres sanglotaient et criaient... on tenait à émotionner les enfants à cette époque [9]. » En effet ! On tient aussi à leur présenter le jour de leur première communion comme le plus beau de leur vie, à les assurer qu'il s'accomplira en eux une sorte de miracle qui les fera rayonner d'un bonheur ineffable.

Marthe Cantuel, l'héroïne des *Deux Cahiers*, évoque son état d'esprit à la veille du jour J : « Je me préparais à un bonheur vraiment divin. Par contre, de quels scrupules, de quelles alarmes, de quels désespoirs étais-je la victime ! Serais-je assez pure ? N'oublierais-je pas quelque péché ? Et si je l'oubliais, ne fondrait-il pas sur moi un effroyable châtiment ? Si je n'avais pas pleuré en m'éloignant de la sainte table, j'aurais cru que Dieu, me dédaignant, n'habitait pas mon âme [10]. » Heureusement pour elle, Marthe pleura « de joie, de reconnaissance et d'émotion ». Mais beaucoup sont déçues, chagrinées de n'avoir rien ressenti de particulier.

« Est-ce que vous sentez quelque chose d'extraordinaire, vous ? demande une communiante à la sortie de la cérémonie en s'adressant à Gyp, moi je ne sens rien du tout !... que faim ! [11]... »

Les robes de première communion sont presque aussi somptueuses que des robes de mariées. Elles suivent de près la mode, s'épanouissant en décamètres de mousseline sur une crinoline sous le Second Empire, et disparaissant sous les voiles prompts à s'embraser à la flamme des cierges : Gyp faillit périr consumée non par la foi, mais par un feu allumé par une voisine dans son voile.

Ce grand jour d'exaltation et de spiritualité ne donne lieu à aucune festivité, tout au plus à un déjeuner de famille. Des cadeaux ? Point ou presque : une croix, un livre pieux, parfois une montre. Célestine de Ségur reçut un singulier présent qui choqua quelque peu sa famille : « un bel éventail pompadour couvert de bergeries et de divinités mythologiques » pour fêter son entrée dans le monde des adultes...

La confession : crimes et châtiments

N'importe qui ne peut pas postuler au doux poste d'aumônier et de confesseur d'un pensionnat. « Ce distributeur de *Pater* et d'*Ave*, vérificateur à gages de listes de péchés véniels [12] » doit être doué de qualités bien spécifiques : la douceur, la connaissance de la jeunesse, une certaine spécialité dans la connaissance — purement livresque et acquise dans le cadre de son ministère — de l'âme féminine, enfin une prudence de serpent pour ne pas troubler la sainte innocence des jeunes filles en les interrogeant sur des vices encore ignorés.

Pour examiner les replis de leur conscience et y traquer le moindre manquement, le moindre scrupule, les candidates à la confession utilisent des examens de conscience tout faits où sont répertoriés tous les péchés possibles et imaginables, rangés en dix chapitres correspondant aux dix commandements qu'ils transgressent.

Le lecteur qui aura lu consciencieusement les chapitres précédents, pourrait penser que des jeunes filles élevées dans un couvent ou un pensionnat, sous une surveillance de tous les instants, n'auront rien à se reprocher au chapitre du sixième commandement :

Luxurieux point ne seras
De corps ni de consentement.

Il se trompe ! Les manquements au sixième commandement ne manquent pas ! « Je m'accuse d'avoir cherché à plaire par ma parure, par mon maintien, mes paroles, mes manières. D'avoir tourmenté mes parents pour qu'ils me menassent au spectacle ou au bal. D'avoir pris plaisir à considérer des objets immodestes, statues, gravures peu décentes. D'avoir pris plaisir à entendre chanter de mauvaises chansons, d'en avoir chanté moi-même. D'avoir lu de mauvais livres [...] et cela tant de fois. » Voilà ce que recouvre le mot luxure dans l'esprit d'une jeune personne du XIXe siècle !

Au moins, au cinquième commandement :

Homicide point ne seras
De fait ni volontairement.

on respire ; pour le coup, on est bien sûr que ces jeunes filles n'ont tué personne, si ce n'est involontairement leur mère le jour de leur naissance. Pas du tout ! Elles tuent, d'après le catéchisme, chaque jour et même plusieurs fois par jour : « Je m'accuse d'avoir donné la mort à l'âme de mon prochain en le portant au péché [13]... »

Les catéchismes recommandent de s'approcher du tribunal de la pénitence tous les mois, pour pouvoir communier avec la même fréquence. Une « bonne » confession ne se bâcle pas. Jugez plutôt : « Il faut dire ses péchés *simplement*, sans s'excuser, disant ce qui est nécessaire ; *humblement* avec une grande confusion intérieure et extérieure de les avoir commis ; *purement* en se servant de paroles modestes ; *douloureusement* avec un sincère regret de les avoir commis ; *sincèrement* en les disant tels qu'ils sont, sans les diminuer, ni les augmenter, ni les déguiser, ni les cacher ; *entièrement* en accusant tous les péchés mortels et au moins les circonstances qui en changent l'espèce [14]. »

Pour mieux inciter les pénitentes à la contrition et au repentir, les catéchismes et les livres d'édification foisonnent de descriptions de l'enfer qui en font de véritables livres d'épouvante. Les auteurs ne lésinent pas sur la poix, le soufre et les flammes pour inspirer la terreur des châtiments éternels : « Où sont, ma fille, ces vierges malheureuses qui ont sacrifié au monde, à la vanité, aux passions et aux plaisirs et qui sont mortes dans leurs péchés ? Hélas, elles sont ensevelies dans les enfers... Là, elles sont d'autant plus enivrées du fiel des dragons, du venin des aspics qu'elles ont profané plus souvent mon propre sang en s'asseyant indignement à ma table [15]. »

Le sadisme et le goût du morbide ont aussi leur place dans ces incitations au repentir. Les enfants doivent se pénétrer de la pensée que, par leurs péchés même véniels, ils crucifient à nouveau le Christ : « Approche, enfant coupable, compte à loisir toutes ses plaies [...] approche de plus près, mets ta main sur ce sanglant cadavre et ose jurer que tu n'en es pas le meurtrier [...] Oui, c'est moi qui suis le meutrier [...] O mon divin Jésus ! Toutes les fois que j'ai commis un péché, j'ai enfoncé une épine dans votre tête adorable ; autant de fois j'ai frappé d'un coup de verge votre chair innocente [16]. »

La charité

C'est, avec la vertu, la plus belle qualité à développer chez une femme. La littérature-pour-jeunes-filles est remplie de ces héroïnes dont « le tendre cœur » et la « douce main » savent à merveille verser les bienfaits. Leur générosité leur vaut généralement de rencontrer l'amour car il faut bien faire aimer un dévouement qu'il n'est pas toujours agréable de pratiquer. Choisie entre les mille « intéressantes jeunes personnes » qui peuplent ces romans moraux, Thérèse X... fait un jour l'aumône à un pauvre jeune homme rencontré dans la rue ; sa délicatesse est exquise :

« Pardon, Monsieur, je viens de voir tomber ceci de votre poche. »

Elle épousera plus tard le jeune homme qui n'était autre que Don Antonio, un réfugié politique italien, qu'elle retrouve au cours d'un voyage en Italie [17]...

Galvanisées par de telles aventures, les jeunes filles et même les petites filles, car il ne saurait être trop tôt pour s'entraîner à la charité, se montrent parfois très généreuses. L'une adopte une petite indigente, et concourt avec son argent « de menus plaisirs » (de poche) à son entretien et à son éducation ; l'autre envoie sur ses économies du combustible à une famille ouvrière ; telle autre, recevant en cadeau huit louis, pense d'abord s'acheter une robe, puis, se ravisant, choisit d'habiller deux orphelines, etc. Elles secondent leur mère dans leurs œuvres de charité, grimpant dans les mansardes et parcourant les salles communes des hôpitaux.

Au couvent, la charité est pratiquée en commun et sur une grande échelle. Le jour des Saints-Innocents, lorsqu'il fait bien froid dans les soupentes, on organise une grande fête au cours de laquelle les élèves servent un repas aux petites filles pauvres de la paroisse. Au pensionnat de Saint-Germain, Mme Campan avait décidé que les élèves ne se contenteraient pas de servir à table mais prépareraient elles-mêmes le pot-au-feu traditionnel, ce qui n'allait pas sans réticence de la part de certaines mijaurées.

La fête de la supérieure est encore l'occasion de manifestations charitables. Chez les augustines de Honfleur, on tire une loterie et les parents prennent part à un grand dîner servi dans la chapelle par les élèves ; « on répand de la sauce le long du chemin et jusque dans le dos des convives. Il y a des tables qui ont trop de pain, et d'autres pas du tout. Les

" jaunes " (les petites) cassent beaucoup d'assiettes [18] », et l'argent du dîner sert à constituer un pécule et un trousseau aux orphelines élevées dans l'école gratuite du couvent.

Au Sacré-Cœur, les pensionnaires se cotisent pour racheter des petites esclaves éthiopiennes du Caire. « Maman, écrit Eléonore de Gaulmyn en 1845, il se présente une pauvre petite esclave à racheter. Il s'agit d'en faire une chrétienne, elle ne coûte que 35 à 40 F [19] », dix fois moins cher qu'une bonne vache laitière !...

Les enfants de Marie : modèles de vertu ou police secrète ?

Si l'expression est restée dans le langage courant pour désigner par la négative les durs à cuire, les fripouilles, les débauchés, peu de gens savent encore aujourd'hui ce qu'étaient exactement les enfants de Marie au XIXe siècle, leur âge d'or.

La congrégation des enfants de Marie est une confrérie des élèves les plus pieuses du couvent, occupant une position intermédiaire entre les religieuses et les pensionnaires [20]. Ce petit Etat dans l'Etat, doué d'une organisation structurée, obéit à des rites et jouit en contrepartie d'avantages spirituels. C'est en quelque sorte une pseudo-communauté religieuse ouverte aux élèves, gouvernée par l'aumônier du couvent qui en est le directeur, et composée de neuf principaux dignitaires élus parmi les élèves : la présidente, deux assistantes, deux conseillères, deux sacristines, une secrétaire et une trésorière. En dessous, on trouve les simples congréganistes.

Comme dans une société secrète, les enfants de Marie ont un signe de reconnaissance : une médaille frappée à l'effigie de la Vierge ; un cri de guerre et un mot de passe : « Tout à Jésus par Marie, tout à Marie pour Jésus » ; et des assemblées tous les mois.

L'admission d'une élève dans la congrégation fait l'objet d'un vote ; si la candidate obtient la majorité des voix, elle est conduite devant l'autel de la Vierge pour y faire sa consécration. Après un délai probatoire de trois mois, la jeune fille est « reçue » enfant de Marie : la récipiendaire, vêtue de blanc, couronnée de fleurs, renouvelle l'acte de consécration, puis, sous une salve de cantiques et une pluie de larmes, embrasse les autres congréganistes.

Moyennant un certain nombre de pratiques religieuses, et le port du scapulaire [21], les enfants de Marie jouissent non seulement d'une protection *spéciale* de la Vierge, mais gagnent en plus des indulgences qui permettent de soulager les âmes du purgatoire et la leur, le moment venu.

En entrant dans la congrégation, les élèves promettent d'être des modèles de vertu et la moindre défaillance peut les en faire exclure. Parmi les défauts contre lesquels il est nécessaire de se « précautionner » figurent la pétulance et la vivacité ! Consacrée au culte de la Vierge, l'enfant de Marie « doit estimer la chasteté plus que tous les trésors du monde et la conserver *au péril de sa vie* ». Enfin, il est du devoir de chaque congréganiste de faire connaître à la supérieure les fautes graves dont elle aurait eu connaissance. « Ces rapports doivent être faits selon la conscience, dans le plus grand secret et par le seul désir d'être utile aux coupables [22]. » Cet article du règlement qui, sous couvert de charité envers la coupable, et de prophylaxie envers tout le pensionnat, encourage l'espionnage et la délation, fait peser sur les enfants de Marie une certaine suspicion. Pour Marie de Flavigny qui refusa toujours d'en faire partie, peu attirée par « les Sacrés Cœurs saignants ou percés d'une flèche », la suspicion devient certitude : « En apparence, les " sages ", comme on les appelait, n'avaient d'autres buts et d'autre office que de donner le bon exemple, en pratiquant une vertu plus parfaite [...] en réalité, elles avaient mission de surveillance sur leurs compagnes. Elles pratiquaient le système de délation, de police mutuelle et sacrée qui fait partie de l'éducation des jésuites [23]. »

Religion ou dévotion ?

Sans doute le XIXe siècle a-t-il produit de grandes chrétiennes, des anges de charité et de dévouement, des femmes fortes à la foi indéracinable, mais on peut dire en conclusion que la religion apprise dans les couvents ne brille pas — en général — par sa solidité, son enracinement dans une foi éprouvée, ni dans l'étude du dogme et de la théologie. L'imagination et la sentimentalité font souvent tous les frais de cette « piété tendre mais sans fond [24] ». La puérilité aussi. Mgr Dupanloup raconte avoir pris un train qui transportait dans un autre compartiment des pensionnaires. Il s'étonne de les voir jeter par les fenêtres une multitude de petits papiers ; l'un d'eux, porté par le vent, entre dans son compartiment et l'évêque y lit : « Arrêtez, le cœur de Jésus est là. » A la station suivante, il interroge les jeunes filles sur leur signification : « On n'avait rien trouvé de mieux à leur conseiller, dit-il, que de leur faire copier par milliers les paroles que je viens de dire sur ces petits papiers et de les leur faire jeter au vent sur toutes les routes. C'était le moyen qu'on avait imaginé pour convertir les pécheurs [25]... »

Les romans sont interdits aux jeunes filles, mais elles se consument à la lecture des pages brûlantes de mysticisme de Thérèse d'Avila ou de Jeanne de Chantal et elles récitent sans sourciller des actes d'amour qui, s'ils ne s'adressaient pas à Dieu, pécheraient lourdement contre le sixième commandement : « J'ai donc enfin le bonheur de vous posséder ! Embrassez-moi, brûlez, consumez mon cœur de votre amour. Mon bien-aimé est à moi ! Jésus se donne à moi. Je vous aime de toute mon âme. Je vous aime pour l'amour de vous. »

Les chapelles sont charmantes, parfumées de la senteur capiteuse des fleurs et de l'encens. Sur l'autel, la statue de la Vierge, souriante, les bras ouverts, écrase le serpent. Les pensionnaires, qui connaissent leur catéchisme sur le bout du doigt, viennent chercher au pied des autels beaucoup de sensations, d'effusions, d'émotions provoquées par les confidences du confessionnal, et entretenues par les larmes, les scrupules, les petites mortifications, « les petites dévotions, les petits miracles, les petites imageries, les niais emblèmes, toutes les fadeurs, toutes les superstitions d'un catholicisme idolâtrique et sensuel [26] ».

Cette piété doucereuse et saint-sulpicienne est très bien rendue par Flaubert dans la description qu'il fait de la vie d'Emma Bovary au couvent, chez les ursulines de Rouen : « ... Vivant sans jamais sortir de la tiède atmosphère des classes parmi ces femmes au teint blanc portant des chapelets à croix de cuivre, elle s'assoupit doucement à la langueur mystique qui s'exhale des parfums de l'autel, de la fraîcheur des bénitiers et du rayonnement des cierges. Au lieu de suivre la messe, elle regardait dans son livre, les vignettes pieuses bordées d'azur et elle aimait la brebis malade, le Sacré-Cœur percé de flèches aiguës, ou le pauvre Jésus qui tombe en marchant sur sa croix. Elle essaya par mortification de rester tout un jour sans manger. Elle cherchait dans sa tête quelque vœu à accomplir. Quand elle allait à confesse, elle inventait de petits péchés, afin de rester là plus longtemps, à genoux dans l'ombre, les mains jointes, le visage à la grille sous le chuchotement du prêtre. Les comparaisons de fiancé, d'époux, d'amant céleste et de mariage éternel qui reviennent dans les sermons lui soulevaient au fond de l'âme des douceurs inattendues [27]... »

Piété sensuelle, piété formelle : il ne manque pas un agenouillement, pas un signe de croix à leurs oraisons, et avaler par inadvertance une mouche un vendredi les plonge dans les plus noirs scrupules. L'observance, le savoir-prier, la dévotion les dispensent souvent de la vraie religion.

Grandes et petites vertus

Dans l'éthique sexiste du XIXe siècle, on utilise deux poids et deux mesures pour peser les qualités morales ; il est des devoirs plus impérieux, des vertus plus indispensables pour un sexe que l'autre et la jeune fille a des qualités propres, et des obligations spéciales en raison de sa féminité qu'aggrave encore son âge.

La douceur, la bonté, la modestie, l'humilité, l'obéissance, l'ordre, l'économie, la charité, la réserve, la pudeur, la pureté sont les vertus spécifiques de la jeune fille idéale, mais parmi elles, la pureté est la vertu par excellence, à tel titre qu'on la nomme simplement la *Vertu* avec un V majuscule.

Pures ? Si l'on entend par pureté ne pas avoir « une trop grande familiarité avec les personnes de l'autre sexe », les jeunes filles n'ont pas beaucoup de mérite à l'être, puisqu'elles sont sans cesse surveillées et que l'élément masculin leur est distillé au compte-gouttes ; mais c'est compter sans l'onanisme !

Il n'est pas un livre d'éducation qui n'effleure le sujet, pas un manuel d'hygiène qui n'y consacre au moins quelques pages, pas un ouvrage de morale qui n'en parle à mots couverts. La psychose de l'onanisme qui atteint son paroxysme au XIXe siècle a été déclenchée en 1760 par la parution d'un best-seller, *De l'onanisme*, dû à la plume d'un médecin français, le Dr Tissot qui gagna aussitôt une renommée internationale et une foule d'imitateurs déterminés à exploiter un si bon filon. Jusque-là, le phénomène est resté limité au sexe dit fort, mais en 1828, paraît *Des égarements secrets ou de l'onanisme chez les personnes du sexe* [28]. Le livre connaît des dizaines de réimpressions, de rééditions, de mises à jour, prouvant un extraordinaire succès auprès des parents, des éducateurs, et du clergé qui, pour la direction des consciences, se doit de tout connaître des turpitudes de l'âme humaine.

A lire ces livres, l'onanisme rôde dans tous les dortoirs ; couvents et pensionnats sont au XIXe siècle des lieux de débauche où l'on se masturbe à tour de bras ! Même Balzac y va de son couplet sur les pensionnaires libertines et leurs « jeux où l'honneur se perd par avance, ces essais de plaisirs, ces tâtonnements de volupté, ces simulacres de bonheur que l'on peut comparer aux vols faits par les enfants trop gourmands à un dessert mis sous clef ».

Peut-être cette lancinante poursuite du « péché d'Onan » a-t-elle provoqué involontairement une véritable épidémie ? Et puis, sous l'apparence moralisatrice des propos, quelle complaisance dans les détails scabreux, quelle salacité à demi-mot, quelle licence hypocritement justifiée par le sauvetage d'adolescentes soi-disant dépravées !

A en croire les spécialistes, les causes des « manipulations clandestines » seraient innombrables. Tout ou presque travaille pour l'onanisme : les nourrices et les bonnes qui révèlent dès la prime enfance le « funeste secret » aux enfants ; la lecture de romans légers « par lesquels le poison de la licence coule à grands flots dans les veines » ; l'oisiveté, « égout et réceptacle de toutes les tentations » ; le séjour au lit « dans un coucher trop mou et trop chaud », les châtiments par fustigation, qui ont « une action très prononcée sur les organes sexuels » ; enfin, certaines boissons « échauffantes », certaines nourritures [29] sont aussi gravement incriminées.

La simple habitude de croiser les jambes est également très dangereuse chez les filles car, de ce fait, « la circulation du sang est gênée, il s'en arrête plus qu'il n'en faut dans les parties naturelles et cette stagnation et la pression qui est exercée sur ces parties produisent un mal réel [30] ».

L'apparition, au milieu du siècle, des premières machines à coudre à pédales, loin d'être saluée comme un progrès, déclenche une salve de mises en garde et d'explications scientifiques tendant à prouver que cet instrument mène droit à leur perte celles qui l'utilisent : « La machine à coudre, commente le Dr Garnier, agit directement par l'ébranlement que la pédale, dans son mouvement de va-et-vient, imprime à la partie inférieure du tronc. *Le mécanisme du frottement des grandes lèvres sur les petites et la chaleur en résultant, provoquent fréquemment l'onanisme* [31]. » C'est pour cela qu'un confrère, le Dr Fonssagrives, conseille de choisir les machines à pédales *isochrones* qui évitent « les excitations inopportunes » plutôt que les machines à pédales *alternatives* [32] !

C'est précisément pour les mêmes raisons que sont interdits l'équitation à califourchon et, même chez les petites filles, certains jeux comme la balançoire sur un tronc d'arbre...

Enfin, le confessionnal serait, pour certains auteurs, l'école de l'immoralité et la cause directe des « pratiques onanistiques », lorsque le confesseur trop zélé pose des questions indiscrètes aux jeunes filles : « La trop grande curiosité du confesseur est capable de perdre les jeunes gens de l'un et l'autre sexe. On en a vu qui, après avoir été imprudemment interrogés sur le 6ème commandement, ont essayé de faire ce que leur confesseur leur avait appris par son indiscrétion. »

Pour lutter contre ce qui est unanimement considéré comme une dépravation, aucune précaution n'est négligée. C'est d'abord une surveillance constante grâce à la veilleuse qui éclaire le dortoir, et la sous-maîtresse qui dort avec les élèves. C'est ensuite une literie spéciale utilisée par exemple à l'institution Beaujon et que nous décrit une pensionnaire : « Chaque enfant se glissait dans un sac en molleton blanc que fermait une coulisse nouée sous les bras ; ainsi empaquetée comme une momie, la petite fille se rejetait d'un bloc dans son lit [33]. » Même le choix des sièges où s'asseyent les pensionnaires n'est pas laissé au hasard : ils ne doivent être ni trop durs, ni trop mous et « susceptibles de s'échauffer. Ceux en jonc nous paraissent mériter la préférence ».

Au-delà des précautions, il y a les remèdes, quand le mal est consommé. Mais au fait, comment reconnaît-on avec certitude une jeune fille qui se livre à la chiromanie (du grec *kheiros* : main, et *mania* : folie) ? A l'intention des parents et des éducateurs, les livres en tracent le portrait clinique. L'amaigrissement, la fatigue, le teint terreux, les yeux cernés, les boutons, un penchant pour la solitude, une timidité excessive sont autant de symptômes qui laissent soupçonner de vilaines habitudes. Ils ressemblent pourtant dangereusement aux manifestations de la puberté. S'ajoutant aux autres, le rachitisme, la dilatation de la pupille et la baisse de l'acuité visuelle, les pertes blanches seraient aussi des signes qui ne trompent pas.

Les remèdes vont des pressions morales et des menaces d'infirmités calamiteuses (l'onanisme rend aveugle, épileptique, paralyse, rend fou ; les parties génitales trop souvent attouchées « tombent en gangrène », etc.) aux moyens définitifs et chirurgicaux que l'on n'hésite pas à utiliser dans certains cas rebelles.

Au moindre soupçon, une mère attentive ne doit pas hésiter à faire lit commun avec sa fille. Si le soupçon se confirme, elle dispose d'une première batterie de remèdes : repas légers le soir, bains de siège froids, cataplasmes froids, calmants à base de bromure, camphre, nénuphar réputés anaphrodisiaques, et course à pied. On peut aussi faire coucher la coupable sur un lit bien dur en ayant soin de lui couvrir les pieds « afin d'y attirer le sang qui, dans le sommeil et par suite du travail de l'imagination, tend toujours à se porter sur les organes sexuels [34] ».

La jeune fille persiste-t-elle dans ses « pollutions manuelles » ? On emploie les grands moyens, c'est-à-dire les appareils de miséricorde encore appelés ceintures de chasteté, par analogie avec les appareils utilisés par les croisés pour cadenasser la vertu de leur femme. Il s'agit d'un justaucorps en toile, terminé par un caleçon, et lacé par-derrière ; il est garni à l'avant d'une protection métallique de forme triangulaire qui vient s'adapter sur les parties génitales. Dans d'autres modèles, les manches, cousues l'une à l'autre, forcent les bras à rester sur la poitrine. Il existe aussi des gants très difficiles à retirer, armés de grands poils piquants ! On trouve ces articles chez tous les bandagistes qui les fabriquent, pour les filles comme pour les garçons, sur mesure. « Nos prix sont *à la portée de toutes les bourses,* annonce avec beaucoup d'à-propos une réclame, 25, 40, 80, et 500 F [35]. » Cinq cents francs ! le salaire *annuel* d'une bonne d'enfants ! On ne recule devant rien pour sauvegarder la pureté des filles ! Le modèle en question est en cotte de mailles d'argent...

On les conserve la nuit et même le jour si cela est nécessaire. Mais ces ceintures ne viennent pas à bout des plus futées et la *Revue médicale* de 1828 nous apprend qu'une fillette « usait d'un singulier stratagème pour continuer ses manœuvres : elle glissait une longue plume sous la ceinture avec une habilité *infernale* », mais soyez rassurés « en ne la quittant plus ni jour ni nuit, la mère obtint sa guérison » !

Toutes les mères n'ont pas ce bonheur, et pour les cas désespérés, on leur conseille en dernier recours la cautérisation ou la clitoridectomie pure et simple : « Un coup de ciseaux ou de bistouri est plus simple [que le thermocautère] ; on arrête ensuite l'écoulement du sang avec la glace ou un caustique », note avec flegme le Dr Garnier, comme s'il s'agissait de l'arrachage d'une dent ! Toujours d'après lui, c'est un médecin anglais qui mit cette opération « en vogue » à Londres vers 1860 « pour remédier à la manuélisation des petites filles et aux accidents nerveux en résultant chez les femmes mariées » ! En

France, sa méthode est suivie — entre autres — par le Dr Dubois, un célèbre accoucheur, qui dit avoir obtenu « un succès remarquable sur une jeune fille réduite au marasme [36] ». Ces pratiques sont heureusement demeurées exceptionnelles, elles ont pourtant reçu l'approbation de la médecine, de la morale et d'une société qui se complaisait dans les interdits.

DEUXIEME PARTIE

LA DEBUTANTE

Vers quinze ans, les jeunes filles sortent du couvent ou de la pension ; on considère bien souvent que leur éducation est *achevée,* mais chacune continue à cultiver ses talents, c'est-à-dire, d'après certaines mauvaises langues, à « battre » son piano et à « accommoder sur la toile un joli plat d'épinards en forme de paysage », tandis que famille et relations, dans l'ombre, commencent à tisser leur toile et préparent son destin, autrement dit son établissement.

S'ouvre une période de transition et d'expectative, de désirs vagues, de vide sous une apparence d'activité intense : la messe, de « bonnes » lectures, des petits travaux d'aiguille, des exercices au piano et un peu de dessin, le matin ; l'après-midi, « des visites, encore des visites », soupire Caroline Brame, quelques courses : on regarde aux étalages les nouvelles étoffes, on entre, pour voir, pour faire chatoyer devant ses yeux les reflets métalliques des moires ou les étincellements des soies ; et le soir, un bal, une « sauterie », ou un spectacle. A quelques variantes près — avec plus ou moins de dévotion et de travail intellectuel —, telle est la vie que coulent entre pension et mariage la majorité des jeunes filles. « Puis vient cette robe rose, ce couronnement de l'éducation, ce grand jour qu'elle a rêvé ; elle va dans le monde et se marie, bien décidée à laisser là tout travail, et tout le monde l'y encourage, *car un des bonheurs rêvés du mariage, c'est de ne plus rien faire.* »

Entrer dans le monde signifie bien souvent prendre le contre-pied de tout un passé, d'une foule d'habitudes et de préceptes moraux qui, sans être battus en brèche par les parents ou les éducateurs, sont brusquement concurrencés par de nouvelles prescriptions : on leur a répété que les comédiens sont damnés, et on les conduit au spectacle ; on leur a prêché le mépris du monde, et on leur donne des toilettes pour l'enchanter ; on leur a vanté le sort des vierges, et on leur enjoint de prendre un mari ; il s'agissait de gagner son ciel, il s'agit maintenant de gagner sa place au soleil des candélabres du bal ; on leur a jusqu'ici rabâché « Priez ! », et on leur dit désormais — ou plutôt on leur suggère — « Plaisez ! »

Telle est la contradiction de cette éducation cahotante : un pas en avant et un pas en arrière, une incitation au péché et un sermon de morale, une tentation et un scrupule de conscience, un mélange de dévotion et de coquetterie qui tendent à faire cohabiter dans la même jeune fille une pénitente et une minaudière, l'ange du couvent et le phénix du bal.

Réussir dans le monde ? Un tour de force, un miracle d'équilibre et peut-être de ruse puisqu'il faut rallier le suffrage des vieilles dames et les hommages des jeunes gens, avec « de l'agrément dans ses manières sans affectation, du goût dans sa parure sans coquetterie, de la gaieté sans étourderie, du calme sans indolence, des talents sans prétention ».

I

Les soins du corps

Si l'éducation morale veut que l'on inspire à une jeune fille le mépris de son corps, son entrée dans le monde exige, au contraire, qu'on en prenne le plus grand soin. Ce n'est pas là la moindre des contradictions qui parsèment son éducation.

Une jeune personne comme il faut doit ignorer qu'elle a un corps. Dans bien des couvents, les miroirs sont inconnus ; au Sacré-Cœur de Paris, la seule glace est placée dans la sacristie, et il faut aux pensionnaires des trésors de ruse pour y pénétrer et apercevoir leur frimousse. Chez les augustines où a été élevée Marie-Rose Leroy-Allais, les religieuses font la guerre aux petits miroirs de poche passés en contrebande ; elles organisent des perquisitions au fond des pupitres et des poches pour traquer les « mirettes ». On a donc recours aux expédients : une pensionnaire se place derrière une vitre contre laquelle elle étale son tablier, tandis que se contemple de l'autre côté sa complice [1]...

On peut imaginer qu'une fois de retour dans leur famille, pensionnaires et couventines se ruent sur les miroirs de la maison paternelle. Voilà qui n'est pas du goût de l'austère comtesse de Dax : « Que rien de vain, d'inutile ne se trouve dans la chambre d'une enfant de Marie. Le miroir lui-même doit être placé discrètement et presque voilé. Il est bien préférable d'étudier la beauté de l'âme que la beauté du corps qui ne peut nous conduire qu'à notre perte [2]. »

Telle autre pieuse institutrice tolère un miroir dans la chambre de l'élève confiée à sa charge, mais trouve séant de l'orner d'une banderole où l'on peut lire :

Mon enfant si cette glace
Réfléchit parfois ta fraîcheur, ta grâce,
Pense à cette beauté que jamais rien n'efface
Aux vertus qui surtout doivent orner ton cœur.

Ces sévères éducatrices, dont peut-être la laideur a inspiré la haine des glaces, font largement école, et bien des filles sont élevées dans la pensée que leur corps de boue et de misère n'est qu'un instrument de péché dont elles ne soupçonnent même pas la nature. Beaucoup de mères de famille se font d'ailleurs un devoir de nier les attraits physiques de leur fille, bien que fières, au fond d'elles-mêmes, de leur beauté. Par principe, Mme Cappelle repète sans cesse à sa fille qu'elle est laide, alors que, à l'évidence, elle ne l'est pas [3]. De même, les compliments sont inconnus dans la famille de Gramont : « Mon père, conte la future duchesse de Clermont-Tonnerre, me rebuffait sans cesse par principe d'éducation. Nous étions toujours laids et bêtes et nous en étions convaincus [...]. Je m'asseyais sur mes mains et je cachais mes pieds sous la chaise parce que mon père disait toujours " tes grands pieds !... tes grandes mains !... " Plus tard quand on me sortit dans le monde, mon père prétendait que j'avais l'air d'un parapluie et [...] ma mère m'appelait " grande bringue " [4]. »

Seule Mme de Rémusat [5] — beaucoup plus subtile, mais beaucoup moins écoutée que ces moralistes rabat-joie — s'insurge contre la mauvaise réputation qui est faite à la beauté et contre l'hypocrisie qui consiste à la nier. Pour elle, la beauté féminine est un pouvoir qu'il faut savoir exercer à bon escient et « cacher à une jolie personne la destinée qui l'attend serait élever un prince en lui dissimulant qu'il doit régner [6] ». La beauté, comme toute puissance, a ses obligations : point de mire de la société où elle vit, une jeune fille belle sera fatalement l'objet d'hommages nombreux, mais aussi de la malveillance jalouse des moins favorisées : aussi, pour ne pas trop s'enivrer des premiers, ni donner prise à la seconde, aura-t-elle besoin d'un supplément de qualités morales. Ma fille, vous êtes belle, soit ! soyez-en plus vertueuse, dit en résumé Mme de Rémusat, là où d'autres concèdent : Mademoiselle, vous n'êtes pas si belle que ça et de toutes les façons vous servirez aux vers de pâture...

Quoi qu'il en soit, à l'heure de paraître dans le monde, la beauté de leur fille devient un capital que presque toutes les mères s'efforcent de faire fructifier, quitte à se contredire. Certaines s'y emploient avec zèle, conscientes que la beauté est une mission pour la femme du XIXe siècle, née pour être épouse et mère et « exercer au sein de la famille le ministère de l'attrait ». Sans compter que pour une jeune fille sans fortune, la beauté peut — assez rarement, il est vrai — tenir lieu de dot et d' « espérances ». Un visage avenant, une jolie tournure sont des dons de Dieu, et des plus précieux, tout périssables qu'ils soient. « Mademoiselle, tout cela périra, disait une vieille servante à la fille de Mme de Sévigné. — Oui, répondit-elle, mais cela n'est *pas encore* pourri ! » Deux siècles après, le dialogue garde son actualité.

La beauté à la mode

Sous le Premier Empire, la mode est aux femmes opulentes, à la carnation fraîche, à l'appétit solide, bref aux belles plantes. Aux yeux de Napoléon, la femme la plus remarquable n'est-elle pas celle qui fait le plus d'enfants ? Une belle santé, une robuste constitution sont autant d'indices prometteurs pour les futures maternités.

Mais avec la chute de l'Empire va sonner la disgrâce des « massives Junons », détrônées par un nouveau type de femme ; on préfère désormais le teint pâle au teint rose, la joliesse à la beauté, la fragilité à la santé. Les blondes menues ont maintenant toute la faveur du public, peut-être tout simplement parce que la duchesse de Berry ou Mme de Dino, qui inspirent la mode du moment, répondent à cette description ; peut-être aussi pour prendre le contre-pied de la société impériale où les belles brunes s'étaient taillé la part de l'aigle...

La littérature romantique s'en mêlant, une jeune fille doit, pour retenir l'attention, sembler sortir d'une ogive, pâle, les yeux baissés, la tête penchée comme une fleur qui manque d'eau. Nourrie des romans de Walter Scott et de Byron — au cas où sa mère lui en autorise la lecture —, elle rêve de ressembler aux héroïnes dont elle découvre la silhouette alanguie en soulevant le papier de soie des gravures de ses livres. Etre « matérielle » est pour une jeune personne élégante la dernière des disgrâces ; il s'agit d'être mince, transparente comme une gaze.

Pour traquer l'embonpoint et les joues roses, signes indubitables d'une âme commune, les jeunes filles disposent de plusieurs moyens. Le plus classique est d'avoir une bonne corsetière ; à Paris, Mlles Lebrun et Zambonato au Palais-Royal « guêpent » les tailles les plus épaisses. Le plus fantaisiste : sucer des citrons et boire des litres de vinaigre. Le plus radical : ne plus manger. « On ne mangea plus, on se mit à l'eau, rapporte le Dr Véron, les femmes du bel air prétendirent ne plus se nourrir que de feuilles de roses[7]. » Elles prennent d'ailleurs l'habitude, en s'asseyant à table, de placer leurs gants dans leur verre pour prouver leur sobriété. Elles avalent du bout des lèvres un blanc de poulet et mordillent négligemment un fruit, voulant donner l'illusion qu'elles ne se nourrissent que de rêveries.

Mais pour suivre cette mode ridicule sans défaillir de faim, bien des sylphides prennent en catimini quelque solide collation et ne se mettent à table que l'estomac bien rempli. Marie Cappelle, qui avait recours à ce subterfuge, perdit de la sorte un prétendant ; celui-ci avait remarqué que la jeune fille ne faisait jamais le moindre honneur aux repas. Il se disait en riant : « Ce sera une bonne économie dans le ménage », mais demeurait troublé par cet appétit d'oiseau. Il la fit espionner et apprit que la jeune fille ne dédaignait ni la viande saignante ni les bons vins pourvu qu'ils fussent savourés en cachette. Cette duplicité déplut au jeune homme et les projets de mariage furent abandonnés[8]...

En 1835, un jeune peintre, Paul B. écrit à son meilleur ami pour lui annoncer son prochain mariage : « Enfin je me marie, mon cher Gustave... » suit l'énumération des qualités qu'il découvre chez sa fiancée ; enfin, couronnant le tout : « Elle a cette pâleur ardente que nous avons toujours vue en rêve à celle qui devait nous dévorer le cœur. Sur sa peau mate, la lumière se joue en *reflets violets et verdâtres.* Ses dents luisent comme celles d'une jeune tigresse et ses yeux ont un éclat étrange, un éclat qui me fait peur [9]. » Voilà une jeune fille qui ne devait pas plaisanter avec le laçage de son corset, suivre le régime sylphide à base de vinaigre et de jeûne, à moins que ces « reflets violets et verdâtres » ne soient les indices d'une maladie de poitrine qui ne tardera pas à faire du promis émerveillé un veuf inconsolable. En effet, la physionomie qu'imprime sur les traits la phtisie, jointe à l'amaigrissement que provoque la maladie, se rapprochent terriblement de l'idéal de la beauté romantique. De là le succès de certaines jeunes filles poitrinaires.

A la même époque, ce malheureux tuteur est tout à la joie de caser sa pupille : « Je suis déjà bien vieux et mon grand souci était de laisser peut-être cette chère enfant toute seule [...] Et voilà qu'un jeune homme est venu demander sa main [...] Vous comprenez que je ne lui ai pas dissimulé que la santé de Camille est délicate ; cela se voit du reste, pauvre petite !... Et savez-vous ce qu'il m'a répondu ? Qu'il aimait beaucoup mieux ça ; qu'il avait horreur des joues en ballon et des figures de tomate ; que son idéal était une taille mince, une taille de châtelaine, et de grands yeux largement ouverts dans une figure un peu longue et pâle... Camille a tout cela. Il a l'air fort épris. » Le pauvre ou... *la* pauvre, car l'histoire ne dit pas si la jeune fille avait une fortune plus rondelette que ses joues...

Dix ans plus tard, les sensitives sentimentales, les poitrinaires anémiques ne sont plus du tout *fashionables.* A l'approche de la Révolution de 1848, apparaissent les lionnes aux idées et à la poitrine provocantes. Ces femmes qui manient la cravache et le pistolet comme d'autres tirent l'aiguille, qui sablent le champagne, fument le cigare sans avoir de vapeurs, font de l'ombre à ces beautés souffreteuses aux torpeurs sans fin et aux langueurs sans cause.

Il est bien sûr hors de question pour une jeune fille de bonne famille d'imiter un tel maintien qui aurait épouvanté les épouseurs, cependant l'apparition de ces lionnes dans l'arène parisienne apporte un peu de vent frais dans les salons et vient remettre la santé au goût du jour. Une solide constitution est d'ailleurs indispensable à celles qui veulent participer à l'effrayante vie mondaine du Second Empire. Une demoiselle que ses parents « produisent » dans le monde est en représentation presque tous les soirs pendant la saison. Si on ne la voit pas, elle sera distancée et perdra de son prestige. « Mademoiselle X... n'était pas au bal de Mme de M..., elle n'a pas paru dans la loge de ses parents à tel opéra... Serait-elle malade ? » Cette insinuation est le début de la déchéance. Sans la santé, il est impossible de faire valoir sa beauté.

En outre, la beauté olympienne de l'impératrice donne le ton et le décolletage imposé des toilettes de bal favorise les belles épaules, les beaux bras potelés. D'ailleurs, le siècle est au matérialisme, on ne soupire plus, on rit et, comme le remarque la comtesse Dash, « Elvire ne trouverait pas une élégie sur le pavé littéraire à l'heure qu'il est. On lui enverrait du vin de champagne pour tisane [10] ». Seule la princesse de Metternich réussit grâce à son élégance consommée à imposer au milieu de cette fête de la chair, sa souplesse de fausse maigre. Mais seule celle que l'on surnomme la « jolie laide » peut se permettre d'enfreindre avec succès le culte des rondeurs.

Les coulisses de la beauté

Indépendamment de la mode qui retouche certains détails, néglige ou privilégie certaines qualités, les canons de la beauté féminine sont assez stables au cours du siècle et le *Mentor des demoiselles* fournit le portrait-robot de la jeune fille idéale : « Une taille moyenne, c'est-à-dire de 4 pieds 10 pouces, jusqu'à 5 pieds [11] ; la tête ovale, la bouche petite, le nez mince et un peu long ; l'oreille petite [...] ; le menton rond et court ; les yeux grands et de forme ovale, les sourcils formant deux arcs bien séparés [...] les épaules basses et la poitrine large ; le dos plat et le buste mince à l'endroit de la ceinture ; les bras ronds et allant en diminuant jusqu'au poignet qui doit être très mince ; la main petite et potelée, les doigts effilés et longs, la jambe fine du bas, les pieds petits et pointus [12]. »

Sans entrer dans tous les détails, on peut en relever quelques-uns qui accaparent les soins des mères comme des filles et dont on a peine à imaginer, aujourd'hui, qu'ils constituaient des impératifs, des *must* sans lesquels une femme ne pouvait prétendre à la beauté. Les beaux et longs cheveux, les jolies dents sont toujours appréciés, mais les opulentes rondeurs, la blancheur transparente de la peau, l'absence totale de maquillage relégueraient aujourd'hui bien des beautés du XIXe siècle au rang de dondons sur lesquelles on ne se retournerait même pas.

La chevelure, dernier rempart de la pudeur

Au chapitre de l'hygiène, la chevelure est sans doute la partie de son individu à laquelle une jeune fille consacre le plus de temps et de soins. Dès l'enfance, les petites filles dont les cheveux n'ont pas le bonheur de boucler naturellement subissent quotidiennement la corvée des papillotes ou du fer chaud. « On roulait en anneau la mèche de cheveux que l'on entortillait ensuite dans un papier léger, assorti à la couleur des cheveux et qui s'appelait du papier brouillard. » L'opération, répétée chaque soir avant de se coucher, prenait une bonne demi-heure.

Un soir mémorable, toutes les papillotes de la petite Gyp tombèrent sous les coups de ciseaux de son cousin Henri à qui elle conservait, soixante ans après, une grande reconnaissance ; sa justification à la famille atterrée : « J'ai voulu faire plaisir à la petite que cette toison gênait et affaiblissait et aussi éviter une contravention... Oui, parfaitement !... Il y a un arrêté du préfet qui est affiché partout et qui défend de faire porter aux enfants des charges excessives [13]... »

Des boucles de la petite enfance, on passe ensuite aux nattes « suisses », qui retombent dans le dos comme de longs serpents, puis, vers douze ans, après sa première communion, la fillette gagne le titre de jeune personne et l'autorisation de relever ses cheveux. Toutes les jeunes filles montrent une impeccable raie au milieu, « une raie sur le côté eût fait scandale [14] ».

Chaque matin et chaque soir, les cheveux sont longuement peignés et brossés. Le maniement des brosses et des peignes a ses règles et certaines mères refusent de déléguer ce soin à une simple femme de chambre. Le soir, la chevelure est nattée pour simplifier la pose du bonnet de nuit qui, autrement, ne saurait contenir les cascades de boucles. A la nouvelle lune, on en coupe la pointe pour les épaissir et hâter leur croissance, de sorte que vers dix-huit ans certaines crinières atteignent un développement assez considérable pour entièrement draper la nudité de leur propriétaire.

Il n'est pas question à l'époque de se laver les cheveux à grande eau. L'eau a la réputation de les décolorer, de les abîmer, et de prédisposer à la migraine et à la calvitie ! Le peigne à dégraisser, aux dents très fines, tient lieu de shampooing [15]. On a parfois recours à des lotions savonneuses ou à un jaune d'œuf dont on tamponne parcimonieusement le cuir chevelu qui est ensuite asséché avec des serviettes de flanelle très douce. Suprême coquetterie : les pommades à la moelle de bœuf ou à l'huile d'amande douce ; de quoi donner aux cheveux un reflet gras et luisant qui ferait horreur aujourd'hui. Prudence, la bonne des *Deux Nigauds*, est très fière « des beaux cheveux, bien pommadés, bien gras » de Mlle Simplicie...

Dans la musique de la séduction, une blonde vaut deux noires, et la rousse... un soupir ! Ce n'est qu'en 1864 que Cora Pearl lança la vogue des cheveux rouges qu'elle obtenait artificiellement grâce à un mélange de brique pilée et d'ammoniaque. Jusque-là, une pauvre créature affligée *naturellement* de cheveux roux n'avait que ses yeux pour pleurer et un peigne de plomb pour atténuer les reflets cuivrés. Porter perruque, se teindre les cheveux : une jeune fille de bon ton n'y songeait même pas...

Dents de nacre, d'ébène ou... d'hippopotame

« Mon enfant, dit à sa nièce la marquise d'Aubeterre, inquiète d'avoir rencontré à la cour une jeune beauté qui risquait de l'éclipser, mon enfant, votre rivale a de vilaines dents ; quand vous la verrez, racontez-lui quelque chose qui la fasse rire... »

Les jolies dents sont choses si rares au XIXe siècle qu'elles font sensation et peuvent faire oublier les autres défauts physiques. Une jeune débutante fait sa première apparition dans un salon : « une taille épaisse, un air gauche, une démarche lourde, une toilette sans apprêt », chuchotent les observateurs plus enclins à critiquer qu'à louer. Mais qu'elle s'avise de sourire et de découvrir une belle dentition, et celles dont la bouche gâtée vient de prononcer l'anathème n'ont plus qu'à se taire ; les caquets cessent tout à coup. « Mlle X... a de belles dents... » se répand comme une traînée de poudre, Mlle X... est sauvée !

Le sourire trop fréquent dénote paraît-il chez une femme un vide dans l'esprit. Voire... ? Mais, il est sûr qu'autrefois, l'absence de sourire était l'indice certain d'un vide dans la bouche. Une femme qui a de jolies dents ne dit rien qu'on n'écoute avec ravissement. On s'interrogeait sur la passion du poète Sheridan pour une jeune personne aussi belle que sotte : « Je ne l'écoute jamais, disait-il, je la regarde parler... »

Les manuels d'hygiène ne sont pas très exigeants. Un préjugé singulièrement tenace proscrit l'usage de la brosse à dents et des dentifrices jusqu'à la puberté : il suffit amplement de se rincer la bouche à l'eau claire. Dans ces conditions, déplore le Dr Fonssagrives, « rien n'est plus habituel que de voir chez les jeunes filles une végétation cryptogamique verdâtre se développer au niveau du collet de la dent et exiger plus tard l'action de la raclette de dentiste ». Vers quatorze, quinze ans, il est recommandé de se frotter les dents avec une brosse « bien molle » en poil de blaireau, une petite éponge, un bâton de guimauve ou une racine de raifort. Les dentifrices se présentent sous forme de poudre, comme la poudre de quinquina ou la poudre de charbon qui a le fâcheux inconvénient de laisser un liséré noir au bord des gencives, ou sous forme liquide comme la fameuse Eau de Botot [16].

D'après une intéressante communication du Dr Magitot [17], les femmes seraient deux fois plus exposées à la carie dentaire que les hommes. Pourquoi ? Je vous le donne en cent, je vous le donne en mille ! Parce que leur visage *glabre* les expose plus particulièrement aux refroidissements et aux névralgies de la face ! Le Dr Fonssagrives va encore plus loin et désigne un coupable inattendu : l'éventail. « La fréquence de la carie dentaire dans les contrées méridionales de l'Europe, en Espagne par exemple, où l'éventail est devenu une habitude, une grâce, presque une langue, pourrait bien tenir en partie à cette cause si peu soupçonnée » !

En 1851, le *Moniteur des demoiselles* conseille à ses lectrices deux visites par an chez le dentiste ; en vain, car l'ensemble des médecins déplorent l'incurie des mères qui ne se préoccupent du sourire de leurs filles qu'au moment où il peut servir à enchanter quelque beau parti. Vers dix-sept ans, à la sortie de pension ou du couvent, il est souvent trop tard !

Que subissent-elles entre les mains de ces praticiens qui peuvent, à l'époque, exercer leur art sans le moindre apprentissage, sans le moindre diplôme ? Payer une patente et des impôts leur permet d'ouvrir un cabinet dont le luxueux salon d'attente essaie de faire oublier les traitements sans aménité appliqués dans la pièce voisine. Une dent cariée ? Elle sera soit arrachée, soit taillée à grands coups de lime ou de burin [18]. Une dent manquante ? Elle sera remplacée par une fausse dent généralement taillée dans des dents d'hippopotame, un ivoire qui, hélas ! jaunit et se décompose avec le temps. Une dent « exubérante » ? — on appelle ainsi une dent mal plantée — On ne pourra longtemps que la déplorer, puis vers 1850, quelques praticiens imaginent pour leurs jeunes clientes les premiers appareils permettant de redresser les dents, et qui sont réservés à de rares privilégiées.

Privilégiées ? Si l'on veut ! car il s'agit d'une plaque en or de forme arrondie qui s'applique contre les dents et dont les deux extrémités sont ancrées sur les molaires ; un système de crémaillère actionné par une clef permet d'augmenter progressivement la tension de l'arc métallique sur l'arcade dentaire. D'autres appareils comportent des *ressorts* qui agissent sur la dent rebelle ou des *coins de bois* qui tentent de la faire pivoter. Le Dr Magitot, tout en recommandant chaudement ces appareils, concède qu'ils « donnent à la physionomie *un aspect particulièrement singulier* ». On s'en serait douté !

Le calvaire des maigres

Même sous le règne des sylphides, la minceur n'a jamais signifié la maigreur, et sous le Second Empire, un physique anguleux est, à plus forte raison, une abomination. « Enrichissez-vous », conseille Guizot aux Français. « Grandissez et *engraissez* », recommande-t-il à sa fille Henriette dans ses lettres.

La toilette de bal la plus étudiée, la couturière la plus adroite ne pourront jamais masquer certaines absences, ni dissimuler certains angles. Aux mères angoissées par les salières de leurs filles, les médecins conseillent des régimes à base de soupes, pâtes, macaronis, marrons, riz, le tout arrosé de lait et de bière. «Les mères qui se proposent de marier leur fille feraient bien, lorsqu'elles sont maigres, de leur faire subir ce régime préparatoire au moins pendant la dernière belle saison qui doit précéder le mariage. » A l'embouche, les pouliches !

Même les éducations les plus rigoristes sont rares à interdire le décolletage des jeunes premières, un décolletage timide au début du siècle, et qui atteint parfois des abîmes vertigineux sous Napoléon III. Aux bals des Tuileries, il est d'ailleurs *obligatoire* de paraître bras et épaules nus. C'est « l'épaule ou l'épaulette ». On a fait une chanson de cet ukase de l'impératrice qui ne tolère autour d'elle que des hommes en uniforme ou des femmes largement décolletées. Quelques dames âgées, quelques jeunes filles un peu maigres, tentèrent bien de dissimuler leurs épaules flétries ou leurs clavicules trop apparentes sous une gaze aérienne. Ce stratagème fut interdit et les chambellans avaient la consigne de faire respecter la loi.

Même en dehors de ces bals officiels, les jeunes filles montrent leurs épaules, faisant fi de tous les conseils de pudeur serinés au couvent ; les plus belles sont généralement les plus dévêtues et, comme le dit avec esprit Alphonse Karr, pour beaucoup de femmes, « la décence commence où finit la beauté »...

Les censeurs tonnent : « Ne vous livrez pas sans contrôle aux exigences de la mode, jeune fille, restez voilée, réservée... Souvenez-vous que votre corps est le tabernacle sacré dans lequel jusqu'ici s'était reposée votre âme que le mal n'a pas encore touchée et que les regards profanes viendraient flétrir comme un souffle empoisonné fane la fleur délicate [19]. »

L'Eglise se voile la face, tandis qu'en chaire ses ministres fustigent les impudiques. En 1841, le curé d'Uzerche (Corrèze) admoneste la mère d'une de ses jeunes paroissiennes en ces termes : « Malheur, trois fois malheur à ce siècle d'iniquité dans lequel on voit une mère conduire elle-même sa fille aux écoles de Satan, dans lequel on voit une jeune chrétienne, désespérée de compter 23 ans de virginité, confier, non pas à la grâce de Dieu, mais à la grâce de ses épaules, le soin de lui attirer un mari ! Croyez-le, mes frères, la colère de Dieu tombera sur ces charmes évoqués par la sorcellerie de la mode, et l'homme honnête n'ira pas choisir une femme à de telles enseignes [20]. »

Les railleurs font de l'esprit comme ce maladroit qui marche sur la traîne d'une élégante dont le corsage ne dissimule pas grand-chose ; la dame se retourne, furieuse :

« Fichu maladroit ! s'écrie-t-elle.

— Ah ! Madame, réplique le coupable, ce fichu-là serait beaucoup mieux placé sur vos épaules que dans votre bouche [21]. »

Mais rien n'y fait et au bal, les jeunes filles continuent à offrir à l'éclat des torchères leurs épaules de marbre rose et leurs bras potelés. La province est, à cet égard, beaucoup plus prude que la capitale et le décolletage, raisonnable pour les femmes mariées, est quelquefois prohibé pour les jeunes filles. La comtesse Dash se souvient avoir entendu dans un bal de province une sainte femme critiquer la toilette d'une jeune personne parce qu'on voyait sa chair à travers les petits trous de sa guimpe [22]...

Des pieds et des mains

La beauté de la main réside au XIXe siècle dans sa petitesse, son potelé et sa blancheur. S'il est impossible d'influer sur sa forme, en revanche on peut en préserver la blancheur en les maintenant *perpétuellement* gantées, le soleil bien sûr, mais aussi *l'air*, ayant la réputation de brunir la peau. Une contrainte largement secondée par les usages du monde. En effet, nombreuses sont les circonstances où le savoir-vivre impose aux femmes de porter des gants : pour sortir en voiture ou dans la rue, pour faire une visite, pour danser au bal, pour aller à l'Opéra ou au théâtre ; le snobisme s'en mêle parfois et le *Miroir des modes parisiennes* nous signale qu'en 1823 il est très chic de garder ses gants pour jouer aux cartes, pour souper et même pour accompagner une romance au piano ! On recommande aussi de porter de longs gants de peau, la nuit...

Dans ces conditions, il pouvait arriver — comme le rapporte le chroniqueur mondain d'un journal féminin —, qu'un jeune homme n'ait *jamais* eu le loisir d'apercevoir les mains de sa fiancée pendant tout le temps de sa cour : la jeune fille, soucieuse de protéger ses mains qu'elle avait fort belles, s'était toujours présentée à sa vue gantée. On arriva au jour de la signature du contrat ; la jeune fille ôta son gant à ce moment solennel et découvrit une main ravissante mais où le futur époux crut reconnaître les signes de l'égoïsme et de l'amour du luxe. (Les travaux du médecin allemand Gall et de ses émules étaient alors fort à la mode [23].) Au moment de signer à son tour, le jeune homme simula un malaise, la signature du contrat fut ajournée et dès le lendemain, il écrivait aux parents pour redemander sa parole...

Le pied a aussi sa beauté : finesse, petitesse sans oublier cette cambrure qui fait reposer le corps tout entier sur une voûte arrondie que Lamartine compare à « une arche sous laquelle passerait un torrent ». On trouverait aujourd'hui que les jeunes filles du XIXe siècle ont une démarche disgracieuse et ridicule, mais les professeurs de maintien leur apprenaient à marcher en « dix heures dix », « les talons se touchant, la pointe des pieds dirigée en dehors de façon que les pieds forment presque un angle droit ».

Valérie Dubois se souvient que, petite fille, elle assistait sagement aux visites que recevait sa mère, assise sur sa petite chaise, « les pieds contenus dans une espèce de machine en planches qui forçait les pieds à se tenir bien en dehors ». Octave Feuillet qui l'épousa dix ans plus tard put sans doute s'enivrer de sa démarche de canard que la longueur des jupes devait heureusement atténuer.

Un seul fard : la candeur

Dans la seconde moitié du siècle, l'industrie cosmétique entame sa percée et fait les yeux doux aux femmes soucieuses de leur séduction. Les produits destinés à entretenir la jeunesse et la beauté trahissent par leurs seuls noms enchanteurs la première clientèle de cette industrie naissante : le lait de Vénus, le fard d'Aspasie, l'eau de Ninon, l'essence de Bayadère ou la pommade des sultanes, ne sauraient sans heurter la bienséance trouver leur place dans le boudoir d'une femme du monde, et encore moins dans la chambre de sa fille. Le maquillage, longtemps réservé au demi-monde, est autant proscrit au nom de la morale que de l'hygiène : les produits, qui ne subissaient aucun contrôle médical, contenaient souvent des substances toxiques comme du plomb, du mercure ou de l'arsenic qui produisaient sur l'épiderme des effets indésirés... et des Aspasie ridées avant l'âge, des Ninon marbrées, des sultanes aux paupières rougies ! Il y eut même des empoisonnements graves et certains amoureux allaient jusqu'à hésiter « avant de dérober des faveurs vénéneuses [24] ».

« L'eau est pour une jeune fille le meilleur des cosmétiques » ; mais comment obtenir un teint clair lorsqu'on a la peau mate et que même la poudre de riz vous est interdite ? On a recours en cachette aux procédés les plus fantaisistes : « Les jeunes filles de notre époque mangent parfois des choses comme de la craie, de l'ardoise et du thé moulu pour se rendre le teint clair », écrit Lola Montès, une grande consommatrice de cosmétiques. D'autres se lavent le visage avec du sang de bœuf bien frais.

L'usage du « rouge » est loin d'être universel dans le grand monde, *même chez les femmes mariées*, alors chez les jeunes filles !... Bien des chrétiennes sont tiraillées entre les exigences de la mode et les mises en garde de leur directeur de conscience. L'évêque d'Amiens, consulté à ce sujet par une de ses ouailles, lui répondit que l'Eglise était divisée sur ce problème, certains théologiens autorisant le rouge, d'autres le proscrivant ; « Moi, qui n'ai pas assez étudié la question pour la résoudre complètement, conclut-il, je vous permettrais d'en mettre d'un côté [25] ! »

En fait, le seul cosmétique qui soit admis sans réserve pour une jeune personne est celui qui permet de lutter contre les taches de rousseur. En face d'une telle disgrâce, les interdits tombent. Les parfumeurs proposent aux malheureuses affligées d'éphélides le *lait antéphélique* dont la réclame revient périodiquement dans les journaux féminins pendant les mois d'été. L'action de ce lait dont le fabricant tait la composition, est décrite avec précision pour que les utilisatrices ne s'effraient pas en observant dans la glace les premiers effets : « Au bout de 5 à 6 jours, la surface tégumentaire qui était le siège des taches devient d'un *brun foncé*. » Bigre ! « Le sujet éprouve une sensation de tension et de cuisson dans les parties lotionnées. Ces symptômes fort supportables du reste durent trois ou quatre jours. Alors, l'épiderme se fendille et il se fait une desquamation complète sous forme de légères écailles qui laissent à découvert une peau d'une blancheur irréprochable [26]. » Espérons...

Il est bien entendu hors de question pour une jeune fille de se maquiller les yeux. A défaut d'utiliser du noir de charbon ou du bleu de cobalt comme les femmes mariées, rien ne vaut une paire de sourcils bien fournis et les plus noirs possible pour souligner le regard ! « La beauté des sourcils réside dans la couleur noire et brillante de leurs poils épais et soyeux. » Quand les sourcils sont blonds, ce qui est généralement le lot des blondes, il faut les couper de temps en temps afin qu'ils foncent en repoussant. On emploie le même remède pour les faire épaissir et chacun se souvient de l'épisode des *Malheurs de Sophie* où Mlle de Réan se coupe les sourcils et encourt la colère de sa mère pour sa coquetterie. Son oncle, le père de l'irréprochable petit Paul, en guise de leçon et de farce, lui envoie une paire de ces sourcils postiches bien noirs et bien épais que les coiffeurs proposent à leurs clientes navrées d'avoir des sourcils trop discrets.

Les raffinements de l'orthopédie ou comment souffrir pour être droite

Quand il s'agit de décrire une femme, il est un mot qui revient souvent au XIXe siècle sous la plume des écrivains, c'est le mot « tournure » que l'on n'emploie plus guère aujourd'hui qu'à propos des événements. « Mlle de B... possède la plus jolie des tournures » tandis que Mme V..., la pauvre, ne peut prétendre à la beauté en raison de sa « tournure disgracieuse ». S'il fallait trouver dans le langage de notre siècle l'équivalent d'une « jolie tournure », ce serait peut-être « une femme bien faite » ou mieux, ce que l'argot désigne par « un joli châssis ». Mais un corps bien proportionné ne suffit pas à faire une jolie tournure qui suggère un mélange de lignes harmonieuses, de souplesse et aussi de bonne éducation, une manière gracieuse et élastique de faire jouer ses articulations et de promener dans un salon une anatomie sans reproche dont le moindre geste trahit le bon ton.

Pour lutter contre les imperfections fatales à une jolie tournure (comme un dos rond, une cambrure exagérée, une bosse, etc.) l'orthopédie dont la mode se répand sous la Restauration, offre son attirail de corsets, de minerves, et de lits extenseurs à la sollicitude des parents désireux d'assurer à leur fille un port de reine.

Aux cas les plus bénins, on applique les traitements les plus doux. Un dos légèrement voûté ? Un poids plus ou moins lourd suspendu au bout de ses tresses forcera la jeune personne à redresser la tête. Plus pénible est la *ceinture de bonne tenue* que Mme d'Embrun fait endosser à Alice, une ceinture en fer, armée sur le devant d'une longue fourche qui vient emboîter la mâchoire et soutenir le menton à la hauteur désirée[27]. Impossible de baisser la tête. Cette ceinture n'est pas sortie de l'imagination sadique de la comtesse de Ségur, car Marie de Flavigny porta au début de la Restauration un appareil analogue qui connut — d'après son témoignage — une certaine vogue. Encore plus désagréable : une ceinture garnie de baleines dont les pointes s'enfoncent dans la chair du ventre et forcent les jeunes filles à se tenir bien droite pour éviter la douleur [28].

Mais, en matière d'orthopédie, le *nec plus ultra* demeure le lit extenseur avec son attirail de vis, ressorts, crémaillères, crics, tourniquets, etc. dont l'invention, à la fin du Premier Empire, revient à un médecin suisse, Venel. En quelques années, sa découverte traverse les Alpes et, bientôt, il y a des lits mécaniques dans tous les bons pensionnats et même dans certaines familles aisées [29].

Entre 1820 et 1830 une frénésie orthopédique s'empara des esprits ; on vit se multiplier à Paris les maisons de santé qui se consacrèrent au traitement de toutes sortes de difformités allant de la simple scoliose, souvent due à l'abus de piano ou de broderie, à la gibbosité la plus handicapante. Des provinces reculées, se mirent à affluer les pires monstres que certaines nobles familles un peu dégénérées cachaient au fond de leurs manoirs. En 1827, Mlle B... arriva à Paris, accompagnée de son père, qui avait cru qu'un séjour dans un institut orthopédique viendrait à bout de sa tournure contrefaite ; « mais son père, effrayé à l'aspect d'une douzaine de jeunes filles garrottées et torturées sur des lits, avoua qu'il aimait mieux que sa fille restât dans la position où elle se trouvait que de la soumettre à un tel supplice [30] ! » Tous les parents n'ont pas le cœur aussi sensible.

Appâtées par le gain, des personnes totalement étrangères à la médecine ouvrirent des établissements [31] où l'on exploitait l'art très lucratif d'élonger les bossues. Quelques directrices de pension, observant que cette fureur de se faire redresser conspirait contre leurs intérêts en leur retirant une partie de leur clientèle, se procurèrent à leur tour des lits mécaniques et transformèrent leurs pensionnats en véritables infirmeries. Le couvent du Sacré-Cœur en possédait quatre sous la Monarchie de Juillet.

Mais petit à petit la mode des lits extenseurs passa. Dans bien des cas, ils finirent par faire la preuve de leur inefficacité et de leur danger. Quelques victimes sorties de leurs étreintes plus difformes qu'elles n'y étaient entrées achevèrent de porter le discrédit sur ces appareils de torture. On s'orienta progressivement vers la gymnastique corrective ; c'est ainsi que vers la fin du règne de Louis-Philippe, ces établissements qui menaçaient ruine, s'équipèrent d'agrès, de barres parallèles et d'échelles et purent graver sur leur fronton « Etablissement orthopédique *et gymnastique* ».

Gymnastique ou promenade ?

Le premier pédagogue à reconnaître l'importance de la gymnastique dans l'éducation des filles fut la bouillante Mme de Genlis[32] qui imagina, vers la fin du XVIIIe siècle, pour Mlle d'Orléans une paire de souliers de plomb que son élève portait toute la journée et qu'elle n'avait la permission de retirer que pour danser !... Ces sortes d'haltères pour les pieds, devaient, dans l'esprit de leur inventeur, donner à la jeune fille force et légèreté, et aider sa croissance « en tirant doucement les muscles des jambes[33] ». Une initiative exceptionnelle, prise par une femme hors du commun dans le cadre d'une éducation princière ; mais, pendant très longtemps, les seuls exercices physiques accordés aux filles sont la danse, la promenade et le chant que beaucoup jugent amplement suffisants.

La gymnastique à laquelle, comme on vient de le voir, on a longtemps préféré l'orthopédie, n'est prescrite que comme moyen curatif dans des circonstances particulières de débilité ou de difformité ; mais, pour une jeune fille en bonne santé et normalement constituée, la gymnastique, pense-t-on, n'a aucune utilité : « Le petit garçon a besoin de ses muscles pour ces luttes gracieuses du pugilat antique qu'il inaugure de bonne heure... La petite fille n'en a que faire pour chiffonner un ruban, premier essai du goût de la parure ; pour babiller avec tout ce qui l'entoure, premier essai de domination par les grâces de la parole ; pour bercer sa poupée, premier essai d'une maternité fictive [34]. »

Faite pour la vie intérieure et la vie *d'*intérieur, une jeune fille perdrait son temps et *ferait même violence à la nature* en essayant d'acquérir une force physique d'ailleurs incompatible avec la grâce ; « plus sensible que robuste, plus mobile que capable de mouvoir, la femme possédera donc toutes les qualités vitales dans le degré le plus exquis, mais avec des forces physiques très bornées, [...] il faut craindre d'*intervertir son sexe* en développant son organisme, dans le sens de la virilité » ! Suivent des considérations inattendues : « les femmes livrées aux exercices les plus violents, endurcies par la fatigue [...] cessent pour ainsi dire d'être femmes ; *elles perdent leurs menstrues* [35], deviennent *hommasses* [36] »... ! Aujourd'hui, la virilité de certaines athlètes d'Allemagne de l'Est illustrerait à merveille cette théorie du Dr Debay...

Le plus élémentaire bon sens condamne aussi les excès gymniques : à quoi bon développer la cage thoracique puisque la mode impose aux femmes de l'enfermer dans un corset ; rien ne sert de compliquer la tâche des couturières et de développer ce que les baleines devront comprimer.

Mais en dépit de ces préjugés tenaces, l'idée de la gymnastique féminine commence, timidement, à faire son chemin, sous le triple patronage de la morale, de l'hygiène et de l'amélioration de la race humaine.

Les filles destinées à devenir mères et — depuis Rousseau — nourrices, se doivent de développer leurs organes de façon à remplir le mieux possible leur double destinée. Le rétrécissement du bassin, cause fréquente d'accouchements difficiles, est souvent dû à la vie sédentaire qu'ont menée bien des jeunes filles uniquement occupées de lecture, de tapisserie et de piano. En outre, la joie — si morale ! — de l'allaitement est refusée aux mères trop faibles. Les filles feront donc de la gymnastique, non pas pour leur plaisir ou leur bien-être, pas encore, mais parce que les « victimes de la maternité se multiplient » et que « des veufs jeunes encore attristent souvent nos regards », comme le déplore Mme Necker de Saussure à qui revient le mérite d'avoir la première signalé les bienfaits de l'éducation physique pour les filles.

En 1828, elle conseille en guise d'exercice de « lancer des ballons, de porter de légers fardeaux sur la tête ou de se promener [37] ». On est encore loin des disciplines olympiques, qu'importe, le premier pas est franchi ; le second va l'être par une gymnaste suisse, Clias [38], qui fait paraître en 1848 le premier traité de gymnastique féminine pompeusement intitulé *Callisthénie ou Somascétique naturelle appropriée à l'éducation des jeunes filles.* Comme l'indique l'étymologie de ce mot prétentieux [39], le but de la callisthénie est de développer la force sans nuire à la beauté ; à la différence de la gymnastique, la callisthénie exclue les exercices violents et les efforts musculaires réservés aux garçons ; les exercices imaginés par Clias sont plutôt des marches rythmées, des danses.

La callisthénie, avec son nom précieux et rassurant, et la simplicité de ses exercices que l'on peut pratiquer sans local particulier, avec très peu de matériel (des cordes, des cerceaux, des baguettes), séduit les directrices de quelques pensionnats huppés qui décident de l'inscrire au programme de leur établissement ; le *callisthenium,* puisque *callisthenium* il y a, fait toute la différence entre le pensionnat bon marché et la brillante institution.

En dehors des gymnases privés des pensionnats, il existe plusieurs gymnases qui s'ouvrent à la clientèle féminine : le gymnase Amoros, situé 6, rue Jean-Goujon ; Paca et Eugénie de Montijo qui en ont suivi les cours lui ont peut-être été redevables de leur plastique irréprochable [40]. Les jeunes personnes ont aussi leurs jours réservés au magnifique gymnase Triat, 55, avenue Montaigne, créé en 1849 et que fréquente toute la meilleure société de l'Empire. Il existe aussi le gymnase de l'Observatoire, rue d'Enfer, où, par souci de moralité, les jeunes filles ne sont entraînées que par des dames-professeurs car « il est très difficile [...] même impossible, à un professeur qui s'occupe avec zèle de ses élèves, de donner ses leçons *sans les toucher par le tronc,* et dans certains cas, pour éviter un accident, *de choisir un endroit convenable pour les retenir,* ce qui peut produire sur certaines personnes de désagréables sensations, et sur le moral des autres, une liberté ridicule [41] ».

Il ne faut pas imaginer que ces jeunes filles privilégiées à qui une éducation jugée parfois « progressiste » autorise la gymnastique, font les mêmes exercices que leurs frères. Dans les manuels, les auteurs indiquent par un astérisque les mouvements qui, utiles pour les garçons, doivent être laissés de côté quand il s'agit de jeunes filles, pour des motifs de bonne tenue. Le saut, en particulier le saut en longueur, « qui nécessite des écarts et peut faire craindre en même temps l'inconvenance et le danger [42] » est de ceux-là. Les exercices au trapèze, le cheval d'arçons qui obligent à prendre des « postures peu convenables » sont également bannis. Il leur reste les flexions, les assouplissements, les mouvements exécutés avec des bâtons, des cerceaux, des haltères légers, la course « modérée », la natation « à sec » étendues sur des pliants, etc. Pour le grimper à la corde qui n'est pas unanimement conseillé, Clias recommande d'utiliser « une corde recouverte en cuir blanc de Hongrie [43] », pour ménager l'épiderme délicat des jeunes personnes...

Les cours de gymnastique s'accompagnent de chants qui rythment les mouvements et développent les poumons. Il faut imaginer ces escadrons de jeunes filles toutes vêtues d'une robe courte portée sur un pantalon de zouave, coiffées d'un béret, s'ébattre avec toute la décence et la modestie inhérentes à leur sexe, sur l'air de *Malbrough* ou de *Monsieur Dumollet* ! Au gymnase du colonel Amoros, les chants, spécialement sélectionnés, ont aussi la vocation d'élever les sentiments et d'inculquer aux adolescentes l'amour de la patrie, le dévouement au roi, la philanthropie, l'abnégation. « C'est une des choses les plus aimables que de voir ces enfants se livrer aux exercices élémentaires en chantant les préceptes de la religion » ; la religion est décidément mêlée à tout !

Fortifier les âmes en fortifiant les corps, cette préoccupation ne suffit pas à débarrasser la gymnastique de sa mauvaise réputation auprès de quelques esprits rétrogrades qui, encore à la fin du Second Empire, considèrent la gymnastique comme « l'art moderne de déformer les jeunes filles et de les faire ressembler à des garçons [44] ». Mgr Dupanloup combat de toute son autorité l'enseignement de la gymnastique dans les maisons d'éducation et s'indigne de ce que dans l'une d'entre elles « le professeur de gymnastique est un jeune sapeur pompier [45] ! ». Les traditionalistes continuent à préférer à la gymnastique les leçons de maintien, rebaptisées pour sacrifier à la mode « gymnastique du bon ton »...

Sans application pratique dans la vie d'une femme, l'escrime vient parfois compléter les leçons de gymnastique. Elle est recommandée en particulier aux jeunes filles « dont les épaules sont inégales » ainsi qu'aux constitutions frêles et délicates, pour les fortifier. C'est à ce titre que Marie de Flavigny prend des leçons d'armes. Sous la Restauration, les femmes s'escriment en robe longue drapée en redingote et ornée de brandebourgs masculins. A la fin du Second Empire, Gypa, un maître d'armes qui vient chez elle trois fois par semaine ; par souci esthétique, il la fait travailler alternativement avec la main droite puis avec la main gauche pour que ses muscles ne se développent pas plus d'un côté que de l'autre...

Mais il ne faut pas se leurrer, la gymnastique n'est réservée qu'à une toute petite élite de jeunes filles, et dans l'écrasante majorité des pensionnats, le seul exercice physique est la promenade.

Ces promenades hebdomadaires ou bi-hebdomadaires, sous la surveillance d'une sous-maîtresse, permettent tout au plus de se dégourdir les jambes. Pas de gambades, pas de jeux, ni de cris, mais toujours le même maintien de saintes sorties de leurs images : la comtesse Drohojowska, auteur d'un manuel de savoir-vivre à l'usage des pensionnaires, rappelle les rites de la promenade : « Soigneusement alignées par ordre de taille avec votre uniforme simple et gracieux, vous formez le plus charmant bataillon qui se puisse imaginer [...] L'ordre, la discipline rayonnent dans le moindre détail de votre belle ordonnance, pas de tête à l'évent [46], pas de démarches pressées, de mouvements heurtés. Nul ne pourrait dire la couleur de vos yeux, que vous tenez modestement baissés ou poliment tournés vers la maîtresse qui dirige la promenade [...] D'ordinaire, les passants se rangent pour faire place à un pensionnat ; s'il arrivait cependant que quelque malappris, quelque étourdi se mît à marcher de front avec vous ou restât au milieu du trottoir de la contre-allée que vous suivez, n'attendez pas les ordres de vos maîtresses pour ralentir le pas ou vous détourner [47]... »

Malgré ces contraintes, les pensionnaires goûtent dans ces promenades des joies de prisonnières évadées et l'annonce d'une sortie est toujours accueillie avec allégresse.

II

La mode

« Nos corps sont les temples vivants de la Divinité », affirme une maîtresse de pension à ses élèves, « en partant de cette vérité, une jeune personne veillera avec un soin extrême à la manière de s'habiller, ses vêtements seront de la plus grande modestie ; elle aura une horreur infinie de ces mises funestes qui semblent être un piège tendu à l'innocence et à la vertu ». Rien de très nouveau dans ces conseils, cependant, la suite du développement est un chef-d'œuvre de casuistique car « *c'est un honneur rendu à Dieu que d'orner ses temples, donc il est permis de faire toilette* [1] ». Autrement dit, la coquetterie est le contraire de la vertu, elle offense Dieu, mais en revanche, un minimum d'attention portée à sa toilette est un moyen de mettre en valeur un corps fait à l'image du Créateur où l'âme est enchâssée comme une perle dans un écrin. Mais, où finit l'hommage rendu à Dieu et où commence la coquetterie ? Les bornes sont repoussées plus ou moins loin suivant les familles, les catégories sociales et l'époque.

La « toilette » est pour une femme du monde une des obligations de la vie sociale. Il faut s'y préparer et, une fois son triste uniforme plié, l'ancienne petite pensionnaire ne tarde pas à s'en apercevoir. Souvent très négligée par sa mère sur le plan vestimentaire, elle voit alors défiler les marchandes de mode et les couturières qui vont lui confectionner un trousseau digne d'une jeune fille que l'on commence à « montrer ».

Devant ces flots de tissus que déroulent les fournisseurs,

ces rubans, ces fleurs, comment se souvenir que les vêtements ne doivent être « qu'une protection contre le froid, qu'une sauvegarde pour la pudeur » ?... Eblouie, mais prise de doutes, craignant de perdre son âme en livrant son corps à l'habileté des couturières, si une jeune fille va jusqu'à interroger sa mère sur les sentiments contradictoires qui l'agitent, il est des arguments tout trouvés pour justifier, sans trop se contredire, cette obligation où elle se trouve désormais de sacrifier à la mode « funeste » : cette divinité capricieuse et despotique qui vit de changements, se repaît de nouveautés et s'impose sans s'expliquer, cache un côté sérieux et *moral* sous des apparences frivoles, car c'est le luxe qui fait vivre l'ouvrier. Songez, jeunes filles, que chacune de vos jolies robes se transforme en pluie de menue monnaie dans cent mansardes où elle apporte le pain aux familles ouvrières !

Il est probable que bien des jeunes personnes se laissent convaincre, sans trop de scrupules, de jouer le mieux possible le rôle social auquel elles sont promises. D'ailleurs, ce désir de plaire par des charmes extérieurs — toilettes, beauté — ne l'a-t-on pas involontairement fait naître, d'une part en faisant de l'homme le but unique de la destinée de la femme, et d'autre part en lui refusant la séduction intellectuelle qui risquerait de la faire passer pour un bas-bleu ? Que lui reste-t-il ? La vertu et la séduction physique. La vertu ? Après trois mois passés dans le monde, une jeune personne moyennement délurée ne tardera pas à constater qu'elle n'est pas la chose la mieux partagée du monde et qu'appliquer les préceptes du *Catéchisme de persévérance* ne constitue pas un moyen infaillible pour y réussir. Reste la séduction physique, qui passe forcément par l'élégance, par la mode, et la frivolité...

Survol de la mode

Pour commenter le menu détail de cette élégance révolue, il faudrait un volume, si l'on songe que chaque saison voit naître et mourir une étoffe, une coiffure, une coupe de robe, une nuance, baptisées d'après un succès littéraire (le chapeau Pamela), un opéra (le chapeau Freischutz), une victoire militaire (la couleur Trocadéro), une célébrité de la scène (le crêpe Rachel) ou de la politique (le bolivar). Aussi, mettrons-nous à survoler presque un siècle de mode la même hâte que met le temps pour démoder les ultimes nouveautés. D'autant plus que les jeunes filles ne suivent la mode qu'avec une relative circonspection pour ne pas encourir les reproches de frivolité. Quelques traits et quelques touches de couleurs suffisent à brosser la silhouette de ces jeunes filles qui traversent à pas menus le XIXe siècle dans le sillage de leur mère ou de leur institutrice.

Après la chute de l'Empire, les femmes conservent quelques années encore, des robes à taille haute ; elles raccourcissent seulement la jupe pour montrer un pied que la duchesse de Berry, initiatrice de cette mode, a délicieux, « un vrai pied d'enfant » ! Les robes blanches font fureur, confondant sous la même bannière les jeunes filles vouées au blanc et les femmes mariées ; le drapeau blanc qui flotte sur les Tuileries donne le ton. Certaines poussent la passion politique jusqu'à souligner leur taille de *dix-huit* plis en l'honneur du roi Louis XVIII et à porter des souliers ou des escarpins *verts* pour mieux fouler aux pieds la couleur-symbole de l'Empire !

Puis le buste s'allonge, la taille retrouve sa position normale et s'amincit, rendant le corset indispensable. Les robes montantes, les décolletés voilés par des guimpes, les corsages « à la scapulaire », témoignent sous Charles X d'une volonté de réaction contre les décolletages de la toilette depuis le Directoire. Sous l'influence romantique, les couleurs s'attristent et s'assombrissent : les nuances souris effrayée, crapaud amoureux, puce rêveuse, araignée méditant un crime, s'assortissent au mal du siècle. La taille s'étrangle entre les jupes qui s'élargissent et les épaules amplifiées par les manches à gigot.

Sous Louis-Philippe, l'ampleur des manches glisse des épaules vers les poignets, tandis que l'apparition de la crinoline, pendant les dernières années du régime, fait définitivement passer la silhouette féminine de la forme d'une libellule à celle d'une pyramide.

La tendance s'amplifie sous le Second Empire et l'on voit réapparaître les étoffes de couleurs vives obtenues désormais non plus au moyen des traditionnelles teintures végétales, mais grâce au progrès de la chimie : le rouge « Solférino », le cramoisi « Magenta » à congestionner tous les taureaux de l'Andalousie, le bleu « Impératrice », le jaune « Theba », très durs, très crus, se combinent et se heurtent pour donner à la fête impériale cette euphorie chromatique tellement caractéristique.

Cependant contre les vents de la mode et les marées des engouements, nos jeunes personnes — dans les familles traditionnelles — conservent une apparence assez stable faite de blancheur et de sobriété, et ne participent que d'assez loin à ce sabbat du luxe et de la vanité.

Trop n'est pas comme il faut !

Là encore les jeunes filles du Faubourg Saint-Germain restent nettement à la remorque de leurs contemporaines du Faubourg Saint-Honoré ou de la Chaussée d'Antin. Derrière les lourdes portes cochères du noble faubourg, derniers remparts de la bienséance et du bon goût, règne une consigne qui pendant longtemps n'admettra pas de discussion : « Trop n'est pas comme il faut ! » Les couturières se le tiennent pour dit. La simplicité des toilettes dans la coupe, dans les étoffes, dans les couleurs, a été imposée par les privations pendant les années d'émigration et les premières années de la Restauration. Elle devient, au moment de l'aisance retrouvée, un véritable snobisme dans les familles de la haute aristocratie, une marque distinctive, un défi à l'élégance voyante et vulgaire des parvenus de la Monarchie de Juillet et des nouveaux riches du Second Empire.

Cette pseudo-simplicité, dont chaque détail, très étudié, vise à faire de l'effet, n'est permise qu'aux femmes et aux jeunes filles immensément riches, accoutumées à régner dans leurs hôtels et leurs châteaux au milieu d'un peuple de laquais. Seule une habitude ancestrale du luxe leur donne en face des jouets de la mode une désinvolture allant parfois jusqu'au mépris. « Elle n'ont aucune vanité [...] elles portent admirablement le matin un petit chapeau, une robe unie, un châle éteint : on les devinerait sous une cornette [2]. »

Dans les hôtels de la rue de Varenne, l'habitude du luxe est trop ancienne (l'épisode révolutionnaire mis à part) pour que la richesse s'étale avec ostentation. A l'opposé, la bourgeoisie financière compense les privations passées et tente de faire oublier ses origines en étalant sur ses femmes et ses filles les trophées laborieusement gagnés de son triomphe. Au Bois, au bal ou à l'Opéra, les toilettes, les bijoux offerts par les maris et les pères ont le double avantage d'embellir leurs femmes et leurs héritières et de suggérer l'étendue de leur fortune.

Les romans de la divine comtesse confrontent souvent ces deux types d'élégance que tout oppose : les petites filles modèles Camille et Madeleine de Fleurville, Marguerite de Rosbourg sont toujours « mises » avec simplicité, tandis que Cunégonde de Castelsot et Yolande Tourne-Boule sont noyées dans les dentelles et le mauvais goût.

La fusion de ces deux mondes va se faire dans les dernières années de l'Empire qui réussit en partie à réconcilier et à mélanger les deux aristocraties de noblesse et d'argent. La seconde qui est désormais accueillie dans tous les salons y étale son goût tapageur qui choque, indispose parfois, mais finit pourtant par s'imposer.

Cachemires et bijoux : en mariage uniquement désireras

Dans les familles comme-il-faut, les lois somptuaires sont rigoureuses pour les jeunes filles qui doivent observer jusqu'à leur mariage la plus grande simplicité. Le statut de jeune personne impose en quelque sorte le port d'un uniforme dont la longueur, la couleur, l'étoffe, les accessoires permis ou prohibés sont fixés tacitement par les usages. Ainsi, on passe de l'uniforme de pensionnaire à celui de jeune-fille-à-marier, si bien que, dans une réunion, un bal, les jeunes débutantes en mal de mari se reconnaissent de très loin [3]...

Au bal, les jeunes filles sont toutes vêtues de blanc, parfois de rose ou de bleu pâle. Les journaux de mode recommandent invariablement les mêmes tissus pour la confection de leurs robes : la tarlatane [4], la gaze de Chambéry, la mousseline ou l'organdi, « la seule étoffe *honnête* dont le chiffonnage ne s'efface pas [5] ! » ; ces étoffes légères, flottantes, aériennes correspondent aux idées d'innocence et de chasteté que doivent évoquer les débutantes. Seules fantaisies autorisées : des rubans de couleur qui soulignent la taille. Tout le luxe de ces toilettes consiste en leur extrême fraîcheur : « Une robe et des rubans ne devaient pas être plus froissés que ne le sont les ailes d'un papillon qui sort de sa chrysalide. Cela ne disait pas qu'une jeune fille était riche, mais cela donnait à penser qu'elle était propre, soigneuse, pudique, innocente [6]. »

Les soieries luxueuses, la moire, le satin, le crêpe de Chine, le velours ne sont réservés qu'aux femmes mariées, de même que les dentelles et les passementeries d'un grand prix. Les fourrures trop coûteuses sont également bannies de la garde-robe d'une jeune fille et « l'on fut *scandalisé* à une retraite du Sacré-Cœur de voir arriver Mlle de Talhouët [...] avec une jaquette de *velours bordé de chinchilla* », tant cela détonnait avec les habitudes du jour.

Les châles de cachemire qui font presque autant rêver que le mariage, ne sont autorisés qu'à travers lui. Cet indispensable accessoire de la mode impériale qui remplace la pèlerine romantique lorsque les jupes se mettent à prendre de l'ampleur, rappelle par son orthographe hasardeuse (schall ou shawl francisé en châle) ses origines orientales. Il triomphe après l'Exposition de 1855 quand Paris s'éprend d'exotisme. Ces châles dont l'exécution peut occuper la vie d'un artisan, sont fabriqués avec la laine solide et duveteuse des chèvres du Tibet et valent un prix exorbitant, pouvant atteindre dix mille francs. En 1819, un industriel [7] avait bien essayé d'en faire baisser le prix en important des chèvres du Tibet qu'il avait tenté d'acclimater en France. Cette tentative fut un échec et Balzac, qui s'y connaissait en mauvaises affaires, explique que « les chèvres vécurent, mais perdirent ce duvet qui donne au cachemire de l'Inde ses propriétés de finesse et de douceur si recherchées ». Dommage ! Les femmes, quand la générosité ou les moyens de leur mari ne leur permettent pas de porter des cachemires indiens, doivent se contenter des cachemires français dont le dessin, broché dans la trame et non brodé, ne trompe pas les connaisseurs. Taillés en carré, puis en rectangle, ils suivent la crinoline dans sa course au gigantisme et atteignent de si grandes proportions (1,50 sur 4,50 mètres) qu'il faut en fixer les plis pour les draper plus facilement. Seul accessoire durable de la mode pendant presque un siècle, ils survivent à tous les engouements, à toutes les nouveautés et demeurent jusqu'à la fin du Second Empire un élément indispensable de la garde-robe féminine, avant de terminer leur carrière sur un guéridon ou un piano.

Les jeunes filles le trouveront dans leur corbeille de mariage, en deux ou trois exemplaires — un « présent » qui fait souvent oublier le « futur »[8] ! —, mais en attendant, elles doivent se contenter pour sortir de porter un simple mantelet, sorte de manteau court et raide qui enveloppe les épaules, tellement moins seyant que ce châle moelleux qui suit l'ondulation de la démarche.

Enfin, une demoiselle distinguée ne porte pas de bijoux ou presque. Au bal, son apparition doit amener aux lèvres la comparaison avec un ange enveloppé de ses ailes et il serait du plus mauvais ton qu'elle évoque une châsse surchargée de pierreries. Les parures de perles fines ou de pierres précieuses lui sont interdites. Cette interdiction, enfreinte à la fin du Second Empire par quelques parvenues, ne tolère aucun assouplissement pour ce qui concerne les diamants, « une demoiselle *eût-elle atteint le demi-siècle,* n'y a aucun droit[9] ». Les mères les plus sévères n'autorisent pour tout bijou qu'un petit ruban assorti à la robe ou à la rigueur un bracelet en cheveux.

La simplicité imposée aux jeunes filles par les lois de la bienséance relève en fait d'une machiavélique stratégie matrimoniale : « La toilette d'une demoiselle sera toujours plus modeste que celle d'une femme mariée, parce que la vraie manière de se choisir un mari est de *paraître* avoir des goûts simples [10]. » Un sage conseil aux jeunes écervelées qui affichent des goûts de luxe et donnent à penser aux épouseurs qu'elles dépenseraient le Pérou. En outre, « elles se privent du plaisir de recevoir ces parures de la main d'un époux [11] » ! La tactique est payante car Louis Veradi, qui ne devait pas être le seul, affirme connaître « dix maris que leurs femmes ont ruinés par leur luxe et qui cependant ne les avaient épousées que parce qu'elles avaient des goûts simples. Pour qu'une demoiselle ait des goûts simples, il faut qu'elle ait horreur des cachemires et des riches fourrures, et le plus profond dédain pour les bijoux de prix et les diamants... *jusqu'à ce qu'elle ait trouvé un bon mari* [12] ».

D'ailleurs, la simplicité n'exclut pas l'élégance, le fini du moindre détail et surtout une extrême fraîcheur ; ainsi, une jeune fille se sentirait déshonorée de porter des gants qui ont déjà « fait » quinze jours ! Sans atteindre les trois cents paires de gants signalées dans l'inventaire d'Anne d'Autriche, les tiroirs d'une jeune élégante en contiennent une appréciable quantité : gants de suède pour le bal ou les visites, gants de daim pour monter à cheval, gants de chevreau pour aller aux courses, gants blancs ou beurre frais pour le soir, gants de couleur pour le jour, sans compter les nombreuses paires choisies trop étroites par coquetterie et qui se déchirent au premier essayage... Le 1er janvier 1862, Flaubert souhaite à sa nièce Caroline, entre autres choses,

« Bonne santé,

« Bonne humeur,

« des progrès miraculeux dans tous les arts que tu cultives avec distinction,

« un trésor que tu trouveras et qu'il ne faudra pas rendre,

« 72 000 mètres de moire antique,

« un camée pour mettre en bague,

« 15 *milliards de paires de gants beurre frais...* »

Mais, dans les années soixante, la comtesse de Dax se

lamente : « A peine aujourd'hui si l'on distingue la jeune femme de la jeune fille : sauf les diamants, les longs cachemires, la première se met comme la seconde. » Jérémiades de femme mûre qui critique avec aigreur une jeunesse en train de conquérir des privilèges dont elle n'a pas joui ? Ou réelle métamorphose des jeunes filles sur lesquelles finit par déteindre le luxe tapageur de la société impériale ?

Les témoignages s'accordent pour signaler que les jeunes personnes portent désormais de « très riches et très chères étoffes » rehaussées par « de gros bijoux et des pierreries [13] ». Certaines poussent l'inconvenance jusqu'à préférer au blanc et aux couleurs pastel, les nuances de la chimie moderne imposées par le goût criard, provocant, pour tout dire espagnol de l'impératrice. Ne lit-on pas en 1861, dans le journal *L'Union médicale* qu'une jeune fille qui était allée à une soirée vêtue d'*une robe de satin vert,* fut prise, après avoir dansé plusieurs contredanses, de vertiges et de maux de tête qui l'obligèrent à quitter le bal ? Juste châtiment pour avoir usurpé un coloris réservé aux femmes mariées ? Non ! son malaise s'explique plus simplement par la *couleur verte* de la robe dont l'analyse chimique prouva qu'elle contenait de l'arsenic de cuivre...

Il n'est pas jusqu'à Victorien Sardou — qu'on ne peut soupçonner d'avoir les idées rétrogrades — qui ne regrette le dévergondage de l'élégance, lorsqu'il parle, dans une de ses pièces [14], par la bouche de Clotilde d'Evry : « Ah ! simples toilettes de ma jeunesse, où êtes-vous ?... Dix mètres de mousseline, trois aunes de ruban et une fleur dans les cheveux... Avec cela quinze ans, des joues roses, et l'ivresse d'un premier bal [...] Quel garçon blasé au sortir d'un souper fin n'aurait eu l'âme doucement émue par cette jeune blancheur et cette joie si naïve ? [...] Aujourd'hui, le même homme arrive et lorgne entre deux portes : Tiens, cette demoiselle !... Elle ressemble à Zouzou-la-Toquée ! moins le chic ! et de retourner chez Zouzou-la-Toquée ! Ah ! mousseline, blanche mousseline, des mères ingrates qui te devaient leurs maris, t'ont reniée pour leurs enfants ! Sainte mousseline, vierge de la toilette, sauve nos filles qui se noient dans des flots de dentelles !... »

Pour la comtesse Drohojowska, beaucoup de filles le restent plus longtemps qu'elles ne le souhaiteraient à cause des atours coûteux dont elles ornent leurs charmes, car en les voyant, « on calcule involontairement le total des dépenses faites en robes pendant l'hiver et l'on se demande si l'on est assez riche pour épouser une fille dont la beauté est d'un si coûteux entretien [15] ». Un proverbe dit à ce propos : le velours et la soie éteignent le feu de la cuisine...

La face cachée de l'élégance : le corset

Proscrit sous la Révolution, comme symbole aristocratique, au même titre que l'épée ou la perruque, le corset refait son apparition à la fin de l'Empire, très raccourci et assoupli par rapport aux « corps » de l'Ancien Régime. Sous l'influence de la mode qui fait progressivement baisser et s'étrangler la taille, le corset reconquiert tout son empire sur les rondeurs des dames, qui, de plus en plus gênées mais consentantes, s'adonnent à « cette mode étrange qui n'est qu'une tentative avortée pour séparer la femme en deux » !

Jusqu'aux alentours de 1830, le corset s'allonge, emprisonnant désormais le buste et les hanches, et gagne en rigidité donc en inconfort par un baleinage accru ; puis, grâce à la fabrication de modèles « hygiéniques » où un système de bandes de caoutchouc et d'élastiques se substitue en partie aux baleines et au busc d'acier [16], le port du corset s'adoucit. Mais ce confort est souvent suspect aux femmes pour qui la véritable élégance passe forcément par une bonne constriction. D'ailleurs, l'avachissement physique qui reflète, pense-t-on, la mollesse morale, est à l'époque entaché d'amoralisme ; et les seules femmes que l'on peut surprendre chez elles *sans* corset sont... innommables !

Dès qu'elles savent marcher, les petites filles portent sous leur robe de petits corsages en coutil, rendus rigides par des plis très rapprochés, et vers treize ans, la jeune fille endosse son premier vrai corset à baleines légères, qu'elle porte « médiocrement » serré. Le pli est pris : désormais, le laçage et le délaçage de son corset inaugure et clôt chacune des journées de son existence. « Mettez de bonne heure votre corset, accoutumez-vous à ne pouvoir vous en passer, car il sera également utile à votre santé et à votre tenue », conseille la comtesse Drohojowska [17]. Elle le met donc dès le saut du lit, aidée par sa femme de chambre ou seule grâce à l'invention en 1840 du laçage « à poulies » qui permet de s'habiller et de se déshabiller sans aide ou... sans complice. Sur le corset viennent s'attacher un, deux, trois, parfois jusqu'à dix jupons. A partir de 1856, on y accroche la crinoline, recouverte d'un seul jupon que l'on porte en laine l'hiver ou en percale l'été.

A chaque heure, à chaque occupation son corset : corset du matin « à la paresseuse » peu baleiné, corset de repos à taille courte, corset de bal très serré, corset d'amazone long et fort, corset de voyage plus souple [18]. Même à Dieppe ou à Biarritz, les baigneuses portent un corset pour barboter dans les vagues. A tel point que certaines femmes, loin de prendre leur carcan en abomination, ne peuvent plus s'en passer. « Il y a une *ivrognerie de la constriction* qui naît vite et dont on a peine ensuite à se débarrasser, constate le Dr Fonssagrives. Je connais des élégantes qui augmentent chaque jour la dose de poison, un peu par spéculation de coquetterie, beaucoup pour échapper au malaise très réel qu'éprouvent, quand elles n'ont plus de corset, les femmes qui se serrent trop [...] absolument comme les mangeurs d'opium qui souffrent mille misères quand leur drogue leur fait défaut [19]. »

Tout au long du siècle, le corset représente dans le domaine de l'hygiène ce qu'est en musique la fameuse phrase de Rossini sur laquelle tous les virtuoses ont exercé leur talent. Il n'est pas un médecin, pas un moraliste, pas un éducateur qui n'y aille de son couplet et ne consacre quelques pages à cet accessoire barbare que l'on rend par avance responsable d'une éventuelle défaite militaire : « Si dans une vingtaine d'années, nous avons une lutte sérieuse et un peu longue à soutenir, le recrutement de l'armée en France deviendra de plus en plus difficile, en admettant que l'abus du corset continue ses ravages [20] ! »

Après quarante années d'observation, un médecin publie des chiffres destinés à ouvrir les yeux des mères aveugles qui, dans l'espoir de donner une taille élégante à leurs filles, les enferment dès la puberté dans l'acier :

« Sur 100 jeunes filles :

« 25 succombent à une maladie de poitrine

« 15 meurent à la suite du premier accouchement

« 15 restent infirmes après l'accouchement

« 15 deviennent difformes

« 30 seulement résistent mais sont tôt ou tard affligées d'indispositions plus ou moins graves [21]. »

Les abolitionnistes convaincus ne manquent pas de bonnes raisons à invoquer et dressent un tableau dramatique des ravages des baleines : « le déplacement du foie qui est quelquefois *comme coupé en deux* par la constriction qu'il a subie ; l'abaissement et la compression de l'estomac et de la masse intestinale qui pèse sur l'utérus et dispose cet organe aux déplacements, une immobilité de la poitrine réduisant le champ de la respiration [...], une tendance aux hémorragies, aux syncopes, une disposition à la phtisie, une compression du sein pouvant le déformer et contrarier plus tard l'allaitement », etc. Même les partisans du corset reconnaissent que, lacé trop fort, il peut provoquer des teints vergetés, des nez rouges et des maux d'estomac.

Le Dr Debay poursuit contre le corset la même croisade menée un siècle plus tôt par Rousseau, pourfendeur du maillot : « Le soir on les retire [les jeunes filles] de leur étui, pour les y remettre le lendemain ; pauvres enfants ! C'est pour vous rendre plus attrayantes que vos mères aveuglées vous torturent de la sorte... O lumière de l'hygiène ! vous avez proscrit le maillot, quand ferez-vous justice du corset [22] ? »

Des anecdotes à faire frémir toutes les mères soucieuses de l'établissement de leur fille courent les livres, telle celle-ci où un corset est responsable de la rupture de fiançailles prometteuses : Mme la comtesse de D... en l'absence de son mari, général de l'armée d'Afrique, avait arrangé le mariage de son fils avec la fille de la duchesse de M... Un beau mariage en perspective. Le général, de retour à Paris, après une brillante campagne, fit la connaissance de sa future bru et, dès le lendemain, rompait les négociations.

« Madame, expliqua-t-il à sa femme, vous savez que depuis cinq cents ans notre famille honore la France par les hommes qu'elle lui fournit. Mlle de D..., plus grêle qu'un roseau, n'a ni flanc ni poitrine et ne saurait perpétuer notre race. Je marierai mon fils à une femme saine et robuste qui n'aura jamais eu la taille déformée par un corset. »

Gageons qu'il eut un certain mal à la trouver...

Les considérations esthétiques s'en mêlent et pour mieux convaincre, on va jusqu'à mesurer la Vénus de Médicis : 80 centimètres de tour de taille, 1 mètre de tour de poitrine pour une taille de 1,64 mètre. Méditez, mères inconscientes, sur la différence instructive entre les mensurations antiques et les mensurations à la mode ! Mais quelle jeune fille se résignerait à une taille semblable alors que la plupart de ses contemporaines fixent à 50 centimètres de tour de taille le minimum de leur ambition ?

Ni les statistiques effrayantes, ni les prières, ni les menaces, ni l'expérience des autres, ni les comparaisons avec la statuaire antique ne réussissent à inspirer aux femmes de l'aversion pour un accessoire qu'elles considèrent comme indispensable à leur élégance, et le souhait de chaque mère est d'entendre murmurer sur le passage de sa fille : « On lui prendrait la taille avec les deux mains. »

La production des corsets s'accroît, faisant travailler à Paris 10 000 ouvrières en 1855, contre 6 500 en 1849, et l'on estime que dans les années 1860, 1 200 000 modèles sont vendus chaque année dans la capitale.

Les hommes ont la passion des tailles de guêpe. L'un de ces amateurs analysant les raisons — psychologiques voire psychanalytiques — qui lui font préférer les roseaux aux belles plantes explique que plus un corps de femme est mince et délié, plus il est facile de l'entourer de ses bras. « Il semble que ce que nous tenons ainsi nous appartient mieux : *c'est le symbole de la possession.* » Il remarque également — et je lui laisse l'entière responsabilité de son opinion — que plus la femme avance en âge, plus son caractère s'affirme ; elle échappe désormais à l'autorité de son mari et le symbole de son émancipation est l'épaississement de sa taille : « On gouverne une femme à vingt ans, elle a la taille fine, à quarante-cinq, elle résiste souvent, secoue le joug marital et la taille est grosse. Dieu la punit [23] » !

Le corset est une pièce de lingerie chargée d'ambiguïté, qui symbolise assez bien la contradiction permanente pesant sur l'éducation féminine, dès lors qu'une jeune fille pétrie de principes moraux doit faire son entrée dans le monde et y réussir, c'est-à-dire se faire remarquer d'un mari ; car le corset est à la fois le garant de la bonne tenue d'une femme, en vertu d'une mystérieuse concordance existant entre la rigidité du corps et la vertu, et en même temps l'instrument de sa séduction qui, en lui modelant une taille fine, la rend à même d'aiguiser le désir. Une jeune fille vertueuse ne se présente jamais sans être « serrée » mais, par là même, elle suscite une « déplorable lubricité ». Si les honnêtes femmes « savaient que la fine taille et la crinoline ne peuvent plaire aux hommes que par une arrière-pensée de débauche honteuse, je pense qu'elles y renonceraient [24] ». Voire ?...

Demoiselles en cage

Résurrection des vertugadins du XVIIe siècle et des paniers du XVIIIe, la crinoline est pourtant le symbole du Second Empire, voire son fétiche : son développement monstrueux a suivi la marche ascendante et parallèle du régime.

Comme lui, elle eut son opposition, ses détracteurs. Elle excita la verve des caricaturistes, souleva le blâme des moralistes, et suivant les lois éternelles de la mode, plus on la décria, plus elle triompha. La crinoline eut aussi ses adorateurs inconditionnels comme Théophile Gautier ou Baudelaire ; elle subjugua et étourdit le premier par « cette abondance de plis qui vont s'évasant comme la fustanelle d'un derviche tourneur [25] », tandis que « corolle à l'envers, coupe immense et renversée parmi l'écume des mousselines et des tulles, décente mais secrètement orgiaque [...], océan de soie où Vénus se cache », elle plongea le second dans une étrange rêverie...

Le mot crinoline désignait à l'origine un tissu raide de fil et de crin utilisé pour doubler les cols d'uniforme. A partir de 1842, on en fit des jupons pour faire bouffer les jupes et leur donner la belle ampleur requise par la mode ; mais le poids de ces jupons-crinoline qui se multiplièrent et se superposèrent sous les toilettes devint si considérable que les fabricants s'ingénièrent à trouver une solution pour en soulager leurs clientes. Le problème fut résolu en 1856 par l'invention de la « cage » faite de cerceaux concentriques en métal disposés un peu comme les cercles qui entourent la panse des tonneaux, et le nouvel accessoire emprunta son nom à l'étoffe de crin à laquelle il se substitua. Dans le modèle le plus répandu, la crinoline Thompson, la partie antérieure de la cage s'abattait comme un pont-levis pour permettre à la femme de s'y introduire, comme une châtelaine dans son château...

En dehors de la société très privilégiée de la cour des Tuileries, les femmes adoptèrent la crinoline avec une certaine lenteur ; elles n'en portèrent au début que pour étayer la splendeur de leurs robes du soir. Les jeunes personnes, en particulier, continuèrent quelque temps à porter la robe demi-ample pour vaquer chez elles à leurs occupations courantes et pour faire des visites. Mais bientôt, la crinoline se généralisa à tous les âges et à tous les rangs de la société. « Une femme n'est tout à fait bien mise que si elle occupe une place triple de celle à laquelle elle a droit [26]. » Sa crinoline ne la quitta plus, ni dans son négligé du matin, ni pour grimper dans les mansardes visiter « ses pauvres », ni pour pêcher la crevette, ni sous le déguisement le plus inattendu. Dans les bals costumés, les travestissements féminins comportaient *tous* une crinoline ; on alla jusqu'à en affubler les déesses de l'Olympe, les anges du ciel, les sultanes des Mille et Une Nuits et les bergères bucoliques. La comtesse de Castiglione arbora un soir un provocant costume de religieuse, sous lequel une cage donnait une majestueuse ampleur aux monacales platitudes...

Environ deux ans après sa naissance, la crinoline atteignit

son envergure maximale — plus de trois mètres de tour —, une ruine pour les maris et pour les pères, car les robes de leur femme et de leurs filles exigeaient un métrage de tissu astronomique. Le couturier Worth dit avoir confectionné une robe qui utilisa cent mètres de taffetas de soie, allant du lilas foncé au violet ! « Une fois achevée, elle ressemblait à un énorme bouquet de violettes[27]. » Une robe exceptionnelle sans doute, car une toilette de soirée pour la commune des mortelles ne consommait qu'une moyenne de trente mètres de tissu.

L'imposante majesté des robes du Second Empire qui faisait comme un piédestal à la beauté des femmes, fait souvent oublier les contraintes et les désagréments causés dans la vie quotidienne par leur envergure. Car enfin, il s'agissait de marcher en transportant autour de soi un aérostat d'étoffe qui donnait prise au vent et risquait à tout moment de s'envoler. Les trottoirs de la rue de la Paix et ceux des grands boulevards furent bientôt les seuls à offrir assez d'espace pour permettre à deux femmes de marcher de front et le croisement de deux élégantes dans une rue un peu étroite n'allait pas sans froissement de tissu et de susceptibilité. Comme les travaux du baron Haussmann coïncidèrent avec l'inflation de la crinoline, certains plaisantins racontèrent que c'était pour satisfaire le caprice des femmes que, galant homme, le préfet avait résolu d'élargir les rues...

Les demoiselles qui autrefois marchaient modestement dans les jupes de leur mère et leur donnaient parfois le bras pour sortir, furent contraintes de s'en écarter pour éviter que leur robe, rencontrant celle de leur mère, ne s'élevât en une inconvenante ascension.

Une mère nantie de deux filles devait disposer de deux voitures pour les conduire au bal, sous peine d'y arriver toutes les trois complètement froissées. Pénétrer dans lesdites voitures, s'y installer prenait un long moment pendant lequel la patience et la complaisance des pères et des maris étaient mises à l'épreuve. Une fois leur demie — ou plutôt leur trois quarts — et leur progéniture installées, ils devaient se nicher au milieu de ces fragiles nuages de tulle et de dentelles et observer pendant tout le trajet une parfaite immobilité. S'asseoir en évitant l'envolée des cerceaux rebelles était devenu un miracle de précision. Danser une polka endiablée sans s'y prendre les pieds, s'avéra si difficile qu'il fallut grillager la crinoline au moyen d'un petit treillis « de sécurité ».

Les salons, habitués au temps des robes-fourreaux étroites comme la gaine d'une épée, à contenir trois cents personnes, se mirent à rétrécir comme une peau de chagrin et devinrent tout juste bons à en accueillir deux cents. Les amphitryons durent choisir entre restreindre leurs invitations, donc s'aliéner les relations rayées de leurs listes pour cause de crinoline, ou entasser leurs invités comme les gens du commun dans un omnibus.

Les accidents se multiplièrent et *Le Conseiller des dames et des demoiselles*, un journal de tendance anti-crinoliniste modérée signale en 1858 : « Il ne se passe pas de jour sans que nous soyons attristés par la nouvelle de quelque jeune femme brûlée dans ses vêtements. » Si l'on en croit Mérimée, une jeune fille de son entourage qui portait une cage aurait été brûlée vive au bal en se regardant dans une glace placée au-dessus d'une cheminée. Il dit avoir eu connaissance de *dix-sept* accidents semblables. « Il est vrai, conclut-il, qu'on ne meurt qu'*une fois* et qu'on est *toujours* bien aise de montrer une croupe monstrueuse [28] ! »

Pour achever l'inventaire des grandeurs et servitudes de la crinoline, un détail qui manque sans doute de poésie, mais qui a son importance : comment retrousser ses jupes avec une crinoline ? Les femmes qui s'évertuaient en public à conserver la belle ordonnance de leur toilette devaient pourtant en privé relever de temps en temps leurs jupes. La chose était facilitée par un cordon de tirage qui, lorsqu'on l'actionnait, faisait remonter les cerceaux à la manière des lattes d'un store...

Comme la grenouille de la fable, la crinoline, à force de s'enfler, finit par crever. Son succès même portait le germe de sa perte : dès lors que toute la gent féminine, de la lorette à la soubrette, portait une cage, les femmes du monde cessèrent de lui porter la même considération. De dépit, elle se dégonfla. Vers 1862, elle commença à s'aplatir sur le devant, rejetant l'ampleur des jupes vers l'arrière. Et puis, en 1867, le couturier Charles Frederic Worth, son grand adversaire « qui grandissait et l'Impératrice qui grossissait », éliminèrent définitivement la crinoline au profit de la tournure, posée sur les reins comme une grosse queue d'écrevisse.

Les « tuyaux de modestie »

Et sous tous ces dessous ? Bien souvent « *la nudité impudique et sauvage* à laquelle les extrémités supérieures des membres abdominaux et les parties génitales externes sont presque toujours constamment exposées », répond vers 1850 un médecin préoccupé par l'hygiène vestimentaire. « Il est urgent d'habituer les jeunes filles à l'usage des caleçons », conclut-il.

En effet, le caleçon, plus généralement dénommé « pantalon », est d'une apparition récente dans la garde-robe féminine. Pour une fois, la mode vient d'Angleterre où depuis le début du siècle, les jeunes *misses* en portent sous leurs jupes pour se livrer aux joies de la gymnastique. Au printemps de 1809, quelques rares Parisiennes s'entichent de cette pièce de lingerie et dévoilent, à la faveur d'un coup de vent ou d'un entrechat, un éclair de percale garnie de dentelles. La mode fait long feu chez les femmes à qui il permet, pense-t-on, des mouvements trop libres et des allures trop dégagées. Shocking ! Mais les petites filles s'en emparent, le gardent et font de ce pantalon de percale, tuyauté en bas et serré à la taille, le symbole de l'enfance, indissociable de leurs jupes *courtes.* Mais les robes *longues* que portent les jeunes personnes le rendent sans objet ; ces robes « se drapent en larges plis autour de la partie inférieure du corps de la jeune fille de manière à baigner dans un air sans cesse renouvelé *les organes qui exigent un libre accès* [sic !] et dont les émanations ne peuvent être concentrées sans inconvénient [29] ».

La crinoline, en supprimant le rempart de jupons qui emmitouflait les femmes et en ménageant entre le corps et les jupes un grand vide, laisse les jambes à la merci d'une indiscrétion inconvenante : le pantalon devient alors indispensable pour faire écran aux regards importuns, au point que l'adjectif « indispensable » devient un synonyme de pantalon, tout comme l'expression « tuyaux de modestie ».

Cet accessoire — qui survivra à la crinoline — reste soumis à la plus grande discrétion : les trousseaux de pensionnaires, pourtant très détaillés lorsqu'il s'agit de bonnets de nuit, de mouchoirs de poche ou de camisoles, n'y font presque jamais allusion ; les journaux de mode qui ouvrent leurs colonnes à la description des trousseaux de mariage prestigieux, glissent généralement sur l' « inexpressible », autre mot pour désigner le pantalon. Il y figure pourtant en bonne place, surtout dans la seconde partie du siècle : en vingt-quatre exemplaires dans les trousseaux de la bonne bourgeoisie soit douze pantalons ordinaires, et douze brodés et ornés de dentelles de Valenciennes.

L'exposition de ces dessous, à l'occasion de la réception donnée pour la signature du contrat de mariage, est même jugée malsaine par certains. « Ces expositions n'ont-elles pas leur danger ? La mère doit-elle en permettre la vue à sa fille [30] ? » et à son fils ? !...

III

Le bal, « bazar des filles à marier »

« Vers cinquante-cinq ans, beaucoup de personnes tranquilles qui jusque-là employaient leurs soirées à prendre du thé et à jouer au whist, éprouvent d'un coup le besoin de donner des bals ; *c'est qu'il y a une fille mûre à la maison.* Il est triste de voir la mère qui a grossi, travailler à se donner une taille, et, après une longue éclipse, étaler à la clarté des lustres des épaules quinquagénaires, qui feraient mieux de ne pas se montrer. » Cette peinture sans tendresse de Taine [1] vise la bourgeoisie moyenne, mais, dans le noble Faubourg Saint-Germain, si les moyens mis à la disposition de la fin sont plus importants, les salons plus vastes et les invitations plus nombreuses, la stratégie est la même : « Nous donnâmes dans cet hiver de 1816 deux modestes bals pour commencer à faire *entrevoir* Claire [2] », note le baron de Frénilly dans ses souvenirs. C'est en effet au bal que se nouent la plupart des mariages au XIXe siècle... et qu'ils s'y dénouent d'ailleurs... !

Les bals : un mal nécessaire

Ils sont nuisibles pour la pureté, disent les moralistes ; ils sont nuisibles pour la santé, ajoutent les médecins ; qu'importe ! presque tous les parents y conduisent leur fille puisque le bal est « le bazar des filles à marier », comme le dit encore le baron de Frénilly.

Les mères dont le plus grand plaisir, le plus noble divertissement est de courir le mari, trouvent au bal un giboyeux territoire de chasse et font fi des interdictions de la morale chrétienne. A propos, que dit-elle, cette morale chrétienne avec laquelle les plus vertueuses éducatrices trouvent des accommodements ?

Les hommes d'Eglise indulgents en appellent à la haute autorité de saint François de Sales qui tolère les bals pourvu qu'ils soient « accommodés de modestie, de dignité et de bonne intention », et citent, à l'appui d'une tolérance bien tempérée, les exemples fournis par les annales religieuses contemporaines : en 1860, justement, la cour pontificale instruit le procès de béatification de la reine de Naples, Marie-Christine, morte en 1836 à vingt-trois ans en odeur de sainteté. Or, que lit-on dans les dépositions ? « Dès sa plus tendre jeunesse, Christine montra quelque goût pour les bals que l'on donnait de temps en temps à la cour. » Si l'amour de la danse n'est pas un obstacle à la canonisation, tous les espoirs sont permis ! Mais, on ne manque pas de faire remarquer que Marie-Christine « considérait ce divertissement comme un simple exercice du corps ».

Bien des directeurs de conscience ignorent ou feignent d'ignorer ces détails et ne voient que la condamnation positive et absolue du bal par tous les Pères de l'Eglise. Cette réprobation est répercutée dans les catéchismes, qui *tous* signalent le bal comme dangereux et exhortent à le fuir. Que lit-on dans le *Catéchisme de Saint-Sulpice*, au chapitre du sixième commandement : luxurieux point ne seras, de corps ni de consentement ? « Je m'accuse d'avoir tourmenté mes parents pour qu'ils me menassent au spectacle ou au bal[3]. » Voilà qui est clair. Danser, c'est pécher — et gravement — contre la pureté et se vouer à l'enfer.

Au Sacré-Cœur de Poitiers, l'aumônier et les sœurs vont jusqu'à prêcher *la désobéissance aux parents* lorsqu'ils s'obstinent à conduire leur fille au bal et citent en exemple la conduite d'une pensionnaire modèle ; celle-ci, « après sa rentrée chez son père, apprit qu'elle devait se rendre avec lui sous peu de jours à une sauterie de famille. Elle pria, elle intercéda, elle pleura pour obtenir la permission de rester au logis, on ne voulut rien entendre ; on lui signifia que, dût-on la porter de force, elle y viendrait. Elle eut alors une magnifique idée : une maladie seule pouvait la préserver de ce malheur ; il fallait se rendre malade à tout prix et elle se portait à ravir. Elle avala deux ou trois chandelles ! Le dégoût amena des vomissements et l'indigestion ; elle en resta huit jours au lit, mais elle n'alla pas au bal [4] ! ».

Pour l'abbé Moitrier, conduire une jeune personne au bal, c'est la livrer pieds et poings liés aux appétits sensuels des mâles qui ne peuvent que se déchaîner dans « ces lieux-là où la beauté des objets, les illuminations, les violons, l'agitation de la danse réveilleraient la passion dans des anachorètes qui auraient fait pénitence pendant cinquante ans dans un affreux désert [5] » !

La Faculté, elle aussi, réprouve, pour des raisons de santé, ces habitudes sociales qui consistent à faire de la nuit le jour et du jour la nuit, à vivre pendant quatre, cinq heures d'affilée dans un air parfumé — les parfums ont très mauvaise réputation : ils sont censés « hâter la crise des sens » — et confiné dont des centaines de poitrines et de bougies consomment l'oxygène, dans une humidité diffuse qui ternit les miroirs, à s'échauffer en dansant, puis passer de la fournaise du bal à une voiture froide, et à s'endormir à trois heures du matin. Le tout, plusieurs fois par semaine, pendant la « saison ».

Le Dr Goullin fustige comme beaucoup d'autres confrères la vanité maternelle qui expose les jeunes filles à une foule de calamités échappées des bals comme de la boîte de Pandore : « Ces affections nerveuses [...], ces flueurs blanches [6] contre nature qui tarissent la source de la fécondité, ces affections cutanées qui cachent sous de hideuses éruptions les traits les plus doux [...], cette maladie terrible qui décompose le corps après avoir établi son siège sur l'organe si délicat de la respiration [7]. » Le mot terrible n'est pas prononcé, mais tout le monde a reconnu la phtisie qui rôde aussi dans le poème de Victor Hugo, inspiré par une jeune fille « qui aimait trop le bal »...

(...) Mais hélas ! il fallait, quand l'aube était venue
Partir, attendre au seuil le manteau de satin,
C'est alors que souvent la danseuse ingénue
Sentit en frissonnant sur son épaule nue
Glisser le souffle du matin.

Quels tristes lendemains laisse le bal folâtre !
Adieu, parure, et danse, et rires enfantins !
Aux chansons succédait la toux opiniâtre,
Au plaisir rose et frais la fièvre au teint bleuâtre,
Aux yeux brillants éteints.

Elle est morte. — A quinze ans, belle, heureuse, adorée !
Morte au sortir d'un bal, qui nous mit tous en deuil,
Morte, hélas ! et des bras d'une mère égarée
La mort aux froides mains la prit toute parée,
Pour l'endormir dans le cercueil[8]...

Ni les vers de Victor Hugo, ni les froncements de sourcils des confesseurs n'empêchent les jeunes filles d'aller au bal.

Il existe cependant des familles où les jeunes filles restent jusqu'à leur mariage dans un état de virginité sociale absolue, au milieu des seuls plaisirs domestiques où tout est bénéfice pour la santé et sécurité pour la vertu.

Une jeune personne qui dès avant son mariage aura épuisé tous les plaisirs sera — disent les tenants de cette opinion — malheureuse en ménage et peut-être pire... Son mari ne pourra plus rien lui faire découvrir et perdra tout son prestige et son ascendant sur elle. Que d'ennuis en perspective ! En revanche, une oie blanche à l'horizon borné par son chevalet et son métier à tapisserie, et qui découvrira le monde et ses délices au bras de son mari, s'imaginera que c'est lui qui crée pour elle ce qui l'enchante et elle aura pour lui reconnaissance et admiration. Comme ces deux sentiments sont des chemins de traverse qui mènent bien vite à l'amour, la paix conjugale est assurée...

Une opinion phallocrate s'il en est, cynique, qui est présentée sous des métaphores éculées qui traînent dans certains livres d'éducation : « Quand on veut acheter un mouchoir [une femme], on ne prend point celui qui est en montre [9], on préfère ceux qui sont en magasin [10]. » Un principe petit-bourgeois, qui, même dans la façon dont il est énoncé, sent l'arrière-boutique, et qui n'a généralement pas cours dans le Faubourg Saint-Germain ou dans la riche bourgeoisie parisienne.

Une habitude prise très tôt : les bals d'enfants

Les bals ne sont pas toujours une nouveauté pour une jeune fille qui fait son entrée dans le monde. Bon nombre de « bonnes » familles avaient l'habitude, chaque hiver, d'organiser des bals d'enfants, véritables répliques lilliputiennes des grands bals où les bambins de quatre à quatorze ans venaient singer la vie mondaine de leurs parents. Ces fêtes miniatures, ce grand monde vu par le petit bout de la lorgnette étaient presque aussi dévorants que la haute société des adultes. Les enfants de Guizot, très souvent invités en raison de la haute position de leur illustre père, « sortaient » pendant la saison des bals presque tous les soirs, et leur tante, Mme de Meulan, chargée de les mener à ces festivités s'en inquiétait pour leur santé : « Ils n'en peuvent plus. Quatre bals dans la même semaine. C'est trop. »

Sous la Monarchie de Juillet, Mme Orfila, femme du doyen de la faculté de médecine, donnait traditionnellement un grand bal costumé en l'honneur de son fils, le jour du Mardi gras. Il serait plus juste de dire que M. Orfila junior donnait un bal, car les invitations étaient faites en son nom et, du haut de ses dix ans, il faisait les honneurs des salons avec un savoir-vivre consommé. On admira au bal du Mardi gras 1836 le neveu du duc de Talleyrand en costume écossais, M. Decazes en Figaro, accompagné de sa sœur en Napolitaine, le fils de M. Crémieux, âgé de quatre ans, vêtu en pâtissier qui offrait ses bonbons à la ronde, etc.

A la même époque, les Tuileries s'ouvraient de temps en temps aux maladroits balbutiements chorégraphiques des enfants. Marie Cappelle y dansa un galop avec le prince de Nemours qui, de l'avis de sa cavalière, n'était jamais en mesure et lui écrasait les pieds [11]. La reine donnait, dans la salle des Maréchaux, des bals où étaient invités les enfants des familles ralliées au régime. Mme de Dolomieu, dame d'honneur de la reine et organisatrice de ces fêtes, veillait elle-même à former les couples de danseurs ; les parents, vaguement inquiets, observaient la formation des quadrilles et recherchaient dans le choix de la danseuse de leur fils ou du cavalier de leur fille, un signe de la faveur royale. Le temps d'un galop, un infant d'Espagne neveu de la reine échut à Célestine de Ségur qui fut sensible, comme ses parents, à cette distinction ; malheureusement l'infant qui était « un peu idiot [12] », tomba par terre, ce qui gâcha le plaisir de la petite fille.

Ces bals avaient parfois lieu en plein jour pour ménager le sommeil des chères petites têtes blondes ; on fermait volets et persiennes, on illuminait les salons, et l'orchestre — un véritable orchestre — jouait de 2 à 6 h quadrilles et polkas avant que le bal s'achève, suivant les règles de l'art, par un cotillon échevelé au milieu des rires et des chutes. Mais pour que l'imitation des adultes soit encore plus fidèle, la plupart des bals avaient lieu le soir : à 19 h 30, l'orchestre attaquait la première contredanse... Les mères faisaient exceptionnellement tapisserie sur les banquettes, les grandes sœurs organisaient les quadrilles, plaçaient les vis-à-vis, et veillaient à ce que la consommation de gâteaux, de glaces et de sirop ne dépasse pas les règles de la bienséance.

De temps à autre éclatait un incident : un chasseur tyrolien faisait trébucher un Savoyard qui entraînait dans sa chute une duègne de six ans, poudrée à frimas, laquelle renversait son sirop d'orgeat sur la robe d'une bergère... On criait, on pleurait, et on avait déjà le désir de plaire, le sens de ses prérogatives et l'honneur chatouilleux : Mme Campan se souvient avoir vu s'engager un duel « entre deux rivaux de quatorze ans pour une beauté de douze [13] »...

L'usage des bals d'enfants se prolongea pendant tout le Second Empire. Dans le souvenir d'Henriette Sansom, « la gaieté régnait mais sans familiarité, mamans et institutrices en vigilantes poules couveuses, veillaient sur leurs poulettes [...] les quadrilles des lanciers ne se sabotaient pas ; on pinçait gentiment sa robe, on tenait son petit mouchoir, on était sérieuse [14] ».

Des fêtes magnifiques furent organisées dans les jardins des Tuileries pour le prince impérial. Il y a fort à parier que la réception du 8 mai 1864 resta gravée dans la mémoire des petits privilégiés qui y furent conviés. Il y eut des courses de chevaux nains montés par des singes, des spectacles de guignol organisés dans douze petits théâtres éparpillés dans les bosquets, deux chapiteaux où gesticulaient des clowns, cent cinquante marchands de coco distribuant à l'entour les rafraîchissements contenus dans leurs fontaines. On servit un immense goûter sur la terrasse du bord de l'eau, et la journée s'acheva par un bal où deux orchestres jouèrent pour le Tout-Paris au petit pied [15].

Premier bal

Suivons minute après minute une jeune débutante au cours de la journée et de la nuit de son premier bal, depuis les préparatifs de sa toilette jusqu'au moment où, au petit jour, sa femme de chambre ensommeillée viendra la décoiffer et délacer son corset.

Tout commence par une invitation portée à domicile par un domestique... Une jeune fille n'est jamais invitée seule, mais avec sa mère à qui est adressée l'invitation. Penchée par-dessus l'épaule de sa mère, elle déchiffre la formule d'invitation dont chaque mot, longuement soupesé, prévient les invitées du degré de cérémonie du bal et leur indique quelle toilette elles devront mettre. *Madame* fait atteler et, jetant un châle sur ses épaules, s'engouffre avec sa fille dans le coupé qui les dépose chez Mlle Palmyre, la couturière en vogue, rue Grange-Batelière, pour commander la robe, puis chez Mme Nattier, rue Neuve-des-Petits-Champs pour choisir les fleurs de la coiffure.

Dans les familles aisées du Second Empire, les jeunes personnes en âge de se marier vont en moyenne à trois bals par semaine, pendant la saison. Comme le dit Taine : « Trois fois par semaine, son père met des bottes étroites et sa mère va dormir, les yeux ouverts, sur une banquette, afin qu'elle puisse danser. » Sachant qu'une jolie toilette coûte environ 700 francs et qu'elle ne peut être portée plus de quatre ou cinq fois sans susciter des commentaires malveillants, on arrive au total de 6 300 francs pour une saison, rien que pour la toilette. Taine estime que, dans la classe moyenne, une demoiselle qui va dans le monde pendant deux ans, pour laquelle ses parents donnent huit à dix bals, qu'ils conduisent dans une centaine d'autres, occasionne une dépense d'environ 20 000 francs, tout compris : les toilettes, les fiacres et le port des lettres [16] !

Les jeunes filles à marier sont, comme on le voit, d'un « entretien » coûteux et le prolongement du célibat pendant plusieurs années est aussi mortifiant pour l'amour-propre de leur mère que dispendieux pour les deniers de leur père.

Le matin du bal, la robe est livrée dans une immense boîte où elle repose, couchée de tout son long comme une morte dans son cercueil, pour éviter le moindre pli. Dans l'après-midi, le coiffeur vient « apprêter » *Madame* et *Mademoiselle.*

Les coiffeurs à la mode, pardon ! les « professeurs capillaires », Hippolyte ou Plaisir sous la Restauration, Edouard ou Mariton sous Louis-Philippe, sont de véritables dieux que toutes les femmes s'arrachent, et naturellement à la même date. Ne sachant plus où donner du peigne les jours de grands bals, ils sont assistés par un escadron d'anonymes qui commencent le travail et échafaudent chignons et torsades capables de résister aux tressautements de la danse ; le maître passe en coup de vent donner d'un hôtel à l'autre le dernier coup de peigne qui consacre l'ouvrage.

Pour *Mademoiselle* : coiffure druidique à base de feuilles de chêne, coiffure néréide avec les fleurs aquatiques aimées des naïades, ou coiffure Proserpine avec de petites fleurs des champs. Pour *Madame* : coiffure Léda piquée avec de petites plumes frémissantes ou coiffure Cérès arborant les attributs de la déesse. La coiffure de Célestine de Ségur, à l'occasion de son premier bal : « cheveux nattés par-derrière, bandeaux bouffants, lustrés, pommadés, une guirlande posée entre les bandeaux et la natte [17] » de la main de Mariton, lui coûta une heure d'immobilité fiévreuse et... vingt francs.

Dans le landau qui l'emporte vers le bal, la mère répète les ultimes recommandations [18] :

« Vous resterez près de moi, sans égarer vos regards, sans élever le son de la voix et vous attendrez qu'un cavalier vienne vous inviter. Acceptez *toujours* si vous n'êtes pas engagée et n'opposez *jamais* à une invitation un refus blessant. Que les jeunes gens et les moins jeunes jouissent de la plus parfaite égalité.

— Mais, Maman...

— Oui, ma fille, j'insiste. Un seul refus fait à un danseur vous interdit à l'avenir de danser avec tous les autres, sinon, ma pauvre enfant, vous pourriez provoquer un éclat déplorable, exposer votre réputation et la vie de votre père, de votre frère. Combien de querelles, suivies de duels n'ont eu d'autre origine que des refus de cette nature... Songez-y bien !

— Oh ! oui, Maman. »

La jeune fille frissonne d'effroi et d'excitation. On se battrait pour elle ?... Elle se souvient d'une historiette très triste et très morale lue dans un livre de Bouilly, *Conseils à ma fille*, dont sa mère lui a conseillé la lecture. La nouvelle s'intitulait « Le Premier Pas dans le monde » : on y voit une petite étourdie, Agathine, éconduire à son premier bal un jeune homme à la mise modeste qui l'invite pour une valse ; mais quelques instants plus tard, elle danse avec un fringant lieutenant de vaisseau, sous les yeux du jeune homme dépité. Pauvre — apparemment —, mais fier — évidemment —, il arrête le couple, s'estime offensé par son rival qui refuse de lui céder le pas et le provoque en duel ; le jeune homme qui n'est autre que le fils du premier magistrat de la ville est tué et Agathine, tenue responsable du drame, est mise au ban de la société, tandis que sa famille, déconsidérée, sombre bientôt dans la ruine [19].

« Si vous avez déjà promis une danse pour laquelle vous recevez une nouvelle invitation, vous remercierez très poliment et vous indiquerez la cause de votre empêchement.

— Mais, Maman, si par distraction ou par oubli, j'accorde à deux cavaliers la même danse, que va-t-il se passer ?

— Empressez-vous de les mettre d'accord en renonçant absolument à danser avec eux, et avec les autres. C'est le seul moyen de faire pardonner votre étourderie... Et puis, ma fille, vous avez votre carnet de bal pour éviter ce genre de distraction, servez-vous-en... »

Depuis la Restauration, le carnet de bal pallie les insuffisances de la mémoire. Dans ce petit calepin de nacre, les danseuses notent leurs engagements dans l'ordre, à moins qu'elles ne préfèrent, à la mode anglaise, utiliser un éventail en carton ou en peau ; un petit crayon attaché au manche permet d'inscrire sur les plis le nom de chaque danseur, que l'on efface pour le prochain bal, si l'on ne garde pas l'éventail en souvenir...

Les jeunes gens ont aussi leur aide-mémoire et ceux qui aiment la danse ont mis au point une tactique pour s'assurer leur comptant de cavalières. La voici : « ... Comme il y a quatre fois plus de danseurs que de danseuses, il faut inviter de très bonne heure. On arrive donc le plus tôt possible, à huit heures par exemple. On s'embusque près de la porte et dès qu'une danseuse paraît, on se précipite sur elle et on lui demande un quadrille ou la vie. En général, elle préfère accorder le quadrille. Alors on l'inscrit sur un papier et ainsi de suite. Les gens intrigants comme moi s'arrangent pour avoir à neuf heures du soir 15 quadrilles, 4 polkas, 4 mazurkas et avec ce système, on peut danser. Mais il faut avoir appris la tenue des livres en partie double pour ne pas se tromper [20]. »

Mais retournons dans notre landau...

« Si votre danseur vous parle, ne baissez pas les yeux, cela serait pris pour de l'affectation ; ne le regardez pas non plus au visage, ce serait de l'effronterie, *fixez plutôt son épaule...*

— Bien, Maman.

— En dansant, ne relevez pas trop votre robe.

— Oui, Maman.

— Ne perdez pas votre éventail ; il vous permettra, entre les danses, d'occuper vos mains un peu gauches et de vous soustraire aux regards insistants. »

L'éventail est le bouclier de la femme, disait Beaumarchais. Il leur sert à dissimuler leurs rougissements pudiques, lorsqu'elles sentent passer sous leur chair, cette « petite rougeur contenue et étouffée assez pareille à celle que produit une liqueur rose dans une tasse à moitié opaque [21] ». C'est aussi un accessoire obligé de la toilette de bal avec le carnet et le mouchoir parfumé [22]. Le goût des éventails devint si prononcé chez les jeunes personnes qu'un plaisantin imagina qu'il ferait fortune en ouvrant une école pour apprendre la manière d'en jouer, où les élèves s'exerceraient aux commandements de « Préparez éventails ! » et « Déferlez éventails ! ».

« Si d'aventure nous étions séparées, et qu'un inconnu vous adresse la parole, vous lui répondrez bien distinctement *de manière à ce que vos voisins vous entendent.* Ne provoquez jamais d'aparté. En aucun cas, vous ne devez faire de réflexion à haute voix sur un des messieurs que vous verrez au bal. Une jeune fille ne doit jamais avoir l'air de s'occuper des hommes et n'en jamais parler. Vous m'avez bien comprise ?

— Oui, Maman.

— Ayez surtout un grand respect pour la vieillesse et une prévenance de tous les instants pour les femmes âgées que vous verrez au bal. C'est elles qui font et défont la réputation des jeunes personnes. »

En effet, les vieilles dames, celles qui peuvent dire en commençant un récit, comme cette spirituelle septuagénaire : « Du temps que j'étais femme... », se consolent souvent du regret d'avoir quitté le devant de la scène en exerçant derrière leur éventail une sorte de terrorisme mondain. Leur suffrage est d'autant plus important qu'elles se chargent souvent d'arranger les mariages...

On est presque arrivé. De loin, les illuminations, la longue file d'attelages qui viennent déverser leur cargaison de tulle et de dentelles, les livrées resplendissantes et les chevaux piaffants qui enveloppent la scène de la fumée de leurs naseaux, signalent l'entrée du bal. Des badauds curieux d'apercevoir les femmes en grande toilette, forment deux haies de chaque côté de la porte cochère. On descend de voiture avec précaution, au milieu des cliquetis des harnais et des lanternes secouées et, au sortir des rues noires et froides, « on croit entrer dans une fournaise de lumière [23] ».

La mère, empressée, fiévreuse, étale la robe de sa fille, froissée pendant le trajet, renoue un ruban détaché, lisse une mèche de cheveux. Un dernier conseil :

« Tenez-vous droite et souriez, vous avez de jolies dents ! »

Au bras de son père, la jeune fille s'avance. On a choisi exprès une heure tardive — 11 heures —, le moment où les salons sont pleins car il faut, pour cette entrée officielle, faire sensation. Elle gravit l'escalier où s'accrochent les fleurs de serre enlacées au fer forgé, et à la lumière des chandeliers brandis par la double rangée de laquais échelonnés sur les marches, elle plonge dans un océan de lumières, de bijoux, de tissus chatoyants et d'épaules satinées.

« Quel enchantement que ce premier bal ! Quelle poésie dans ces danses et dans cette musique, dans ces fleurs et dans ces lumières, dans cette chaleur parfumée qui me faisait rougir et pâlir dix fois dans une heure. Quel plaisir d'entendre dire autour de moi : " Elle est jolie " [24]. »

Comme il est loin le calme du couvent, le parfum de moisi et d'eau bénite de la chapelle, le son des cantiques et le sourire des sœurs ! Aussitôt que l'innocente créature paraît dans l'arène, elle est environnée par des sourires en lame de couteau. Ses concurrentes, celles qui ont déjà paru dans le monde avant elle ou qui arrivent en même temps, et viennent y chercher la même chose, la dévisagent. Entre elles, il y aura assaut dans les toilettes et dans les ressources de la coquetterie de bon ton ; il y aura des victoires et des défaites, des triomphes et des douleurs, des jalousies et des vengeances, toutes ces petites passions qui naissent à l'abri des éventails, sont consignées dans les carnets de bal et éclatent entre deux quadrilles.

On la regarde, on discute le mérite de ses traits, de sa tournure, de sa robe ; les commentaires bourdonnent, on se communique d'un groupe à l'autre, le chiffre présumé de sa dot, on passe en revue ses « espérances ». Les yeux, les dents, la taille sont portés au débit ou au crédit suivant leurs attraits ou leurs défauts ; le tout examiné, noté, pesé, on cote la nouvelle venue comme une valeur en bourse selon que les jeunes-filles-à-marier abondent plus ou moins sur le marché.

D'après une femme d'expérience, une débutante perd chaque année 25 % de sa valeur, pendant les cinq premières années, puis 50 % les suivantes ; « à moins qu'un héritage de quelque importance n'opère en elle un rajeunissement subit » et, toujours d'après cette spécialiste de la bourse matrimoniale, c'est « pour prévenir cette période de dépréciation qu'on se hâte de présenter au monde la jeune fille *à peine éclose* [25] ».

De tout le bal, notre jeune personne ne quittera sa mère sinon pour danser. Les jeunes évaporées qui se regroupent pour chuchoter, ricaner ou se promener dans les salons, celles qui vont au buffet seules sont jugées avec sévérité. Si la jeune fille — une orpheline par exemple — vient au bal accompagnée de son seul père, celui-ci la place immédiatement sous la protection d'une dame d'un âge respectable à laquelle elle devra pendant toute la soirée les mêmes égards qu'à sa mère.

Mais la première invitation ne tarde pas à arriver. Un jeune homme s'avance, salue Mme mère et prononce la phrase fatidique si souvent entendue en rêve. Si elle veut bien consentir à lui faire l'honneur de lui accorder la prochaine danse ? Mais comment ! (Notez que toute autre formule, par exemple la substitution du mot « plaisir » à celui d' « honneur » serait inconvenante.) La jeune fille consulte pour la forme son carnet et inscrit le nom du danseur ou lui tend son calepin pour qu'il le note lui-même. Elle doit à ce premier cavalier, comme aux suivants d'ailleurs, la plus gracieuse des révérences ; « vous connaissez l'attitude : on se cambre joliment, on efface les épaules, on arrondit la jupe, on prend un sourire de circonstance [...] on plonge dans sa robe [...] la bouche s'entrouvre comme une rose épanouie et tout à coup, comme une cascade de perles, les compliments coulent et roulent [26] » :

« Monsieur, je suis bien aise de ne pas être engagée pour avoir l'honneur de vous accorder cette danse. »

Elle pince sa robe pour s'élancer au bras de son cavalier, sous les yeux de sa mère qui, les nerfs tendus comme des cordes de harpe, les regarde s'éloigner ; elle tressaille en sentant sur son épaule la main gantée de son premier danseur ; « comme ce gant beurre frais parlait à mon petit cœur tout neuf [27] ! »

Est-ce un quadrille, une polka ou une valse ? La précision est d'importance, car elle peut révéler une éducation libérale, ayant des accommodements avec le ciel ou, au contraire, une éducation sévère et traditionaliste.

Valsera ? Valsera pas ?

Sous la Restauration, on danse la contredanse (de l'anglais *country dance*) ou quadrille français, qui comporte cinq figures : la chaîne anglaise ou pantalon, le pas d'été, la poule, la pastourelle, enfin la boulangère où l'on échange sa danseuse et qui pour cette raison a été surnommée la saint-simonienne, par allusion à la communauté des femmes prônée par les saint-simoniens. Il s'agit de figures et d'enchaînements très chastes et très convenables qui limitent les contacts entre partenaires aux effleurements du bout des doigts « et encore on vous apprenait à le faire délicatement pour qu'il y eût le moins de contact possible [28] ».

On danse alors « en frotteur de parquet », car la mode romantique veut que la mélancolie et l'alanguissement général touchent aussi la chorégraphie, et par réaction politique : on glisse sur le parquet parce que, sous le régime abhorré on sautait, et on aurait sauté dans le cas contraire.

Mais sous Louis-Philippe, la contredanse est en perte de

vitesse ; la monotonie de ses cinq figures finit par lasser les plus fanatiques. Les bals deviennent sinistres, et « ressemblent à la Bourse ». Les maîtresses de maison ne parviennent à organiser les quadrilles qu'au prix d'efforts inouïs, dénichant des jeunes gens dans les embrasures des croisées, arrachant les danseurs aux tables d'écarté ou de bouillotte qui les attirent invinciblement et forcent tant d'infortunées à faire tapisserie. L'ampleur grandissante des robes, jointe à la mode qui veut que l'on entasse dans les salons le double d'invités qu'ils en peuvent raisonnablement contenir, rendent impraticable cette danse qui exige de l'espace pour ses enchaînements. Le quadrille continue cependant à avoir droit de cité, au grand soulagement des jeunes filles qui n'ont pas la permission de se laisser emporter dans le tourbillon des danses interdites, et au soulagement des moins jeunes qui reprennent haleine entre une valse et une galope.

Dansée à partir des années 1825, la galope — ou galop — entraîne les couples à la queue leu leu en une grande farandole jumelée qui fait le tour des salons ; elle a l'inconvénient, dans la cohue, de favoriser les contacts et d'enlever les jeunes personnes à la surveillance de leurs mères qui peuvent difficilement les suivre d'un salon dans l'autre ; elle s'attire pour ces raisons la sévérité des moralistes, mais moins que la polka à laquelle elle cède le parquet à partir de 1844.

Quand la nouvelle danse fait son apparition dans les salons, les premiers couples d'initiés polkent au milieu d'un cercle de spectateurs enthousiastes qui, oubliant toute retenue, montent sur les fauteuils et les banquettes pour mieux voir.

La polka connait un engouement que même la valse n'a jamais suscité, surtout auprès du peuple et de la bourgeoisie, tandis que l'aristocratie, lui trouvant une allure plébéienne, la boude quelque temps. Mais la morale n'y trouve pas son compte et la polka — ainsi que ses avatars : la varsoviana, la scottish, la masurka — avec ses pas sautés passe pour une « obscénité chorégraphique [29] » qui, donnant lieu à des prodiges de déhanchements, peut servir de tremplin à des ardeurs secrètes. Cependant, rien n'excite la verve des censeurs comme la danse impure par excellence : la valse.

La harpe tremble encore et la flûte soupire,
Car la valse bondit dans son sphérique empire ;
Des couples passagers éblouissent les yeux,
Volent enlacés en cercles gracieux,
Suspendent des repos balancés en mesure,
Aux reflets d'une glace admirent leur parure,
Repartent ; puis troublés par leur groupe riant,
Dans leurs tours moins adroits se heurtent en criant.
La danseuse, enivrée aux transports de la fête,
Sème et foule en passant, les bouquets de sa tête
Au bras qui la soutient, se livre, et, pâlissant
Tourne, les yeux baissés sur un sein frémissant [30].

C'est par ces vers qu'Alfred de Vigny célèbre la valse, importée d'Allemagne sous l'Empire, au milieu des échanges internationaux de coups de sabre. Longtemps, cette danse tournante, « au vol lascif et circulaire [31] », va faire antichambre avant de forcer l'entrée des salons les plus honnêtes. Mme de Boigne nous apprend qu'en 1820 elle est encore interdite à la cour.

Dans les milieux traditionalistes, la valse reste pendant longtemps l'apanage des femmes mariées, des « femmes de 35 ans », dit un de ses ennemis, espérant par là en dégoûter les plus jeunes. Tout de suite on voit qu'il y a dans le rapprochement du danseur et de la danseuse quelque chose de trop familier qui ne convient pas, et que la force centrifuge qui les éloigne l'un de l'autre, n'est pas une garantie suffisante pour les bonnes mœurs. La danser ou ne pas la danser, constitue une subtile ligne de démarcation entre les femmes étourdies et peu soucieuses de leur réputation et celles qui restent fidèles à la religion et aux convenances. Les mères de famille préfèrent pour leurs filles les convenables balancements des quadrilles, les lointains contacts du bout des gants, aux « enlacements frénétiques » de la valse que même Victor Hugo accuse d'« effeuiller en courant les femmes et les fleurs », et prennent bonne note de ce poétique avertissement. Le Faubourg Saint-Germain est, sous la Restauration, particulièrement intraitable sur la question. Marie de Flavigny ne danse pas la valse et quand Mlle Titon se hasarde à la danser dans cet austère milieu, elle est clouée au pilori par le mot sanglant du chevalier de Ségur : « Elle a son pucelage, *moins la valse* ! »

A la fin de la Monarchie de Juillet, la valse a encore mauvaise réputation ; d'autant que, depuis quelques années, on la danse à deux temps, ce qui accélère le rythme et modifie la position des danseurs dont les épaules droites « *se touchent presque* ». Les demoiselles doivent se contenter de suivre les couples de valseurs avec les yeux au bord des larmes, les épaules parcourues par des frissons d'impatience. Qui sait si certaines, frustrées de ces plaisirs interdits, n'ont pas accepté le premier parti venu pour pouvoir valser ?

Valérie Dubois [32] prend sa première leçon de valse « sur la bruyère » avec un ami d'enfance, et consciente de son audace, s'en confesse à sa mère. La deuxième leçon a lieu sur le parquet glissant du salon où le couple s'effondre au milieu d'une avalanche de porcelaines précieuses. Sa mère « ne vit là qu'une punition de Dieu et condamna plus que jamais la valse ».

D'autant que, comme toujours, la médecine, volant au secours de la morale, incrimine « le mouvement giratoire de la valse qui fait refluer le sang vers les principaux organes internes, le cœur, les poumons et le cerveau [33] », déterminant parfois des accidents mortels. On en veut pour preuve la valse macabre dansée en 1841 dans les salons de la baronne de T... : un jeune couple valsait, quand le jeune homme étonné de sentir que le poids de sa danseuse augmentait avec la vitesse de sa rotation, phénomène tout à fait contraire aux lois de la dynamique, s'arrêta pour faire reprendre haleine à Mlle de D... ; celle-ci s'effondra, engloutie dans les plis de sa robe, car le malheureux depuis quelques secondes dansait avec un cadavre ! Pour l'abbé Kneli, qui rapporte l'anecdote, il n'y a qu'une seule explication : *la valse tue !*

La valse triomphe pourtant sous Napoléon III, avec sa dauphine la redowa, plus lente et moins « vertigineuse » ; la contredanse jette son chant du cygne avec le quadrille des lanciers créé en 1856. Pourtant quelques esprits chagrins continuent d'interdire la valse aux jeunes filles. Caroline Brame qui consigne soigneusement les conseils de son directeur de conscience dans son journal intime, note, le 15 février 1865 : « M.C. me recommanda pour dimanche de ne pas danser avec trop d'entraînement, de me contenir, d'avoir Dieu avec moi ; pas de valse surtout, a-t-il ajouté [34]. »

Cependant les mères de famille qui persistent à l'interdire ne sont plus la majorité ; et cela malgré la peinture qu'en 1860 un des plus éloquents écrivains du clergé français a cru devoir en faire, pour leur gouverne : « Dans ce tournoiement vertigineux, le cavalier prend sa danseuse à bras-le-corps, lui étreint la taille et la tient si rapprochée de sa poitrine que les haleines se confondent et qu'il n'y a même plus de place entre eux pour le bouquet blanc qui ornait autrefois la ceinture des jeunes filles. Elles ont été obligées d'y renoncer parce qu'il était fané, écrasé, dès la première danse ; triste et frappant symbole de ce qui arrive à la fleur de leur innocence, dès qu'elles participent à de tels plaisirs [35]. »

Même la province est contaminée ; pendant l'hiver 1857, la bonne société de Troyes est en émoi car toutes les familles ont reçu au courrier un opuscule dont l'auteur, dissimulé sous l'aristocratique pseudonyme de vicomte de Saint-Vincent, pourfend les danses modernes, particulièrement la valse. L'ouvrage, adressé aux pères de famille et non aux mères « niaisement ou criminellement complices de leurs filles », est, de l'avis d'un lecteur, « un mélange d'expressions religieuses ou mystiques, de citations de Pères de l'Eglise et de gaillardises, de gravelures qui, si elles se trouvaient dans un roman conduiraient l'écrivain en police correctionnelle pour outrage aux mœurs [36] ».

A propos d'outrage aux mœurs, il ne faut pas oublier que, lors du procès intenté en 1857 à l'auteur de *Madame Bovary*, un des passages incriminés et lus avec dégoût par l'avocat impérial décrit justement la première valse dansée par Mme Bovary, premier pas vers l'abîme du stupre : « Ils commencèrent lentement, puis allèrent plus vite. Ils tournaient : tout tournait autour d'eux, les lampes, les meubles, les lambris et le parquet comme un disque sur un pivot. En passant auprès des portes, la robe d'Emma, par le bas s'éraflait au pantalon ; leurs jambes entraient l'une dans l'autre ; il baissait ses regards vers elle, elle leva les siens vers lui ; une torpeur la prenant, elle s'arrêta. Ils repartirent ; et d'un mouvement plus rapide, le vicomte l'entraînant disparut avec elle jusqu'au bout de la galerie, où, haletante, elle faillit tomber et, un instant, s'appuya la tête sur sa poitrine. Et puis, tournant toujours, mais plus doucement, il la reconduisit à sa place ; elle se renversa contre la muraille et mit la main devant ses yeux. »

En fait, les femmes qui ne souffriraient pas qu'on les saisisse par la taille ailleurs qu'au bal, ne sont pas dupes, telle cette Parisienne qui dit un jour en voyant valser ses filles : « Grande vertu que la musique ! Comme nous crierions si nous voyions nos filles ainsi entre les bras des jeunes gens, *sans musique* [37]... » Et pourtant, les jeunes filles tournent...

Conversation et cotillon : attention !

Tandis qu'elle danse, l'œil rivé sur l'épaulette de son cavalier, notre jeune personne doit éviter toute conversation trop personnelle. Mieux vaut encore parler de la chaleur que d'engager un dialogue familier. Elle se borne à répondre aux questions de son danseur, sans jamais relancer la conversation.

La mère de Marie Cappelle lui avait interdit un si grand nombre de sujets de conversation qu' « il ne me restait, dit-elle, que la possibilité d'être bête comme la pluie et le beau temps dont se composait mon vocabulaire, ou bien de rester muette à l'instar des plus stupides. Le plus souvent, je me résignais à mon rôle et j'essayais seulement de mettre à la pointe de mes pieds le petit grain d'esprit qui ne pouvait être dans ma bouche [38] ».

Il s'agit de « pincer le monosyllabe » : « Oui, Monsieur. — Non, Monsieur. — Monsieur, vous êtes bien bon. — Monsieur, je ne sais pas. » Voilà l'essentiel du registre d'une jeune personne de qualité, avec des variations autorisées sur le dernier sermon qu'elle a entendu, le dernier morceau de piano qu'elle étudie, la peinture qu'elle a vue au dernier Salon.

Mais la plupart des conversations n'ont même pas cet intérêt, à en juger par le dialogue entre Agnès de Lauvens et un de ses danseurs : « Il me fit toutes sortes de questions banales, dit-elle : — Si le bal me semblait beau ? — Oui, Monsieur. — Si j'étais fatiguée ? — Non, Monsieur. — Si j'aimais la danse ? — Pas beaucoup, Monsieur. — Si je ne trouvais pas qu'il faisait bien chaud ? — Mais, en effet, Monsieur. La conversation languissait et je m'aperçus que ce pauvre Monsieur se croyant sans doute, par politesse, obligé de me parler, se creusait la tête pour trouver une idée qui fournît davantage aux développements. Me reprochant mon laconisme, je cherchais moi-même un mot à lui dire ; après quelque travail, j'y parvins ; je lui demandai quelle heure il était. Il parut enchanté de ce propos, regarda sa montre avec empressement, compara l'heure à celle de la pendule et me dit qu'elle marquait minuit, mais qu'elle avançait de dix minutes [39]... ! »

Rien d'étonnant, dans ces conditions que la jeune fille, complètement éclipsée par ses amies mariées, ne soit pas la reine du bal. Cela stupéfie les observateurs britanniques puisque, de l'autre côté de la Manche, la jeune fille est « l'objet le plus agréable à regarder et la danseuse que l'on choisit de préférence », car les *misses* sont autorisées à être élégantes, à parler, à plaire, voire à flirter. Mais en France, « pour l'agacerie [...] il vous faut quitter *Mademoiselle* pour vous approcher de *Madame* [...] le son même de sa voix est différent. On dirait que le cœur et l'âme d'une jeune fille en France sont endormis, ou du moins assoupis, jusqu'à ce que la cérémonie du mariage vienne les réveiller [40] ».

Avant le mariage, *Mademoiselle* n'est qu'une jolie marionnette dont la mère tire tous les fils, une statue qui attend son Pygmalion, un papillon encore enfermé dans sa chrysalide, en un mot quelque chose qui promet beaucoup mais qui, pour l'instant, n'est souvent moins que rien. Autrement dit, il faudrait être jeune fille en Angleterre et femme en France.

Entre chaque danse, la jeune fille est soigneusement reconduite à son point de départ, c'est-à-dire à sa mère, par son danseur qui s'éloigne aussitôt après l'avoir remerciée. La conversation, si conversation il y a eu, ne doit pas se prolonger. Si la fatigue la gagne et qu'elle veut mettre quelque intervalle entre ses engagements de danse, mère et fille passent dans un autre salon ou bien se mettent au second rang où les cavaliers ne viennent jamais chercher leur pâture. N'oublions pas qu'un simple refus fait à un seul, lui interdit de danser avec tous les autres.

Un amateur de statistiques s'est amusé à calculer le chemin parcouru en une nuit par une danseuse invitée pour tous les quadrilles, valses et polkas. Il est arrivé au résultat suivant : si la jeune fille avait accompli les pas et les figures en ligne droite, elle serait arrivée au petit matin à trente lieues... de sa mère ! Le tout lestée de quelques petits fours — s'attarder au buffet dénote une mauvaise éducation — et de sirop d'orgeat, seule boisson convenable pour une jeune fille, le champagne ayant la réputation de prolonger et même de raviver les agréables émotions de la valse et du galop. Le sirop d'orgeat qui a aujourd'hui disparu de nos buffets n'était autre qu'un lait d'amandes additionné d'un sirop de sucre et parfumé d'eau de fleur d'oranger et de citron. Vite un dernier verre avant le cotillon...

Lancé vers 1820, il doit son nom à un air ancien sur lequel il était dansé à l'origine :

Ma commère quand je danse
Mon cotillon va-t-il bien ?

Il acquiert ses lettres de noblesse grâce au patronage de la duchesse de Berry chez qui on le dansa en 1827. Le cotillon est le feu d'artifice du bal, son résumé et son bouquet final. Toutes les danses jouées pendant la nuit y sont confondues comme les feux croisés des fusées. A ce feu d'artifice chorégraphique, il faut un Ruggieri, c'est-à-dire un conducteur de cotillon, au mollet d'acier, au souffle inextinguible que les maîtresses de maison s'arrachent, car mener un cotillon n'est pas à la portée du premier venu [41].

Ce roi d'un soir choisit une danseuse capable de partager

son sceptre, et le couple s'élance à l'assaut des salons en se livrant à toutes les fantaisies chorégraphiques où se mêlent les polkas, les valses, les quadrilles, les pas connus et inconnus, imité tour à tour par les autres couples de danseurs. Avec l'énergie du désespoir, le bal, sur le point d'expirer, retrouve alors une nouvelle vigueur et dégénère parfois en cohue, en « sabbat », disent certains, les lèvres pincées de dégoût. Après l'ultime figure, chaque couple passe devant la maîtresse de maison, et s'incline successivement devant elle, ce qui est considéré comme la conclusion définitive du bal.

Mais tous n'arrivent pas au bout du voyage et certains couples doivent reprendre haleine « en se retirant dans une embrasure de fenêtre, ou en venant s'asseoir loin de la foule sur une banquette isolée. En ce moment, danseur et danseuse s'abandonnent à leurs impressions comme au retour d'une excursion sentimentale, les précautions s'oublient. *On devient intime.* Nous trouvons cela très peu convenable ; disons mieux, tout cela est plus qu'inconvenant [42] ».

Pour ces raisons, les jeunes filles ne sont pas toujours autorisées à prendre part au cotillon ; d'ailleurs beaucoup quittent le bal plus tôt (à l'heure « où les femmes qui ont de beaux bras ôtent leurs gants ») pour laisser le terrain aux reines du bal, aux femmes mariées. A la fin du siècle, l'interdiction est tombée, mais le cotillon conserve un arrière-goût de danger, presque de péché. Accepter de le danser avec le même cavalier à plusieurs bals successifs est compromettant ; le cotillon représente « une sorte de mariage temporaire, préfigurant peut-être le mariage futur. Avec qui as-tu dansé le cotillon ? demandait-on anxieusement à la sortie du bal [43] ».

Puis, à l'heure où sonnaient autrefois au couvent le réveil et la prière, on quitte le bal, comme des voleurs, sans prendre congé des maîtres de maison à qui l'on doit une petite visite dans la quinzaine. Il est parfois 8 heures lorsque le cou enveloppé de fourrures, un manteau de soie jeté sur ses épaules encore humides, la débutante s'engouffre dans le landau qui la ramène chez elle.

De retour dans sa chambre de jeune fille, aura-t-elle le

courage de faire sa prière ? La comtesse de Dax conseille aux enfants de Marie qui ont navigué toute la nuit au milieu des écueils du monde : une fois « rentrées au port sans naufrage, vous invoquerez avec ferveur Marie, étoile de la mer »...

Effectivement, Valérie Dubois achève la nuit de son premier bal dans les larmes d'énervement et de fatigue et dans la prière : « Je pleurai les dieux qu'il me fallait quitter. Je ne dormis point, et je priai le reste de la nuit. » Mais l'histoire ne dit pas si elle pria pour apaiser sa conscience et implorer le pardon de s'être livrée à la danse avec trop d'entraînement, ou pour que la Providence remît sur son chemin quelque danseur dont le nom était inscrit sur son carnet de bal...

IV

Les jeunes filles et l'amour

« On ne saurait s'imaginer l'importance que l'on donne dans ces pensions à ces êtres ordinaires qu'on appelle des hommes... On en fait des serpents, des esprits de l'abîme, des démons sans cesse occupés à nous tromper, à nous fasciner. Une jeune personne ne doit jamais les regarder en face ; si elle se respecte, elle doit répondre : oui, monsieur, non, monsieur. Une syllabe de plus pourrait les compromettre, deux syllabes les déshonorer [1]. »

C'est partout le même son de cloche, les mêmes mises en garde contre les jeunes gens qui, sous le masque du sentiment, de l'amitié ou de l'amour platonique, tendent aux jeunes filles des pièges diaboliques. Attention ! Ce ne sont que des fourbes, des hypocrites qui cherchent à ravir leur cœur et, par conséquent, leur honneur, leur repos, leur félicité, etc. Les parents et les éducateurs sont d'autant plus intéressés à imprimer dans l'âme de leurs enfants une sainte peur des hommes et de l'amour, qu'une réputation équivoque est un obstacle sérieux à leur mariage.

Mais en dépeignant les hommes comme de dangereux séducteurs attachés à leur perte, des êtres malfaisants, les éducateurs ne se doutent pas de la monumentale erreur de tactique qu'ils commettent : qu'une jeune fille farcie de ces préjugés rencontre un jeune homme qui ne réponde pas à ce signalement de monstre, elle s'éprendra instantanément de ce phénix ! Et le doute s'insinuant dans son esprit comme un ver dans le fruit, elle sera peut-être tentée de rejeter toute une éducation dont elle soupçonne désormais les mensonges.

Une autre erreur consiste à tenter d'éviter les effets en éloignant les causes, en tenant les hommes à l'écart des jeunes filles avec un soin tellement jaloux qu'elles les rêvent irrésistibles, et à les mettre en garde contre la violence de la passion, ce qui leur prépare une excuse pour y succomber plutôt que des moyens pour s'en défendre, puisqu'il le faut.

Cependant, beaucoup d'entre elles n'ont même pas à s'en défendre car les hommes et l'amour sont des abstractions, des mots totalement vides de sens. Où diable les auraient-elles connus ? Au couvent ? Impossible ! Dans la lecture des journaux ? Elles ne les lisent pas ! Dans les livres ? On les leur choisit et l'on coupe aux ciseaux les passages suspects ! Au théâtre ? La censure ne l'épargne pas non plus ! Dans la rue, dans le monde ? Elles ne font pas un pas en dehors de la présence de leur mère, de leur chaperon ou de leur gouvernante, argus inattaquables ! A force de contrôler leurs lectures, leurs fréquentations, les spectacles qu'elles vont voir, on exacerbe leur curiosité et parfois même on leur inspire le désir de se marier uniquement pour tout lire, tout entendre, tout savoir des hommes, cette peuplade pour laquelle elles ont la même curiosité qu'un ethnologue en face de cannibales.

Les hommes ? Connais pas... ou presque !

Les couvents, presque toujours entourés de vastes jardins et de hauts murs, sont des thébaïdes où les pensionnaires peuvent s'ébattre à l'abri des regards indiscrets. Une chose est de ne pas être vues, une autre est de ne pas voir. C'est à cet effet que toutes les fenêtres donnant sur le monde sont, non seulement grillagées, mais garnies de châssis de toile. Mais le mieux est l'ennemi du bien : cette vigilance exagérée, dépassant son but, éveille dans l'esprit des prisonnières une curiosité certaine ; toutes ces précautions sont autant d'aiguillons qui stimulent leur désir de liberté « et toutes épiaient au couvent l'entrebâillement de la porte du cloître, ou glissaient des regards furtifs à travers les fentes des toiles de croisées, raconte George Sand. Déjouer la surveillance, descendre deux ou trois degrés de la cour, apercevoir un fiacre qui passait, c'était l'ambition et le rêve de quarante ou cinquante filles folâtres et moqueuses[2] ».

Moins privilégiés, les pensionnats laïques n'ont pas toujours la ressource d'interposer entre les élèves et les yeux du monde quelques hectares et un écran de frondaisons protectrices. A défaut d'arbres, de hauts murs sauvegardent l'inviolabilité du territoire et, à l'instar des couvents, les points vulnérables sont rendus imperméables à toute communication. Le blocus des fenêtres est un problème qui préoccupe beaucoup les dames-inspectrices qui visitent les pensionnats : « Nous croyons, signalent-elles dans leurs rapports, qu'il serait à propos d'exiger des maîtresses qui ont des dortoirs sur la rue d'*obstacler* [*sic*] les fenêtres de manière à ce que les voisins qui ont la vue sur les dortoirs ne puissent voir les élèves se lever et s'habiller, et d'ôter aux élèves la possibilité de donner ou de recevoir des lettres[3]... »

La présence masculine à l'intérieur des couvents et même des pensionnats laïques est très contingentée. Au couvent, la clôture ne laisse pénétrer que l'aumônier, le médecin et les professeurs qui, par leur fonction, sont comme dévirilisés. Alphonse Allais qui n'était ni l'un ni l'autre mais tout bonnement le fils du pharmacien, est peut-être le seul jeune homme à avoir forcé le barrage, le plus simplement du monde d'ailleurs : le mercredi des Cendres — en plus ! —, il se mêle à un groupe de pensionnaires qui regagnent le couvent de Honfleur, après le congé des jours gras, et passe devant la vieille sœur tourière. Celle-ci n'a plus ses yeux de vingt ans et une providentielle tendance à somnoler sur sa chaise ; « sa tête retombait naturellement sur sa poitrine si bien qu'en nous livrant passage, elle voyait nos pieds plutôt que nos figures ». Alphonse entre donc dans le tas, mais le tumulte et les rires qu'entraîne sa présence au milieu des jeunes filles réveillent la sœur tourière qui, horrifiée, réagit en sonnant la cloche en un tocsin désespéré : deux fois cinq coups, « va-t-elle ajouter le signal qui annonce une présence masculine ? En effet chaque fois qu'un homme a affaire au couvent, on joint à la sonnerie [...] une sorte de carillon affolé qui veut dire... " et c'est un homme qui est au tour ! " ». La crainte des conséquences de cet événement sans précédent qu'on ne pourrait expliquer sans complicité, succède à la gaieté et à l'excitation. Avec sang-froid, une des comparses conseille à la sœur tourière d'ouvrir la porte pour que l'objet du scandale puisse s'évanouir dans la nature, et la religieuse dont la responsabilité est engagée, s'exécute abasourdie. Alphonse disparaît comme une apparition et tout rentre dans l'ordre [4]...

Dans les pensionnats, les risques de se trouver nez à nez avec un homme sont évidemment plus nombreux car il est impossible d'exiger des maîtresses de pension le vœu de célibat et de leur interdire d'avoir des enfants de sexe mâle. Or elles sont tenues par la loi d'habiter la pension pour exercer leur surveillance de nuit comme de jour. La directrice a-t-elle des fils ? Quel âge ont-ils ? Sont-ils élevés dans l'institution ? interrogent anxieusement les rapports d'inspection. D'après les réponses données par les directrices, les enfants « post-pubertaires » de sexe masculin ne sont jamais logés dans la pension. Sans doute grandissent-ils dans quelque internat de garçons où, comme le dit Balzac, « les écoliers sont secrètement occupés de ce qui préoccupe les demoiselles dans les pensionnats ; quoi qu'on fasse, celles-ci parleront toujours de l'amour, ceux-là de la femme ».

Quant au mari de la directrice, il doit, s'il est soucieux de la réputation de l'établissement conjugal, demeurer pour les pensionnaires un personnage presque mythique, aussi « invisible que le grand Lama [5] ».

Il y a bien quelques domestiques mâles : le jardinier, un ou deux hommes de peine occupés à frotter les parquets, allumer le calorifère ou cirer les chaussures, mais se souvient une pensionnaire : « Nous connaissions le fait de leur existence, mais ils demeuraient aussi invisibles que le gardien d'un phare [6]. » Comme toujours, les élèves de la Légion d'honneur ont le privilège du superlatif : il n'existe pas de filles mieux gardées. Tous les hommes sont interdits de séjour à Ecouen [7] sauf les princes de sang, les grands dignitaires, l'aumônier et l'archevêque de Paris ; à ces exceptions près, pas un homme n'entre dans l'enceinte du château ; les jardiniers sont... des jardinières [8] et même Mme la surintendante ne peut recevoir d'homme qu'au parloir. Puisque sous le Premier Empire, rappelons-le, les vacances sont encore inconnues à Ecouen, et que les pensionnaires ne peuvent quitter l'établissement (sauf cas grave) que leur éducation achevée, il dut se trouver des élèves qui, *de plusieurs années* n'ont pas aperçu d'homme hormis l'Empereur lors de ses visites, leur confesseur et leur père au parloir...

De même qu'une jeune fille n'écrit jamais — en principe — le moindre billet sans le soumettre à la censure de sa mère, aucune lettre ne doit sortir du couvent ou de la pension (et y entrer) sans avoir été lue par la supérieure ou la directrice. Si une externe ou une domestique se charge, malgré cette interdiction, de faire passer du courrier, elle risque le renvoi au même titre que l'expéditrice ou la destinataire. L'externat pose du reste plus d'un problème aux éducatrices ; dans la plupart des établissements, s'il n'y a pas de local exclusivement affecté aux pensionnaires, elles occupent un côté de la classe et les externes l'autre. Une mesure assez symbolique, qui est complétée par la fouille régulière « des cases des pensionnaires, de leurs cahiers, de leurs cartons, de leur portefeuilles, de leurs malles, pour voir s'il ne s'y trouve ni lettres, ni livres, ni images, ni objets qui puisse exposer leur innocence [9] ».

Le vol, l'introduction d'un « mauvais livre » dans l'enceinte sacrée et l'entretien d'une correspondance illicite sont les trois principaux motifs d'exclusion ; les deux derniers délits sont difficiles à perpétrer vu que les élèves sont généralement fouillées après chaque sortie, au moment où, dans la lingerie, elles troquent leur toilette « civile » contre leur uniforme.

Mais il arrive qu'une pensionnaire soit, elle-même, aussi dangereuse et corruptrice qu'un roman, telle Euphrosine de X... qui, après les grandes vacances, revient au Sacré-Cœur la tête et le cœur pleins de souvenirs du monde entrevu. Elle ouvre son cœur à une confidente et raconte les bals, la danse, les premiers émois, l'idylle nouée avec M. de Granville à qui — comble de l'audace — elle a abandonné un nœud de velours qui retenait ses cheveux. Par jalousie ou par zèle, sa confidente la dénonce sur-le-champ à la mère supérieure, soi-disant pour le bien de la communauté :

« Vous allez me trahir ?

— Je vais vous accuser, c'est mon devoir, mais je ne le remplirai pas sans prier pour vous... »

La mère supérieure déclare que sa responsabilité envers les autres pensionnaires la contraint à renvoyer Euphrosine :

« N'ajoutez pas le crime de vouloir *perdre* vos compagnes au malheur de vous être *perdue.* »

Avant que son père ne vienne la chercher, toutes les mesures sont prises pour installer autour de la brebis galeuse un cordon sanitaire qui préservera les autres élèves de la contamination : Euphrosine est placée sous la surveillance d'une religieuse qui ne la quitte plus d'un instant ni d'un pas ; elle ne paraît plus aux études, aux récréations, au réfectoire ; elle assiste à la messe reléguée au fond de la chapelle [10].

En général l'exclusion se pratique sans tambour ni trompette, car toute publicité donnée à une « affaire » de ce genre pourrait entacher la respectabilité d'un établissement, laisser penser que la surveillance n'y est pas ce qu'elle devrait être. L'exclue disparaît brusquement de la vue de ses compagnes et l'on fait courir le bruit qu'elle a été rappelée dans sa famille pour quelque obscure raison. En outre « l'exclusion peut s'attacher à la personne comme un stigmate déshonorant et causer un préjudice réel à sa réputation pour le reste de sa vie [11] »...

Les professeurs sont-ils des hommes ?

Paradoxalement, les hommes se taillent la part du lion dans le corps enseignant chargé de l'instruction des jeunes personnes. En 1845, sur 1 499 professeurs venant donner des leçons dans environ 250 pensionnats laïques, 898 sont des hommes. Pourtant en 1821 avait paru un arrêté du préfet de la Seine recommandant aux directrices de pension de « ne se servir, autant que possible, pour l'éducation, que d'institutrices, et de ne point admettre d'hommes dans leurs établissements pour montrer [*sic*] aux jeunes personnes ; de n'employer, s'il se peut que des professeurs ou des artistes du même sexe qu'elles [12] ». Cette recommandation est loin d'être suivie ; les directrices préfèrent recruter des professeurs hommes qui ont la réputation de dispenser un enseignement d'un meilleur niveau que celui des femmes, et ce sont les institutions les plus chics, les plus chères de Paris, qui possèdent la plus forte proportion de professeurs hommes dans leur personnel [13].

En fait, cette préférence marquée pour les hommes est loin d'être justifiée puisqu'on n'exige d'eux aucun diplôme, pas même le « baptême scientifique du baccalauréat », alors que les femmes ne peuvent en principe exercer sans être munies d'un brevet de capacité.

En 1846 Mme Dauriat [14] adresse au conseil municipal du département de la Seine un long mémoire dont le but est d'attirer l'attention des pouvoirs publics sur le danger que représente la présence de professeurs de sexe masculin à l'intérieur des pensionnats de jeunes filles et de les en faire exclure. Premier argument de Mme Dauriat, qui dut à ses diatribes quelques mois de célébrité : les maîtres préposés à l'enseignement des jeunes personnes recèlent dans leurs rangs d' « infâmes séducteurs » exerçant leurs ravages aussi bien sur les élèves que sur les sous-maîtresses chargées de les surveiller, plongeant certains pensionnats dans des turpitudes « qui peuvent égaler celles que l'on trouve dans les *Mystères de Paris* »... ! Elle s'abstient malheureusement de citer des noms, donc de fournir des preuves décisives, de peur de ternir la réputation des victimes impliquées. Elle considère ensuite que l'enseignement des hommes porte atteinte aux intérêts des professeurs femmes en leur volant des postes qui leur reviennent de droit.

Le conseil supérieur de l'Instruction publique s'émeut à son tour en 1851 et la *Revue de l'instruction des Femmes* se fait l'écho de ses craintes en répétant qu' « il y a certainement quelque danger à ce qu'un professeur, surtout s'il est jeune, élégant, disert, doué d'une parole imagée et émouvante, parle périodiquement au milieu d'une classe de jeunes filles *à l'âge où elles deviennent nubiles* ».

Du reste les directrices, conscientes des dangers signalés, prennent un soin extrême à rassurer les familles sur la moralité des professeurs. L'une d'elles annonce sur son prospectus : « Seize des professeurs les plus renommés et dont plusieurs ont une réputation européenne, concourent au développement intellectuel des élèves, qui sont toujours interrogées avec la plus grande douceur. Tous les professeurs sont *mariés* et d'un *âge mûr*, et présentent aux familles les plus grandes garanties sous le double rapport du talent et de la *moralité*. »

Mais toutes ne prennent pas la précaution de s'entourer de professeurs vieux et mariés. Dans une des meilleures institutions de Troyes, le professeur de littérature est en 1855 le jeune Arthur Bary, vingt-six ans, joli garçon et célibataire, qui s'amuse des assauts de coquetterie — bien innocente au demeurant — que ses élèves font en son honneur. « Les cheveux sont fort lisses, remarque-t-il, avant moi le professeur était vieux et grognon ; ces demoiselles se négligeaient avec lui. Quand j'entre dans la classe, il y règne une odeur épaisse de pommades [15]... »

En fait, les affaires de mœurs ne courent pas les archives [16]. Mais quelle directrice au risque de perdre sa pension, aurait osé déposer une plainte contre un professeur, et quelle jeune fille aurait fait fi de sa pudeur pour dénoncer un maître, au risque de se déshonorer ?

La question des professeurs hommes a fait couler beaucoup d'encre et noirci beaucoup de papier. A la suite de ces rapports, accusations, réfutations, délibérations, aucune mesure, on s'en doute, ne fut prise pour les exclure des pensionnats, ni même pour leur imposer des certificats garantissant leur capacité et leur moralité. Tout au plus se borna-t-on à *souhaiter* que l'enseignement de certaines matières jugées délicates comme la littérature, la musique, l'histoire naturelle soit de préférence confié à des femmes. « Que de questions embarrassantes dans ces disciplines pour lesquelles il ne faut rien moins que le tact d'une femme pour sauvegarder l'innocence et ménager la pudeur des jeunes filles, pour déterminer les sujets qu'il ne faut qu'effleurer, ceux qu'il convient d'éviter, ceux dont il importe de ne parler qu'avec d'infinies précautions ! »

S'il y a un danger, ce n'est pas dans la classe qu'il faut le chercher : le professeur y parle devant vingt élèves et sous la surveillance d'une sous-maîtresse ; les leçons particulières sont plus périlleuses : qu'on s'imagine comme le fait avec une certaine complaisance l'abbé Balme-Frézol « une jeune fille de douze à dix-huit ans, placée en face d'un chevalet ou devant un piano ayant à ses côtés un homme, le plus souvent *un jeune homme*, à l'imagination ardente, au cœur bouillant, exalté par son art, mêlant sa voix à celle de la jeune fille [...] il la regarde, la reprend, l'encourage, il a souvent à lui replacer les doigts sur le clavier ou à lui diriger la main pour le tracé d'un dessin. Et tout cela pendant des heures entières, plusieurs fois par semaine »...

Ce digne abbé, aumônier du pensionnat Notre-Dame à Paris, n'ignore pourtant pas que ces leçons particulières ont bien peu de chance de se transformer en duos d'amour puisqu'elles se déroulent toujours sous la surveillance d'une sous-maîtresse ou d'une religieuse. Chez les augustines anglaises, les précautions sont encore plus draconiennes, du moins sous la Restauration : les leçons se déroulent au parloir, le professeur d'un côté des barreaux, l'élève de l'autre [17] !

Amours, délices et grandes orgues

Une fois sorties du couvent ou de pension, quelles sont les occasions qui leur sont offertes de rencontrer sans témoins des jeunes gens ? Pratiquement aucune. « Jamais ma fille n'est sortie seule, n'a passé une heure seule, nuit ou jour hors de mes yeux ou des yeux de sa gouvernante », dit avec fierté une femme en parlant de sa fille de vingt ans, dans un roman de Taine [18]. On la croit sans peine. Une jeune fille de qualité — et cela jusqu'à l'âge de trente ans — est *toujours* flanquée de sa mère, de sa bonne ou de sa gouvernante qui gravitent autour d'elle comme des satellites autour d'une planète.

Pour faire une course en ville, se rendre chez des amis intimes ou à l'église, la bonne ou la gouvernante constituent une garantie suffisante, mais s'il s'agit d'une visite cérémonieuse, d'une soirée ou d'un bal, une jeune personne ne peut paraître qu'avec sa mère ou avec un chaperon dont les devoirs sont très stricts : au bal par exemple, « il ne lui est point permis de jouer aux cartes, de se promener dans la salle, en un mot *de quitter son poste de surveillance*. Souvent à cet égard, la négligence des chaperons a nui à la réputation de leurs filles adoptives [19] ».

Il reste les impondérables, les rencontres imprévues, les pieds-de-nez du hasard facétieux et mal élevé dont il est toujours facile de limiter les probabilités, paraît-il. La campagne, tenez, quand le château est rempli de cousins, de voisins, de relations de passage, que la gouvernante est partie prendre dans sa famille quelques semaines de repos, et que l'atmosphère des vacances relâche un peu la surveillance, est un lieu où les occasions de « se perdre » pourraient se multiplier sous les pas d'une jeune fille ; heureusement les manuels de savoir-vivre lui indiquent comment limiter les risques : « La campagne et l'intimité dans laquelle on y vit obligent une jeune fille à une grande attention sur elle-même. A chaque instant, dans un corridor, dans un escalier, vous pouvez vous rencontrer seule avec des jeunes gens. Tâchez de ne pas multiplier ces rencontres » ; pour cela « prenez soin d'emporter votre chapeau, votre mantelet, votre ombrelle, en descendant de votre chambre [...] n'oubliez pas votre boîte à ouvrage », pour ne pas avoir à y remonter donc à risquer une mauvaise rencontre. « Evitez les occasions de sortir du salon où l'on se tient, mais si le hasard vous faisait rencontrer un des hommes de la maison, ne vous montrez ni familière, ni embarrassée. Saluez *et passez.* Ne vous promenez pas seule dans le jardin, ni dans les champs ; en un mot, veillez de près à votre réputation, trésor précieux dont l'or est si vite terni. »

Dans ces conditions il est bien difficile de nouer avant le mariage la moindre idylle, et l'aventure de Marie de Nicolaï est en tous points exceptionnelle : d'abord la jeune fille sort des normes par l'éducation très libre qu'elle a reçue, par sa personnalité indépendante « nullement en harmonie avec sa position de jeune fille à marier », enfin, la gouvernante attachée à ses pas est loin d'être un modèle du genre... Voici les faits :

La jeune, belle et riche Marie de Nicolaï sort un jour avec sa gouvernante pour faire quelques emplettes, lorsque, surprises par une ondée, elles sont obligées de monter en omnibus pour rentrer, ce qui en soi est déjà une aventure pleine de piquant pour une jeune fille comme elle ; « un gant jaune de la nuance la plus orthodoxe s'était offert pour faciliter son ascension et, levant les yeux pour les charger de remercier l'aimable gant, Marie avait vu qu'il appartenait à un jeune homme parfaitement bien de tournure et de figure »... Coup de foudre ! Pas une parole n'est prononcée mais les deux jeunes gens trouvent le moyen de se revoir à la messe de Saint-Philippe-du-Roule, aux Champs-Elysées, aux Tuileries, dans les galeries du musée du Louvre, etc. On ne se parle toujours pas à cause de la présence inévitable de *Mademoiselle* qui toutefois sait « fermer et ouvrir les yeux avec cette finesse d'à-propos admirable qui ne s'obtient guère qu'au moyen du grand ressort de la nécessité et de l'intérêt », mais on se salue du regard. Des lettres sont échangées par l'intermédiaire d'une amie de Marie de Nicolaï, Marie Cappelle, une orpheline dont la correspondance n'est soumise à aucun examen... Les amoureux dansent même ensemble à un bal de bienfaisance à la barbe de toute la société !

Puis viennent les vacances, la séparation, et l'idylle tourne court surtout en raison de l'identité du jeune homme, un Espagnol nommé Félix Clavé dont le père ne possède aucun château en Espagne mais un externat de garçons, ce qui est beaucoup moins reluisant ! Cette idylle, racontée par Marie Cappelle, la confidente et amie de l'héroïne, nous paraît bien inoffensive, mais elle aurait pu avoir pour la jeune fille des conséquences catastrophiques si Félix Clavé s'était avisé de la faire chanter et c'est effectivement ce qui se produisit, si l'on en croit les *Mémoires* de Marie Cappelle, mais son témoignage doit être reçu avec beaucoup de prudence ; n'oublions pas que Marie Lafarge, née Cappelle, condamnée en 1840 aux travaux forcés à perpétuité pour avoir empoisonné son mari, avait été également accusée d'avoir volé une rivière de diamants à Mme la vicomtesse de Léautaud (née Marie de Nicolaï !) au cours d'un séjour chez elle à la campagne. Or dans sa défense, l'accusée nia avoir volé le collier et prétendit que Mme de Léautaud elle-même lui avait demandé de vendre les diamants... pour acheter le silence de M. Clavé qui avait imaginé d'arrondir ses appointements de choriste à l'Opéra par le chantage [20].

En France, assure Lady Morgan, le *flirt* ou plutôt la *flirtation* [21] n'existe pas, à tel point qu'elle est obligée d'expliquer le sens de ce mot inconnu et intraduisible en français : « Si l'on veut ranger par classes les sentiments du cœur suivant le système adopté par Linné, la *flirtation* sera une espèce du genre de la coquetterie. » Son étonnement est d'autant plus grand qu'en Angleterre, on laisse aux jeunes *misses* la bride sur le cou : on les croise à Hyde Park à cheval ou à pied en compagnie de jeunes gens sans que personne n'y trouve à redire [22].

Les femmes du XIXe siècle qui ont écrit leurs mémoires restent désespérément silencieuses au chapitre des émois qu'elles auraient pu éprouver avant leur mariage. De deux explications l'une : ou bien leur éducation ne leur a jamais fourni l'occasion d'éprouver le moindre battement de cœur, de connaître la plus petite intrigue, ou bien elles ont effectivement su déjouer une surveillance plus ou moins attentive pour braconner une ou deux amourettes, mais elles préfèrent ne pas se vanter de leurs exploits qui, trente ou quarante ans plus tard, pourraient encore nuire à leur réputation.

Seule Marie Cappelle qui n'a plus rien à perdre dans le donjon de Montpellier où elle écrit ses souvenirs, se remémore avec nostalgie cet amoureux rencontré aux Tuileries. Là encore, l'on a affaire à une personnalité hors du commun et à une éducation un peu particulière puisque Marie, orpheline depuis l'âge de quatorze ans, a été ballottée entre ses deux tantes, Mme de Martens et la baronne Garat [23], qui lui laissent une liberté inusitée dans son milieu. Marie achète un jour à une fleuriste complice un bouquet de roses contenant un petit billet d'un amoureux inconnu. C'est le début d'une correspondance naïve et sentimentale : les lettres, échangées pendant les promenades sous le nez de la gouvernante, fixent des rendez-vous aux Tuileries, au Louvre, à la messe qui sont à l'époque les derniers lieux où l'on « drague ». Mais la tante de Marie découvre le pot-aux-roses et rassemble un conseil de famille devant lequel la coupable comparaît. « Ma tante me dit qu'elle avait vu mon héros, qu'il était garçon apothicaire, avait 600 F de rente, un père apothicaire-droguiste qui lui érigerait son fonds en majorat ; elle me dit que mon héros m'offrait son cœur et sa main et que je régnerais sur ma rhubarbe et mon séné [24] avant la fin de l'été [...] Ce mariage me contrarie, ajouta ma tante [...] N'en parlons plus, l'amour ne connaît pas les obstacles, on est toujours heureux avec le cœur de son choix. » Puis, devant la famille rassemblée, on lit toutes les lettres reçues par la jeune fille, morte d'humiliation, qui est ensuite abandonnée à ses réflexions... Heureusement son grand-père, jugeant la punition suffisante, s'empresse de la rassurer : ce mariage n'est qu'une fable imaginée pour lui passer l'envie de recommencer, et le jeune homme, fils d'un pharmacien de Montmédy, apprenant qu'elle n'est nullement héritière de la Banque de France n'a fait aucune difficulté pour renoncer à son amour éternel [25]...

Marie de Nicolaï et son chanteur, Marie Cappelle et son pharmacien... Maigre moisson ! Il semble que la plupart de leurs contemporaines aient été conduites à l'autel « avant que les passions se soient éveillées, avant que leur imagination n'ait été excitée par les accents de la galanterie » pour le plus grand bonheur des maris qui, s'ils n'ont pas dédaigné pendant leur vie de garçon l'effronterie de Tata Rigolo, Bébé-j't'en-fiche, Cascadette et consœurs, n'entendent pas épouser une beauté qui aurait déjà écouté des soupirs et des serments chuchotés par un amoureux.

Les « mauvais livres » et la censure

« La mère qui, soit négligence, soit faiblesse, laisse lire de mauvais livres à sa fille est une marâtre qui n'a donné la vie temporelle à son enfant que *pour la vouer à la mort éternelle*[26]. » Notre cher abbé Balme-Frézol qui, une fois de plus, ne mâche pas ses sentences, exprime une opinion généralement admise.

Il est reproché aux romans (synonyme : « mauvais livres ») d' « amollir » le cœur et d' « échauffer l'imagination » tout en faussant le raisonnement. Ecole du vice, écueil de la vertu, les romans exacerbent la sensibilité et lui donnent le pas sur la raison. Le sentiment n'est certes pas incompatible avec la nature féminine, mais pour qu'il ne nuise pas à la morale, il lui faut être tempéré par le jugement. « Jamais fille chaste n'a lu des romans, ou en les lisant, elle a cessé de l'être[27]. »

Mais, hasardant certains, il y a roman et roman, et l'on ne saurait sans injustice les confondre dans une même réprobation. Il y a bien sûr les romans corrupteurs, remplis d'intrigues amoureuses qui blessent les convenances et de personnages immoraux qui glorifient le mal. Mais, à côté, il y a les bons romans, les romans moraux dont une mère peut autoriser la lecture à sa fille : l'amour y est certes présent, mais toujours accompagné de la morale qui triomphe du vice au dernier chapitre, et fait venir au bord des cils de « douces » larmes d'attendrissement qui font pousser les bons sentiments comme les champignons après la pluie... L'intarissable imagination des auteurs de ces romans — dont une écrasante majorité de femmes — s'essaie à toutes les combinaisons des jeux de l'amour et de la morale, dans un décor de châteaux à la campagne et d'hôtels particuliers, traversé par des calèches rutilantes et des serviteurs en livrée.

Dans *Caroline ou la Récompense de la vertu* (à ne pas confondre avec *Justine ou les Malheurs de la vertu* !) l'héroïne, élevée par sa grand-mère, refuse de se marier pour ne pas l'abandonner. Mais son fiancé attendra et ils se marieront... L'intrigue des *Deux cousines ou les Suites d'un mensonge* est beaucoup plus subtile : un prétendant hésite entre deux cousines, aussi belles que bonnes, Rose et Sophie. Il fait croire individuellement à chacune qu'il a porté son choix sur l'autre, et demande à la pauvre laissée-pour-compte si l'élue n'aurait pas quelque défaut caché. Rose, par dépit, charge Sophie de défauts imaginaires, tandis que Sophie maintient mordicus les qualités de sa cousine et c'est elle qu'épousera le beau colonel [28].

Mais il est des éducations d'où ces romans moraux sont bannis avec la même intransigeance que les autres. « *Tous* les romans sont à proscrire », écrit Mme Campan. « Nous disons que *c'est surtout des bons romans qu'il faut se garder* », renchérit l'abbé Balme-Frézol. Que peut-on bien reprocher à ces livres pleins de bons sentiments ? De donner sans cesse le faux et l'imaginaire pour le vrai et le réel, d'accoutumer les jeunes filles à voir la vie à travers un miroir déformant, de les persuader que toutes les illusions dont elles se repaissent doivent se réaliser un jour dans leur propre existence et de les encourager à rechercher dans le monde les héros chimériques dont elles ont lu les aventures. Mais la vie n'est pas un roman, et si — ce qui n'arrive que trop souvent — l'époux que lui choisissent ses parents n'offre qu'une lointaine ressemblance avec son héros favori, la femme mariée n'aura-t-elle pas la tentation de rechercher *ailleurs* des répliques plus fidèles ? Autrement dit, les romans, même ceux qui punissent le vice et récompensent la vertu, sont l'école de l'adultère !

« Enfants, supplie la comtesse de Dax, au nom de votre bonheur, ne lisez jamais rien sans la permission de votre mère. » D'une famille à l'autre, d'une éducation à l'autre, les consignes maternelles varient. Née en 1849, Gyp nous dit avoir lu très tôt des romans de George Sand, Jules Sandeau, Octave Feuillet, Louis Enault, Balzac, Dumas père, ce qui constitue pour l'époque un record de permissivité. D'un an sa cadette, Judith Gautier avait elle aussi le droit de tout lire, « même *Le Rouge et le Noir* ». Il est vrai que son père Théophile Gautier, et sa mère Ernesta Grisi [29], cantatrice attachée à la troupe de l'Opéra italien, ne s'embarrassaient ni l'un ni l'autre des préjugés de l'époque. Marie Cappelle qui, ne l'oublions pas, était orpheline et très livrée à elle-même, avoue avoir lu *Indiana* avant son mariage, ce qui n'est pas commun non plus. A l'opposé, Gabrielle de Cisterne, née en 1804, n'ouvrit pas un roman avant de devenir Mme de Saint-Mars, alias la comtesse Dash. (Y aurait-il une morale pour les jeunes filles et une autre pour les femmes mariées ?) Blanche de Corcelle fut élevée à la même enseigne.

Entre ces deux extrêmes, on peut dire qu'une majorité de jeunes filles puisa sa connaissance — purement livresque — du sentiment amoureux dans quelques romans jugés sans danger ; les romans de Walter Scott : *Ivanhoé, Les Fiancés de Lamermoor, La Prison d'Edimbourg*, etc., enfiévrèrent l'imagination des jeunes personnes qui, comme Emma Rouault (future Mme Bovary) rêvèrent à « ces châtelaines au long corsage qui sous le trèfle des ogives passaient leurs jours, le coude sur la pierre et le menton dans la main à regarder venir du fond de la campagne un cavalier à plume blanche qui galope sur un cheval noir ». Charles Bovary, le pauvre, ne sortira pas vainqueur de la comparaison avec ce ténébreux cavalier gothique ; notre cher abbé avait-il raison ?...

On tolère aussi *La Princesse de Clèves, Gil Blas* de Lesage, *Robinson Crusoé*, et *Atala* où, sur fond de tribus indiennes et de coloquintes, Chateaubriand raconte les chastes amours d'Atala la chrétienne et de Chactas. Cette touchante histoire, Marie de Beausacq n'eut même pas le droit de la lire. « On me donna *Le Génie du Christianisme*, raconte-t-elle, *Atala* et *René* étaient reliés dans le même volume, on me recommanda de ne pas les lire. Je n'en ai pas ouvert un feuillet. » Bigre, voilà une éducation réussie !

D'ordinaire, les livres défendus sont mis sous clef dans ces bibliothèques grillagées qui ne semblent avoir été inventées que pour le repos des mères et le salut des filles. Lorsque seuls quelques passages encourent la censure, on taille à coups de ciseaux les lignes « empoisonnées », même dans les plus précieuses éditions. Quelle mère digne de ce nom mettrait en balance la santé morale de son enfant et le respect dû à un livre ? Il est des éducatrices qui font confiance : « Jusqu'à telle page, jusqu'au milieu de telle page où j'ai fait une petite croix au crayon... » Une fille d'honneur ne dépassera pas la petite croix frontière. « La tentation ne nous venait pas de regretter ces pages qui nous étaient interdites », écrit Blanche de Corcelle [30]. On a un certain mal à croire que la race d'Eve et de la femme de Barbe-Bleue ait pu produire de tels modèles de discrétion !

On a également le droit d'incendier son cœur avec l'idylle brûlante de *Paul et Virginie* où Bernardin de Saint-Pierre, un fameux coureur de jupons (« Tartuffe sous les palmes [31] ») réalise avec succès le cocktail exotisme, virginité et trépas que boivent à longs traits les jeunes filles.

Si l'on retranche les romans et si l'on exclut les œuvres purement littéraires et les livres d'édification [32] que reste-t-il comme livres de distraction ? Les livres de science : Cuvier, Buffon, Arago ; les récits de voyages, les livres d'histoire et les biographies d'hommes et de femmes célèbres. Mais quelle que soit la lecture, une jeune fille ne doit jamais prendre sur son sommeil ou son repos pour lire et l'on doit se borner à lui inspirer le simple *goût*, non la *passion* de la lecture qui, chez une jeune fille, « n'est pas un bon indice et ne fait pas bien augurer de ses sentiments et de ses dispositions [33] ». *Aurea mediocritas !*

Pour Mme Campan dont les ukases traînent encore dans tous les livres sur l'éducation un demi-siècle après qu'elle les a prononcés, « l'éducation se compose autant de ce qu'il faut dire que *de ce qu'il faut taire* ». A Ecouen, elle résolut en partie le problème en faisant composer un cours de littérature à l'usage de ses élèves par la comtesse d'Hautpoul qui le rédigea avec « la plus parfaite décence et *sans que le mot amour y soit prononcé* [34] » ! ! !

Au Sacré-Cœur de Poitiers, il est des mots tabous : on est prié de parler du *manche* d'un chien (et non pas de la *queue* d'un chien) et de ne pas prononcer le mot amour en dehors du contexte religieux. Gabrielle de Cisterne qui fredonnait un jour une chanson profane entendue lors d'une sortie : *Amour, amour, excuse mon délire,* dut sur les conseils d'une sœur en modifier les paroles et chanter : *Tambour, tambour, excuse mon délire...* Un texte peut-être hermétique, mais beaucoup plus convenable [35] !

La Fontaine de l'amour, d'après le célèbre tableau de Fragonard, ornait le salon des Gautier ; le jeune homme et la jeune fille qui accouraient pleins d'impatience, tendant avidement leurs lèvres vers la vasque ruisselante, fascinaient Judith à qui pendant toute son enfance on répéta qu'elle avait sous les yeux la fontaine de Vaucluse immortalisée par les vers de Pétrarque. « Ce n'est que bien longtemps plus tard que j'ai découvert que l'on m'avait trompée, dit-elle, que ce tableau ne représentait pas la fontaine de Vaucluse, mais la Fontaine d'amour, chose impossible à révéler à une petite fille ! »

Si l'amour est gommé des livres, des chansons, des tableaux, à plus forte raison escamote-t-on ce que nous appelons aujourd'hui le sexe, et que Blanche de Corcelle regroupe sous le nom de « marguerites ». Cette terminologie bucolique appelle une explication toute simple : Mme de Corcelle avait l'habitude d'envoyer ses filles cueillir des marguerites au jardin lorsqu'elle voulait rester en tête à tête avec une amie pour l'entretenir de choses confidentielles :

« Petites, allez cueillir des *marguerites !* » (même en hiver quand il neigeait !)

« Il y avait des marguerites dans toutes les occasions où nous apercevions la prudence de nos parents et leur finesse pour dérouter d'embarrassantes curiosités [36]. »

Les mots amant, maîtresse, plongent les jeunes filles dans des abîmes de perplexité. Dans un salon nancéien, Gyp qui avait alors treize ans, entendit une dame évoquer le mariage d'Aimée d'Alton avec le frère d'Alfred de Musset.

« Ça vous paraît tout naturel, s'indignait cette personne, que Paul de Musset épouse la maîtresse de son frère ? » La « maîtresse » de son frère ? Gyp tombe des nues ! Alfred de Musset a donc été domestique ! Le prestige du poète en prend un coup !... Quand, très troublée, elle demanda des explications, sa mère éluda la question avec brusquerie ; heureusement son oncle était là pour voler à son secours et satisfaire sa curiosité :

« Au lieu de la bousculer, tu ferais beaucoup mieux de lui expliquer que le mot maîtresse signifie simplement que

Mlle d'Alton *menait Alfred de Musset par le bout du nez* [37] »... Tout s'éclaire !

Gyp qui n'avait jamais les yeux dans sa poche et toujours une question au bord des lèvres, voulut un jour lever le voile pudique qui entourait l'expression « enfants naturels ». Candeur ou provocation, elle choisit pour la renseigner la supérieure du couvent qui, de toute sa vie n'avait connu pareil embarras.

« Ils désignent des enfants à peu près abandonnés... mais, croyez-moi, ne répétez plus jamais ces mots, *ils sont vilains...* »

Qu'aurait répondu la sainte femme si on l'avait interrogée sur le sens du mot eunuque ? On lit pourtant dans *La Vie de Notre Seigneur Jésus-Christ,* en usage dans une école communale laïque de jeunes filles : « ... il y a des eunuques qui sont nés tels dans le sein de leur mère ; il y en a qui ont été faits eunuques par les hommes ; il y en a qui se sont rendus eux-mêmes eunuques pour le royaume des cieux » ! Heureusement, l'inspecteur qui signale cette inconvenance à l'Académie de Paris [38], a dû faire en sorte que le livre incriminé disparaisse de cette école ou qu'au moins la suppression de ces quelques lignes rende sa lecture plus chaste.

Le roman « en action »

Les confessionnaux ont dû souvent entendre chuchoter les jeunes pénitentes :

« Mon père, je m'accuse d'avoir tourmenté mes parents pour aller au spectacle et d'avoir ainsi péché contre le sixième et le neuvième commandement... »

Le théâtre, autrement dit le « roman en action », rendu par là même plus dangereux encore, attire les foudres des moralistes et pendant la première moitié du siècle, dans un grand nombre de familles bien pensantes, les jeunes filles ne vont pas au spectacle ; on fait toutefois exception, de l'avis même du confesseur, pour l'opéra italien (les « Italiens »), au nom de deux raisons très simples : « Les chanteurs italiens n'étaient pas excommuniés et l'on ne comprenait pas les paroles du libretto[39] ! » Les Italiens ont un compositeur attitré : Rossini, et les loges, fréquentées par la haute aristocratie, sont presque des propriétés seigneuriales que l'on se transmet de génération en génération. Henriette Sansom tannait ses parents depuis plusieurs années pour y aller, quand enfin, sa quinzième année révolue, cette faveur lui fut accordée ; on donnait *Le Barbier de Séville* : un souvenir inoubliable...

L'opéra-comique où se déchaînaient Meyerbeer et Victor Massé avait également bonne réputation, tandis que l'opéra tout court ne bénéficiait pas de la même tolérance ; l'importance de plus en plus envahissante du ballet « rend aux femmes ce spectacle souvent embarrassant[40] ». Dans ces « indécentes pantomimes », l'amour et la volupté s'expriment dans un langage muet mais ô combien expressif, et que penser du spectacle des membres du Jockey club, la lorgnette rivée sur la chair dénudée des petits rats !

La bonne société conduit aussi ses enfants au Français, « le théâtre des passions décentes ». Les acteurs y sont, dit-on, d'un bon ton parfait, convenables dans leurs poses et dans leur déclamation, son répertoire est le plus châtié des théâtres parisiens, et rien ne peut faire baisser les yeux à une jeune fille ou agiter des « effervescences » dans le cœur des jeunes gens. On vient y apprendre à être généreux avec Auguste, patriote avec Horace, courageux avec le Cid, chrétien avec Polyeucte ou Esther, et chacun s'en retourne satisfait et meilleur.

Mais à côté de la tragédie qui élève l'âme, la comédie passe pour n'avoir qu'une piètre valeur éducative ; c'est même de l'avis de certains, un « divertissement qu'une bonne chrétienne doit s'interdire ». Un cours de scandale que la comédie ! Une attaque directe ou détournée contre tout ce que leur éducation s'est efforcée de développer, « des obscénités voilées mais rendues palpables par les applaudissements et l'insistance du parterre, voilà ce que nos filles trouvent au théâtre » et voilà ce qu'il faut leur épargner, pensent les éducateurs les plus rigoristes... et beaucoup d'autres.

Ainsi pour Alexandre Dumas fils, qui n'est pourtant ni un saint, ni un Père de l'Eglise, les jeunes filles ne sont pas à leur place dans une loge de théâtre. « Messieurs, déclare-t-il aux académiciens réunis pour l'accueillir le 11 février 1875, et c'est un homme de théâtre qui vous parle, il ne faut pas nous amener les jeunes filles. Et savez-vous pourquoi je m'exprime si nettement ? Parce que je respecte tout ce qui est respectable. Je respecte trop les jeunes filles pour les convier à ce que j'ai à dire, et je respecte trop mon art pour le réduire à ce qu'elles peuvent entendre. » Il est vrai que l'œuvre de cet écrivain obsédé par sa bâtardise est remplie de filles séduites, d'enfants naturels et de femmes adultères...

Mme de X... apprenant que le fruit de ses entrailles a été à la comédie saisit une plume qu'elle trempe dans des larmes d'indignation pour lui écrire : « Ah ! ma fille, que m'apprenez-vous par votre dernière lettre ! Quel chagrin, quelle surprise elle m'a causée ! Vous, ma fille, vous à la comédie ! et c'est, dites-vous, Mme de Binet notre parente qui, après vous avoir fait sortir du couvent, à l'occasion de quelque fête, a eu l'imprudence de vous y mener. Ah ! si j'avais pu prévoir ce qui est arrivé... mais la *chose* est faite, *le mal est sans remède* ; il ne me reste plus qu'à gémir [41]... »

L'éducation sexuelle

C'est entre 13 et 15 ans que « s'établit la nubilité, transformant une enfant vive, étourdie, turbulente en une vierge timide [42] ». A cette époque de transition toute mère éclairée et prudente doit redoubler de soins envers son enfant, « car combien de malheureuses filles périssent ou se perdent à cet âge, victimes de l'incurie ou de l'ignorance de leurs parents ».

Les livres d'hygiène multiplient les conseils pour que la « fonction menstruelle » puisse s'établir dans les meilleures conditions physiques et morales. On comprend que dans une éducation entièrement préoccupée de former les filles à leur destin d'épouse et de mère, l'apparition de cette fonction soit attendue, guettée et entourée de mille précautions. « La mère en s'en occupant fait œuvre de *patriotisme* en même temps que de maternité », écrit le docteur Fonssagrives qui déplore en même temps que les mères s'acquittent généralement fort mal de leur tâche, par pudibonderie.

De l'avis des hygiénistes, la première chose à faire, à l'approche de la puberté, est de retirer sa fille du couvent ou de la pension, mais en aucun cas pour l'introduire dans le monde car « des rapports trop directs avec les personnes de l'autre sexe ne peuvent qu'avoir des suites dangereuses pour l'imagination ardente de désirs ». Il va sans dire que la lecture de romans, la fréquentation de spectacles sont à éviter absolument dans l'immédiat et que non seulement les peintures lascives mais « toutes celles qui ne sont qu'une trop parfaite imitation de la nature doivent disparaître de la vue des jeunes personnes » à cette époque de leur vie. On est loin d'interdire aux « jeunes pubères » toute espèce d'activité intellectuelle ou artistique, mais la prudence recommande de se limiter à l'étude de l'histoire, de la géographie, du dessin et de la « saine morale ». Pas de littérature, de poésie, et surtout pas de musique, mais en revanche beaucoup d'exercice pour combattre l'exaltation nerveuse : promenades « dans une voiture *moyennement suspendue* », promenades à pied, équitation, danse, etc. La campagne est le cadre rêvé pour l'éclosion tranquille de l'importante fonction. Et lorsque les « mois » tardent à s'établir, on recommande les saignées et les applications de sangsues à l'aine.

A en juger par l'insistance que mettent les médecins, les hygiénistes et quelques rares éducateurs progressistes à répéter aux mères de famille : éclairez vos filles sur les mystères de la génération, expliquez-leur le fonctionnement de leur corps, rares devaient être celles qui, ravalant leur pudeur et leur gêne, se risquaient à livrer en pâture à la curiosité de leurs filles quelques éclaircissements. Il est à cet égard divers degrés dans l'obscurantisme sexuel où sont maintenues les jeunes personnes de qualité.

Au premier niveau : le silence et la honte. Très tôt, l'éducation se charge de confondre dans un même dégoût les « choses indécentes » et les « choses malpropres » ; la nature elle-même dicte soi-disant cette conduite puisqu'« elle a placé les organes des sexes auprès de ceux qui servent à nos excrétions les plus dégoûtantes, de sorte qu'on ne peut pas parler des premiers sans rappeler les derniers [43] ». Le mieux est encore de se taire et de laisser les adolescentes à leur panique, plutôt que de troubler leur âme et de faire rougir leur front. Les médecins qui s'insurgent contre ce silence ont tous eu dans leur clientèle de ces jeunes filles qui, n'ayant pas été averties et n'osant se confier à personne, ont été tellement effrayées par l'« apparition inopinée du flux menstruel » qu'elles ont « sous l'influence de cette impression, vu s'arrêter cette fonction naissante ou [...] employé des pratiques propres à la suspendre [44] ».

En 1890, le Dr Monin lutte toujours contre le préjugé tenace qui fait considérer la menstruation comme honteuse et innommable ; il dit avoir connaissance de couvents où, par incurie ou par une pudeur absurde, « on néglige pour les pauvres pensionnaires, souillées toute une journée du sang durci menstruel, les soins élémentaires de toilette et de propreté [45] ». La nature, c'est encore et toujours Satan.

Une autre attitude consiste à initier très partiellement les jeunes filles afin qu'elles sachent que la menstruation n'est pas une maladie, mais sans en révéler le moins du monde la finalité. On leur dit que la nature les oblige chaque mois à payer un tribut de sang, lointaine conséquence du péché originel qu'elles n'ont qu'à expier comme toutes les femmes.

Enfin, quelques rares jusqu'au-boutistes préconisent une éducation sexuelle complète, ce qui n'exclut naturellement pas le tact ni le bon goût des explications auxquelles la botanique fournit le choix de métaphores poétiques et de délicates comparaisons. « Je prétends qu'une jeune fille qui ne sait rien, à qui l'on n'apprend rien, a tout juste autant de mérite à être innocente qu'un morceau de fer à être dur », soutient le Dr Eugène de Pradel pour lequel l'ignorance, si elle est imposée ne mérite pas le nom de vertu.

Pour ceux qui la préconisent, l'information sexuelle est surtout une mesure de salut public pour sauvegarder l'honneur des familles, car quand une jeune fille n'est plus d'une ignorance absolue, que « ses sens ont parlé », l'ignorance devient le suprême danger, le piège tendu par la nature.

Y a-t-il des jeunes filles séduites dans les milieux qui nous intéressent ? Il est évidemment impossible de le savoir. La surveillance dont elles sont entourées doit en tout cas rendre la chose malaisée et exiger de la part du séducteur un fameux goût du risque...

Régnier Destourbet raconte en 1832 l'incroyable histoire dont, dit-il, tout Paris a retenti, celle d' « un peintre qui prétendait à la main d'une jeune personne fort bien née, une enfant que sa mère n'avait pas quittée depuis sa nourrice, la fille d'un respectable magistrat, une demoiselle qui n'avait pas de secrets pour ses parents, un parfait modèle d'éducation [...] une de ces filles célestes dont les salons de Paris sont encombrés. Le jeune peintre avait été accueilli avec *empressement,* et un mois après sa première admission dans la famille, une voiture le traînait avec sa femme future vers la municipalité du 10ᵉ arrondissement. On arrive, on entre dans la salle des exécutions, et le jeune homme allait signer le serment fatal, lorsqu'un ami s'approchant de lui : " Ne signe pas, lui dit-il, on te trompe. " Une explication a lieu, l'épousant se fâche, il entre en fureur : c'est une indignité que d'attaquer la réputation d'une fille aussi pure [...] ; il prend la plume et il signe.

« Le soir à minuit, l'on entendit un effroyable tapage dans la chambre des nouveaux mariés. " Abomination ! criait le mari [...] Sais-tu bien qu'on me l'avait dit ce que tu étais et que j'ai refusé de croire possible tant de corruption et de sottise ! " Et puis, c'étaient des jurements sur tous les tons, des grincements de dents, [...] enfin tout le dictionnaire du désespoir. C'était faire bien du bruit pour une demoiselle enceinte de huit mois ! Car telle était la légère circonstance dont la famille avait oublié de prévenir le jeune homme [46]. »

S'il en exista sans doute d'autres qui trouvèrent dans la dot un peu plus qu'on ne leur avait promis, ceux-là eurent le désespoir plus discret, et la chronique n'en garde pas trace. D'ailleurs, les jeunes filles séduites ne durent pas être légion ; on respecte les jeunes filles, nous dit Taine, et « un homme même médiocrement délicat ne s'attaque point à elles... *il attend qu'elles soient mariées*[47] » !

En dehors des explications « officielles » distillées plus ou moins parcimonieusement par leur mère, les jeunes personnes ont-elles d'autres sources d'information ?

A entendre Balzac, les pensionnats sont des lieux de perdition d'où l'on sort sans doute vierge mais jamais chaste. « Que se disent-elles au cours de ces conciliabules fomentés par le diable », sous l'empire de « la démangeaison d'apprendre à autrui les découvertes faites » ? Jamais les grands explorateurs — Cook, La Pérouse — n'ont mis autant de passion à voguer vers les pôles que les pensionnaires « dans cette mer d'iniquité » [48]...

La lecture de la Bible, pour peu qu'on n'ait pas pris la précaution de leur en donner une version expurgée, constitue elle aussi une source de renseignements non négligeable. Ce livre « s'exprime aussi crûment que les médecins et j'ai été frappée de certaines tournures naïves qui ne me sont jamais sorties de l'esprit, écrit Mme Roland. Cela me mettait sur la voie d'instructions qu'on ne donne guère aux petites filles »... La simple récitation de l'*Ave Maria,* et l'évocation du « fruit de ses entrailles » n'est-elle pas, elle aussi, troublante et n'apprend-elle pas d'où viennent les enfants ?

Celles qui se sont fait une idée sur la question ne s'inquiètent pas forcément de savoir *comment* ils y sont venus. Le sacrement du mariage, la bénédiction nuptiale constituent pour beaucoup une explication suffisante. L'enfantement dans la douleur dont parle la Genèse prend selon les imaginations une tournure plus ou moins fantaisiste : lorsque Jeanne Leroy-Allais explique le déroulement d'un accouchement à sa fille de *seize ans,* celle-ci tombe des nues :

« Mais, maman, je croyais que le chirurgien ou la sage-femme ouvrait le ventre de la femme pour en tirer le petit enfant et qu'ensuite on y faisait une couture [49]. »

Après la naissance de sa petite sœur, Françoise C... cherche désespérément dans l'appartement des restes de coquille [50]... !

Les ragots d'office, les bavardages de domestiques peuvent ouvrir aux jeunes filles des horizons insoupçonnés et « maculer » à jamais leur innocence, aussi recommande-t-on de choisir avec le plus grand soin la bonne chargée de la petite fille, puis la femme de chambre qui prend le relais quelques années plus tard. La confiance mal placée des parents fait entrer le loup dans la nursery : outre la trivialité du langage, les « dangereux secrets » sont prompts à sortir de la bouche des bonnes que l'imagerie populaire représente souvent en compagnie de pioupious qui, comme le dit Rimbaud, « caressent les bébés pour enjôler les bonnes ».

Une dame de qualité qui devait arrêter une bonne pour sa fille, donna la préférence à une fille de Franche-Comté dont la piété l'avait impressionnée : en effet, la bonne avait demandé qu'on lui laisse une entière liberté pour remplir ses devoirs religieux, ce qui avait semblé constituer la plus sûre garantie de moralité. De temps en temps, au retour de la promenade, *Madame* demandait à sa fille des détails sur la sortie et invariablement l'enfant répondait que sa bonne avait rencontré un père capucin avec lequel elle s'était entretenue. La mère s'étonnait bien un peu des nombreuses relations ecclésiastiques de la bonne, mais la comtoise semblait si confite en dévotion que les soupçons n'allèrent pas plus loin. Mais, un dimanche, la famille massée sur le balcon regarde une revue militaire et, lorsque débouche un escadron de hussards, la fillette s'enthousiasme :

« Vois-tu, maman, les capucins de ma bonne qui sont à cheval ! », et la bonne alla revoir sa Franche-Comté...

Il y a encore les caresses de leurs serins, les jeux des animaux domestiques, dont on prend dans certaines familles la précaution de bannir les mâles... Beaucoup de choses pourraient en fait leur révéler des connaissances dont on veut les sevrer. Mais il n'empêche que bien des jeunes personnes sont, jusqu'au jour de leur mariage, d'une ignorance totale. L'idée de poser des questions qui les gêneraient autant que leur mère ne leur vient même pas à l'esprit et les mystères du mariage les embarrassent si fort qu'elles acceptent volontiers le silence imposé par l'usage.

Leur candeur est inouïe : Marie de Suin voyageant une nuit en diligence — avec sa mère et sa bonne anglaise — constate à son réveil que le jeune homme assis en face d'elle a abusé de son sommeil pour... s'emparer de sa main dégantée et la garder entre les siennes. En dégageant brusquement sa main, elle n'a qu'une pensée : « Il n'a pas eu le temps de voler mes bagues ! », et ne voit en lui qu'un simple voleur [51]...

Jusqu'au seuil de la chambre nuptiale, la jeune fille ignore la femme et pour la plupart des Agnès en crinoline, le voile ne se déchire qu'après la cérémonie du mariage. Les jeunes mariés viennent de s'esquiver à l'anglaise, dehors les postillons s'impatientent et les chevaux prêts à emporter le jeune couple en voyage de noces, piaffent devant le perron ; c'est le moment que choisit généralement la mère pour donner à sa fille quelques conseils hâtifs, hésitants, obscurs où se mêlent les précisions anatomiques, et les considérations religieuses chargées d'atténuer les réalités les plus crues : l'acte dont procède l'être humain constitue le lien le plus étroit qui puisse unir la créature à son Créateur ; en accomplissant l'acte de chair, toute chrétienne doit songer qu'elle est alors *la collaboratrice de Dieu*, et même que Dieu se fait son serviteur docile puisque à l'instant précis où par la volonté humaine, un corps est appelé à la vie, Dieu donne à l'embryon de ce corps, une âme immortelle, etc.

Dans la fièvre du départ, la jeune fille plus troublée qu'éclairée reçoit les tardives confidences qui se résument le plus souvent par ce conseil : « Tu feras ce que ton mari voudra... il t'aime tant et, vois-tu, l'amour a ses exigences... »

Marie Cappelle qui par rapport à ses contemporaines a beaucoup « vécu », se souvient comme d'une des situations les plus embarrassantes qu'elle ait jamais connues du conciliabule tenu par ses tantes : « Après un déjeuner assez long et assez animé, mes tantes s'enfermèrent avec moi dans le petit salon et commencèrent à m'initier dans les effrayants mystères de mes nouveaux devoirs. Elles disaient des paroles qui me faisaient si fortement rougir et trembler que je les arrêtai par un petit mensonge en leur assurant que je comprenais ce qu'elles voulaient me faire comprendre. Cependant, comme je n'avais jusque-là cherché la vérité que dans les nuages, je gardai ma théorie qui était innocemment stupide, mes frayeurs qui étaient épouvantables et ma ferme résolution de voyager nuit et jour sans m'arrêter, jusqu'au Glandier [52] », le fief de M. Lafarge où le couple part passer sa lune de miel.

Dans leur *Journal* à quatre mains, les frères Goncourt citent le cas d'une femme qui, absente le jour du mariage de sa fille pour des raisons non précisées, lui aurait envoyé ses instructions par la poste, froidement couchées sur le papier [53]...

Rien d'étonnant que la nuit de noces ne laisse pas les meilleurs souvenirs et l'on peut parler de « viol par-devant le maire avec l'encouragement des parents [54] », par un presque inconnu. Les femmes du monde gardent sur un moment aussi intime un silence absolu ; seules les réprouvées comme Marie Cappelle ou quelques « progressistes » comme George Sand ou Clémence Badère osent livrer leurs impressions.

La première raconte par le menu les péripéties de la lutte qui opposa *pendant plusieurs semaines* un mari déterminé à entrer en jouissance d'un bien dont il était le possesseur assermenté par-devant la loi, et une jeune épousée dont le mari, enfin vu sous son véritable jour de rustre, rend la perspective d'accomplir ses « nouveaux devoirs » plus odieuse chaque jour.

Partis de Paris après le déjeuner de noces, les mariés font une première étape dans une auberge d'Orléans où la jeune Mme Lafarge, épuisée par le voyage, demande à prendre un bain : « J'étais à peine entrée dans ma baignoire, que la porte fut vivement ébranlée.

— Madame est au bain, dit Clémentine.

— Je le sais, ouvrez-moi.

— Mais, monsieur, la baignoire est découverte, madame ne peut vous recevoir.

— Madame est ma femme ; que le diable emporte les cérémonies !

— Je vous en prie, ne criez pas si haut ; attendez un instant ; dans un quart d'heure je serai habillée, lui dis-je avec un peu de dépit.

— C'est précisément parce que vous n'êtes pas habillée que

je veux entrer. Me prenez-vous pour un imbécile ? Croyez-vous que je me laisse jouer plus longtemps par une beg... de Parisienne ?

— J'ai peur, disait tout bas Clémentine. Monsieur, soyez donc galant pour le premier jour ! criait-elle tout haut.

— Marie, je t'ordonne d'ouvrir la porte ou je vais l'enfoncer, entends-tu ?

— Vous êtes le maître d'enfoncer la porte, mais je ne l'ouvrirai pas. La force est impuissante sur ma volonté ; sachez-le bien aussi, une fois pour toutes.

Après quelques jurements si grossiers qu'ils me firent pâlir, il s'en alla furieux. »

Après un premier dîner en tête à tête, dans un climat d'hostilité à couper au couteau, le couple reprend la route. Le voyage d'Orléans jusqu'au Glandier, dans le Bas-Limousin, s'effectue d'une traite, la voiture ne s'arrêtant que pour permettre aux voyageurs de se restaurer : une nuit de sursis pour Marie... Enfin, sous une pluie battante, elle découvre le « château » dont fait état le contrat de mariage ; c'est en réalité une masure sinistre, inconfortable, infestée de rats. Le soir même elle décide de rentrer à Paris, écrit une lettre à son mari pour l'en avertir et charge Clémentine de la lui remettre. « Monsieur Lafarge entra dans un état épouvantable, il m'adressa les reproches les plus outrageants, me dit que je ne partirais pas, qu'il avait besoin d'une femme, qu'il n'était pas assez riche pour acheter une maîtresse ; que lui appartenant devant la loi, je serai à lui. Il voulut s'approcher, me saisir ; je lui déclarai froidement que s'il me touchait, je sauterais par la fenêtre ; que je lui reconnaissais bien le pouvoir de me tuer mais non celui de me souiller ! En me voyant si pâle, si énergiquement désespérée, il recula et appela sa mère et sa sœur qui étaient dans la chambre voisine. Elles m'entourèrent en pleurant, me demandèrent grâce pour leur pauvre Charles, pour leur honneur, pour leurs existences que j'allais briser. »... La crise s'apaise, mais Clémentine couche dans la chambre de sa maîtresse jusqu'au soir où, plusieurs semaines plus tard, Mme Lafarge, de guerre lasse, accepte ses « nouveaux devoirs » sans plus de détails.

Accusée d'avoir assassinée son mari [55] Mme Lafarge, qui l'a toujours nié, n'avait aucun intérêt à forcer la note et à dépeindre son époux sous un jour encore plus odieux qu'il ne l'était en réalité, ce qui aurait accrédité la thèse du meurtre pour se débarrasser d'un mari haïssable.

Tout à fait ignorante des devoirs du mariage, Clémence Badère aurait voulu dès le lendemain matin que l'on pût annuler le sien : « Je regardais *cela* comme une chose coupable et malsaine dont on devait rougir [56]. »

Quant à George Sand, le dégoût éprouvé pendant sa nuit de noces perce vingt ans plus tard, lorsqu'elle écrit à son demi-frère Hippolyte Chatiron, à la veille du mariage de sa fille Léontine : « Empêche que ton gendre ne brutalise ta fille la première nuit de ses noces... Les hommes ne savent pas assez que cet amusement est un martyre pour nous. Dis-lui donc de ménager un peu ses plaisirs et d'attendre que sa femme soit, peu à peu, amenée par lui à les comprendre et à y répondre. Rien n'est affreux comme *l'épouvante, la souffrance et le dégoût* d'une pauvre enfant qui ne sait rien et qui se voit violée par une brute [57]. »

Pour Mérimée, le rôle de la jeune mariée le soir de ses noces est beaucoup plus aisé à tenir que celui de l'époux : elle n'a qu'à s'inspirer de l'Iphigénie de Racine ! Sans adhérer à ce point de vue, il faut reconnaître que le rôle du mari n'est pas toujours facile ; il est tout à la fois soupirant et conquérant d'une place dont la religion et les usages lui ont ouvert les portes, tiraillé entre les transports d'un sentiment qu'il va pouvoir exprimer en liberté et la retenue imposée par l'ingénuité d'une jeune personne qui l'appelait encore « Monsieur » la veille. A moins d'être une brute à l'instar de Charles Lafarge, quelle contenance adopter, en chemise et bonnet de nuit, devant ce rempart de dentelles où se recroqueville la mariée d'un jour plus pâle que ses draps ?

Ce quart d'heure d'embarras et de ridicule dédommage un peu de leur frayeur et de leur souffrance celles qui ont pâti toute leur vie des blessures organiques et psychologiques produites par de telles agressions. Les médecins de l'époque que l'on venait consulter au retour du voyage de noces désignaient les maladies et les inflammations provoquées par ces viols légaux sous le nom très imagé de « désordres balistiques » !...

V

Le mariage ou comment faire un commencement

Depuis la fin de l'Empire et le rétablissement de l'ancien ordre des choses, le mariage est redevenu la grande, la seule affaire de la vie de famille et de la vie sociale. Le temps n'est plus où une action d'éclat, une charge héroïque, une blessure vous anoblissait et vous enrichissait au soir d'une bataille. Désormais, le seul moyen d'augmenter rapidement son patrimoine — ou, pour l'aristocratie ruinée par la Révolution, de le reconstituer — est d'hériter ou de se marier. Si la loi et la religion condamnent l'utilisation de la poudre de succession, rien ni personne n'empêche de contracter une union avantageuse. Même dans les familles les plus opulentes, c'est une nécessité absolue de marier sa fille le plus vite et dans les meilleures conditions de fortune. Pour cela, on mobilisera le ban et l'arrière-ban des relations, on réquisitionnera les parents de Paris, et les parents de province, on écumera les salons de la capitale, les casinos des villes d'eau, on fera même intervenir le clergé, mais on arrivera à ses fins.

« Oh ! marier ma fille et mourir ! » s'écrie la baronne Hulot [1], exprimant la grande préoccupation des mères de famille, leur obsession d'accomplir le devoir sacré de marier vaille que vaille leur enfant avant de pouvoir quitter sereinement la scène. Les témoins de l'époque, sans doute pour avoir été en butte aux poursuites de quelque mère pénétrée de son devoir, ne sont pas tendres pour ces femmes qui, au concert, au bal, au théâtre, à l'église, tendent leurs filets où finit par tomber un vieillard riche ou un jeune amoureux. « Une mère qui a trois demoiselles à marier est capable de tout ; celle qui en a quatre assassinerait [2]. »

Son rôle est beaucoup plus actif, sa responsabilité plus engagée lorsqu'il s'agit de marier une fille qu'un fils, situation que trahit le langage usuel, puisqu'une mère dira en cette occasion : « Mon fils *se* marie », mais « *Je* marie ma fille », ce qui traduit également la passivité de la jeune personne.

Pourquoi un homme *se* marie-t-il au XIXe siècle ? Balzac a répertorié avec brio vingt-trois bonnes raisons de convoler :

« Par Ambition, ... cela est bien connu ;

« Par Bonté, pour arracher une fille à la tyrannie de sa mère ;

« Par Colère, pour déshériter ses collatéraux ;

« Par Dédain d'une maîtresse infidèle ;

« Par Ennui de la délicieuse vie de garçon ;

« Par Folie, c'en est toujours une ;

« Par Gageure, c'est le cas de Lord Byron ;

« Par Honneur, comme Georges Dandin ;

« Par Intérêt, c'est presque toujours ainsi ;

« Par Jeunesse, au sortir du collège, en étourdi ;

« Par Laideur, en craignant de manquer de femme un jour ;

« Par Machiavélisme, pour hériter promptement d'une vieille ;

« Par Nécessité, pour donner un état à *notre* fils ;

« Par Obligation, la demoiselle ayant été faible ;

« Par Passion, pour s'en guérir plus sûrement ;

« Par Querelle, pour finir un procès ;

« Par Reconnaissance, c'est donner plus qu'on a reçu ;

« Par Sagesse, cela arrive encore aux doctrinaires ;

« Par Testament, quand un oncle mort vous grève son héritage d'une fille à épouser ;

« Par Usage, à l'imitation de ses aïeux ;

« Par Vieillesse, pour faire une fin ;

(Le X manque et peut-être est-ce à cause de son peu d'emploi comme tête de mot qu'on l'a pris pour signe de l'inconnu.)

« Par *Yahdi* qui est l'heure de se coucher et en signifie tous les besoins chez les Turcs ;

« Par Zèle, comme le duc de Saint-Aignan qui ne voulait pas commettre de péchés [3]. »

Il n'y a pas grand-chose à ajouter, si ce n'est que les explications en forme de voyelle (à l'exception du O) sont les plus courantes...

Voyons maintenant pourquoi *on* marie les filles. D'abord et avant tout parce que le monde entier est convaincu que le mariage est leur vocation et la maternité leur destinée : c'est le « vœu de la nature » ; Régnier Destourbet voit dans la rage des mères à établir leur fille des motifs secondaires plus perfides :

« Il y a telle demoiselle qu'on veut marier parce que la petite personne a reçu du ciel l'influence céleste : à 12 ans, elle jouait avec le fils du portier ; à 13, elle faisait des signes aux commis d'une boutique voisine ; à 15, elle veut se faire enlever par un habitué des Tuileries.

« Telle autre qu'on marie parce qu'elle est triste : il lui faut un Paillasse [4].

« Telle autre parce qu'elle est malade et que les médecins ne comprenant rien à la maladie, ont dit : mariez-la.

« Telle autre qu'on marie, parce qu'elle veut sortir seule [5]... »

Ajoutons à ces raisons, la volonté de certaines mères de se débarrasser d'une fille jolie qui leur fait de l'ombre. On en a vu qui, par jalousie, mariaient leur fille au premier venu et stipulaient dans le contrat de mariage que le couple irait vivre en province, dans le but d'éloigner une enfant dont les dix-huit ans révélaient avec presque autant d'indiscrétion qu'un acte de naissance, l'âge de sa mère...

L'âge des mariés ou comment épouser sa moitié

A une époque où l'espérance de vie ne dépasse pas quarante ans [6], les mariages sont conclus tôt. Dans les milieux populaires, les garçons se marient couramment vers vingt ans, s'ils n'ont pas tiré un mauvais numéro pour la conscription, avec des promises de seize ans. Dans les classes supérieures, l'âge du mariage s'élève, et les jeunes personnes convolent entre dix-huit et vingt ans. Les parents mettent d'ailleurs un point d'honneur à marier leur fille le plus tôt possible et l'on assiste dans les familles à une sorte de joute, de course-poursuite où les mères « cravachent » moralement leur enfant pour lui faire passer la première le fil de l'arrivée avant Léontine de X... ou Berthe de C..., et arriver ventre à terre sur le tapis rouge de l'Assomption [7] ou de Saint-Thomas-d'Aquin. Les pouliches se prêtent avec complaisance à ce jeu et Marie de Suin, mariée à seize ans, avoue : « J'avais la bêtise d'être flattée de me marier si jeune ! Plus jeune qu'aucune des filles qui nous entouraient [8]. »

A la vanité des parents s'ajoute la rigueur du décret selon lequel « les femmes, après quarante ans, cessent d'appartenir à l'amour [9] ». C'est l'âge où pour reprendre la remarque de Sophie Arnould, la plupart des femmes se donnent à Dieu parce que le diable n'en veut plus...

D'aucuns font pourtant remarquer qu'à dix-huit ans, une jeune fille n'a pas souvent atteint sa maturité physique et intellectuelle, et qu'il serait plus raisonnable de retarder son mariage de quelques années. Mais, là où ceux-ci voient la raison, ceux-là aperçoivent le danger : ces jeunes filles à qui l'on accorderait un petit sursis, comment les occuper pendant ces deux ou trois années, sans que l'amour — l'amour non contrôlé et planifié par les parents — vienne calciner leur cœur romanesque, « car les parents ne peuvent se le dissimuler, *la passion est là, imminente, menaçante* »... Il y a certes la charité, l'amour du prochain qui peut momentanément remplacer l'amour tout court, et l'étude qui occupe l'esprit et empêche les rêveries de s'abattre comme une nuée de colombes sur leur imagination ardente. Cela suffira-t-il à conjurer le danger d'une passion indésirable, d'une mésalliance, ou d'un faux pas ? Peu de parents sont prêts à prendre ce risque pour ménager l'épanouissement de leur fille.

L'époux a, quant à lui, une trentaine d'années, lorsqu'il se décide à rechercher la plus grosse dot à laquelle il pense pouvoir prétendre, ce qui ménage entre les deux conjoints une différence d'environ dix ans, indispensable, pense-t-on, pour asseoir l'autorité maritale ; « La femme de dix-huit ans sera volontiers l'épouse docile d'un homme de vingt-huit ou trente ans. Elle se fie à lui de tout, croit sans peine qu'il en sait plus qu'elle et que tout le monde... [10] »

Les jeunes gens convolent rarement avant la trentaine et le mariage de Louis de Périgord [11] qui, à dix-neuf ans, en 1828, interrompit ses études au collège Henri-IV pour s'unir avec la toute jeune Alix de Montmorency, fut salué comme l'événement le plus étonnant, le plus surprenant, le plus merveilleux, le plus...

Jusqu'à trente ans, les jeunes gens, condamnés au célibat, se trouvent dans l'impossibilité de satisfaire *légalement* cet « irrésistible besoin d'aimer qui ébranle leur être tout entier ». Il ne leur reste que les femmes mariées ou les courtisanes. Si elle avait quelque suite dans ses idées étroites, la morale aurait dû s'offusquer de cet état de fait ; elle ne fait que le déplorer mollement et les jeunes célibataires passent communément par une période de débauche avant d'échanger, avec la bénédiction de la société, une maîtresse parfois ruineuse, contre une épouse souvent très riche.

La différence d'âge est parfois beaucoup plus marquée, mais jusqu'à vingt ans d'écart, elle ne choque personne, pas même l'intéressée : « Berthe épouse un ami de son père qui a le double de son âge, note Caroline Brame dans son journal, elle est du reste très contente [12]. »

Au-delà de vingt ans de différence, les jeunes filles commencent à s'effaroucher et les parents à hésiter. Il arrive d'ailleurs que des prétendants indélicats n'avouent que la trentaine pendant les transactions, et qu'ils prennent brusquement quelques années supplémentaires le jour de la signature du contrat quand il s'agit d'exhiber les papiers nécessaires... Mais il est trop tard pour reculer et l'on passe outre pour éviter les graves conséquences d'une rupture.

Sous le Second Empire, on assista à une multiplication de ce qu'on appela — les femmes avec compassion, les hommes avec envie — des mariages « du printemps et de l'hiver ». En 1857, on célébra le mariage du duc de Malakoff, soixante-deux ans, avec Mlle Sofia de la Paniega, vingt-cinq ans, amie de l'impératrice et espagnole comme elle. Nanti depuis le début de l'année d'une dotation de 100 000 francs, réversible sur sa descendance masculine, le vieux militaire décida de se marier « subito, allegro, presto » et d'avoir des enfants. Ses projets matrimoniaux se répandent comme une traînée de poudre à canon dans la bonne société, et les mères de famille avisées mettent « en batterie » les beaux yeux de leur fille sur le passage du vainqueur de Sébastopol. Un bâton de vieillesse contre un bâton de maréchal, l'échange leur semble équilibré...

Les rumeurs vont bon train ; au mois de mars, on annonce que le maréchal aurait porté son choix sur la fille de M. Caley de Saint-Paul, seize ans ! Trop, c'est trop ! Les plaisanteries fusent : « Ce serait là l'union la mieux faite pour donner au duc de Malakoff la certitude que son nom ne s'éteigne pas [13]. » Le projet est abandonné et c'est finalement Mlle de la Paniega, décrite par ses contemporains comme le type accompli de la beauté andalouse, qu'élit le duc pour perpétuer sa race de preux [14].

Vingt-quatre ans d'écart entre un autre héros de la guerre de Crimée, le maréchal Canrobert et la jeune Ecossaise de vingt ans, Flora Mac Donald qu'il épouse en janvier 1863. « Sincèrement éprise de la *renommée* du maréchal [...] le culte qu'elle voua à cette gloire rapprocha les âges... », nous assure Mme Carette [15].

Le 28 août 1862, le marquis de Chasseloup-Laubat [16] épouse à cinquante-sept ans, une jeune fille de dix-neuf ans, originaire de la Louisiane, Marie-Louise Pilié [17]. Le spectacle du « jeune » marié, qui est en plus affligé d'une maladie d'estomac, présidant un dîner avec sa femme, « véritable fleur de beauté et de santé », choque et apitoie leurs invités : « On ne sait où reposer sa compassion : est-ce sur la jeune femme attachée à cette organisation délabrée, ou sur le mari dont l'estomac rebelle à ses fonctions doit troubler le ministre dans l'exercice des siennes... »

Le record est — à ma connaissance — détenu par le vicomte

Suleau, sénateur, qui vers la même époque épouse à soixante-dix ans une jeune et jolie parente de plus de quarante ans sa cadette. Une performance qui est en fait loin d'égaler, au siècle précédent, celle du maréchal et duc de Richelieu qui s'unit en troisièmes noces à quatre-vingt-quatre ans bien sonnés, avec une jeune veuve d'une trentaine d'années, et cela pour faire enrager son fils qui attendait son héritage [18]. Juste avant la Révolution, la jeune duchesse de Richelieu pouvait émailler sa conversation de : « Louis XIV disait à mon mari... », et passait pour une folle aux yeux de ceux qui ne connaissaient pas l'âge de sa moitié qui avait trois fois le sien...

L'amour que l'on porte à un vieillard n'est que passager, dit-on avec philosophie, son objet est « un fruit mûr qu'on s'attend à voir tomber ». C'est bien sûr une consolation pour celles qui sont obligées de croquer une pomme blette, mais, philosophie mise à part, que penser de ces mariages disparates où les hommes se marient bien souvent pour faire une fin avec des jeunes filles qui ne voient dans ce sacrement que la clef d'un commencement ? Comment imaginer qu'un cœur de quarante, cinquante ans qui a passé par toutes les expériences, toutes les jouissances de la vie, batte à l'unisson d'un cœur de dix-huit ans qui en découvre les prémices ? Comment exiger d'une jeune fille la fidélité à un veillard ? « Que cet attelage conjugal du passé qui est le mari, et de l'avenir qui est la femme part d'un joli trot le premier jour !... Mais à quelques lieues de là, Monsieur qui a vu tout le pays commence à ralentir son allure et, c'est précisément à l'heure où Madame qui n'a rien vu, prend goût à la promenade [19]... » Si l'attelage n'est pas aux mains d'un bon cocher — la religion ou au moins la dévotion —, avec le respect des bonnes mœurs en guise de postillon, il risque fort de verser...

Inclination ou convenance ?

Dans la bonne société, le mariage d'amour appelé chastement mariage d'« inclination » a mauvaise réputation ; c'est une sottise, une « sublime imprudence », une folie, un crime, pire une faute... de goût, « une chose malséante et de petit monde ».

Le mariage est l'affaire des parents, non des filles, puisqu'il s'agit avant tout d'un arrangement où deux fortunes s'épousent pour former une fortune plus grande, deux études s'associent pour créer une plus belle étude, deux filatures s'unissent pour former une plus grande usine. C'est l'assortiment d'une position et d'une dot, représentées par un homme et une femme qui s'unissent par contrat sous un nom collectif, on pourrait presque dire sous une même raison sociale. On voit mal comment une jeune fille totalement étrangère aux affaires pourrait savoir où est son intérêt !

Pour dégoûter celles qui seraient tentées d' « incliner », on répète à qui veut l'entendre un certain nombre de vérités distillées comme des antidotes pour combattre les effets du poison romanesque. Les mariages d'inclination sont, dit-on, rarement heureux ; c'est l'amour rabaissé à une satisfaction sensuelle qui ravale les époux au niveau de la bête ; une jeune fille d'élite ne saurait épouser qu'un homme qu'elle estime, or ce qui est estimable dans l'être humain ce n'est ni sa beauté, ni sa jeunesse, mais les qualités morales : « l'activité de l'âme, qu'elle s'appelle travail, ambition, honneurs, voilà ce qui inspire à la femme du respect, de l'estime, *et un attachement magnétique* [20] » ! Une chaumière et son cœur ! Mensonge d'écrivain ! Un château et son titre, voilà ce qui fait les mariages heureux !

Il est très important qu'à défaut d'amour, la jeune fille éprouve pour son mari futur un minimum d'estime : puisque son bonheur de femme résidera dans sa vertu c'est-à-dire sa fidélité, il faut que sa conduite lui soit *facilitée* par le respect porté à son époux.

Pour les jeunes obstinées qui s'entêteraient à refuser un mariage de convenance, il est un ultime argument : on finit toujours par aimer le père de ses enfants ; qu'elles se rassurent, la maternité ouvrira miraculeusement les vannes de l'amour où elles pourront se désaltérer. Aimer ses enfants, leur donner ensemble une éducation chrétienne, voilà le lien sacré qui doit unir les époux bien nés !

Les sentiments tiennent si peu de place dans la conclusion de ces unions qu'il arrive même qu'on se marie ni par amour, ni par convenance mais par... erreur ! Le baron Bourgoing avait la vue basse, et dans un escalier mal éclairé, il se trompa de beau-père et présenta sa demande en mariage à un quidam qui avait lui-même une fille à établir ; il accepta jusqu'au bout les conséquences de sa méprise et se maria à l'aveuglette !

Mariage de convenance ne signifie pas pour autant mariage forcé, car on ne marie plus les filles au XIXe siècle sans leur accord, comme sous l'Ancien Régime ; « Les menaces de couvent, de suppression de dot ou d'héritage ne sont plus de mise, écrit Marie d'Agoult en 1877, c'est toujours de son plein gré que la demoiselle à marier donne sa main. » Mais si les jeunes filles ont conquis le droit d'agréer ou de refuser un prétendant, elles sont très rarement appelées à *le choisir elles-mêmes,* ce qui semble normal puisque la nature qui fait si bien les choses, « ne nous donnant pas comme aux hommes le choix, *nous a sagement douées d'une facilité plus grande à plier notre volonté et à maîtriser notre attachement* [21] » !

Bien qu'il soit difficile de généraliser une situation où chaque cas est particulier, on peut dire que, d'ordinaire, les parents présentent à leur fille un prétendant qu'ils ont agréé, en lui disant, ou en lui suggérant : ce monsieur nous conviendrait pour gendre ; s'il te plaît (ou dans certaines familles moins généreuses *s'il ne te déplaît pas*), épouse-le, tu nous ferais plaisir. Une jeune fille bien élevée, habituée depuis l'enfance à abdiquer sa volonté pour se soumettre à celle des autres, se dit qu'elle doit faire plaisir à ses parents et en trois semaines le mariage est conclu. Dans le cas contraire un autre prétendant est présenté à ses suffrages.

Du jour où sa mère décida de la marier, on présenta à Valérie Dubois un soupirant par semaine ; après chaque entrevue, sa mère l'interrogeait : « Eh ! bien, le veux-tu ? » Elle répondait : « Non, pas celui-là », jusqu'au jour où Octave Feuillet, son cousin, demanda sa main...

Bien sûr, plus la jeune fille est riche et dotée, plus son choix est grand. Dans la masse des prétendants qui aspirent à sa dot et à sa main, les parents sélectionnent les partis possibles et l'heureuse héritière n'a qu'à se baisser pour ramasser le plus séduisant des gants beurre frais tombé à ses pieds. Marie de Nicolaï qui croule sous les demandes en mariage, n'a que l'embarras du choix. Avec une amie, au cours d'une promenade aux Champs-Elysées, elle passe en revue tous les soupirants qui sont venus solliciter sa main et dont les voitures défilent sous ses yeux. Elle hésite :

« Regardez devant vous, c'est M. de M..., frère de Mme de N... Son père et sa sœur désirent que je l'épouse presque autant qu'il le désire lui-même. Cependant je ne me décide pas, il est de la nouvelle cour [22], et je n'ai nulle envie d'aller mêler mes grâces à celles des épicières, quincaillières et parfumeuses qui ornent les salons des Tuileries actuelles [...] Ah ! Voilà Ernest de G... [...] pauvre garçon, il a eu l'honneur de prétendre trois fois à ma main et à mon cœur et d'avoir trois refus officiels [...] Me conseillez-vous d'épouser M. H... ? pas de titre, pas une petite particule, c'est déplorable ! Oh ! regardez ce jeune homme à cheval, c'est le bel Antonin de N..., il me conviendrait assez si toutes les femmes de sa famille n'étaient pas des bas-bleus [...] Près de lui, M. de B... un fat, un joueur [23] », etc.

Mais une jeune fille sans fortune n'a pas le droit de faire la fine bouche, surtout si la platitude de sa bourse n'est pas rachetée par une beauté ravageuse. La pression des parents est d'autant plus grande, leur autorité plus contraignante que le peloton des épouseurs est clairsemé.

« Comment trouves-tu ton danseur d'hier, Adèle ?

— Ni bien, ni mal.

— *Moi*, je le trouve très bien. C'est un parti fort convenable pour toi. Ce jeune homme ne ressemble pas précisément à Apollon, mais tu n'es pas une déesse, tu dois t'en douter... Il a de la fortune et te trouve à son goût, à ce qu'il paraît. Profite de l'occasion. Dans ta position et avec tes avantages, on ne trouve pas de maris sur toutes les banquettes [24]. »

Quand on a les moyens de le faire ou le cœur particulièrement sensible, on tient compte du dégoût qu'une jeune fille peut éprouver pour un prétendant, comme cette mère prudente qui rompit le mariage de sa fille quelques jours avant la célébration du sacrement, pour un motif qui dut sembler à l'époque bien frivole. La fiancée semblait triste et préoccupée :

« Qu'as-tu ?

— Je ne sais.

— As-tu découvert quelque défaut dans ton fiancé ?

— Non.

— Son caractère te déplaît-il ?

— Non.

— Qu'as-tu donc ?

— Eh bien ! le jour du contrat, quand il s'est avancé vers moi pour m'embrasser, j'ai éprouvé...

— De la répugnance ?

— Oui...

— Tu ne l'épouseras pas [25] ! »

Il n'y a donc plus guère de parents qui forcent leur fille à épouser un homme qui leur déplaît, mais ils n'ont aucun scrupule à l'empêcher de s'unir avec celui qu'elle aime, si sa « position » ne leur convient pas. M. Randoin, auditeur sans fortune au Conseil d'Etat et amant — au sens cornélien du mot : qui aime et qui est aimé — de Mlle Henriette Haussmann, fit les frais des excès de zèle du préfet qui, comme tous les pères de l'époque, considérait que son premier devoir était de bien établir sa fille. « Le jeune homme devint si pressant qu'il devint pressé de prendre un parti. Vite le préfet sollicite une sous-préfecture et le jeune auditeur est exilé à Bernay. Quant à ses amours, bernique ! On n'a pas manqué de dire qu'il était berné [26]. » Cela lui apprendra qu'un jeune homme sans espérances ne peut qu'aimer sans espoir au-dessus de sa condition ! Quant à Henriette, son père la fiance incontinent avec un diplomate « à la barbe rouge », M. Dolfuss. Décidé en trois jours, le mariage est célébré vingt jours plus tard...

Les jeunes filles se révoltent-elles d'épouser des hommes qui ont souvent le double de leur âge, qu'elles n'ont pas choisis, et qu'elles n'aiment pas, d'être en un mot, et il est de George Sand, « livrées comme des pouliches » ? N'en déplaise aux féministes du XXe siècle, les jeunes personnes du XIXe sont — dans leur majorité — étrangères à l'idée de rébellion. Bien que certaines viragos commencent sous le règne de Louis-Philippe à lancer contre le mariage des anathèmes dont la presse contient les échos, la psychologie collective du siècle reste étrangère à ces exagérations. Sans éprouver une once d'amour pour leur fiancé, beaucoup sont même enchantées de convoler, et les autres se résignent assez facilement pour toutes sortes de raisons.

On se marie d'abord pour être mariée. Le spectre hideux du célibat, coiffé du bonnet de Sainte-Catherine, précipite les plus romanesques dans les bras d'un époux qui est à cent lieues de leurs rêves. En dehors du mariage ou du cloître, la femme n'a pas sa place dans la société et le monde a jeté l'anathème et le ridicule sur le célibat au féminin. « Je me marie, explique une jeune fille à une de ses amies qui s'étonne de la voir épouser un prétendant qu'elle n'aime pas, je me marie pour être mariée, et qu'il n'en soit plus question ; pour ne pas être par exemple un jour comme ma tante Eléonore : pauvre créature, elle a vieilli sous le harnais d'une fille à marier et je la vois encore se redresser et faire la charmante quand un célibataire passe [27]... »

Ridicule, la vieille fille est surtout inutile. Alors que les hommes valent par eux-mêmes, et peuvent envisager le mariage comme un éventuel complément de leur existence, pour les femmes, il est l'unique but et paradoxalement, la condition de leur liberté : une femme seule ne peut descendre à l'hôtel, sortir dans la rue, aller au spectacle, voyager seule sans passer pour une fille. Là où tout est liberté pour l'homme, tout est embarras pour elle. Alors elle se marie parce qu' « il n'y a pas d'autre *carrière* pour une fille » et qu' « il lui faut un homme pour sortir, voyager ; c'est un serviteur indispensable, un chambellan, un ordonnateur, un porte-respect. Sans doute, l'état d'homme serait plus agréable. Ne pouvant acquérir l'état, on acquiert l'homme. Pour qu'il soit convenable, garanti, capable de représenter, on le paie son prix [28] ». Il n'y a qu'un peu d'exagération dans les propos de Taine...

On se marie *tôt* pour éviter la dépréciation qui menace les jeunes filles montées en graine, obligées de rabattre leurs prétentions, avec les années qui passent. Marguerite de Bussy annonce son mariage avec un homme qu'elle dit ne pas aimer : « J'ai vingt-quatre ans passés, quand les vingt-cinq auront sonné, j'aurai perdu toutes les chances de me marier en jeune fille, on ne pensera plus pour moi qu'aux hommes de quarante ans au moins. Puis si j'ai le malheur d'arriver à trente, il ne tiendra qu'à moi de croire qu'il n'y a plus au monde que des hommes de cinquante ans (bien conservés à la vérité) ; ensuite chaque année comptera quadruple et en peu de temps je ne devrai plus aspirer qu'aux veufs de soixante ans goutteux, asthmatiques ou sourds qui penseront à moi pour mes vertus, parce qu'ils auront besoin de cataplasmes, de tisanes et de soins pour leurs vieux jours [29]. »

Bien que choisi par les parents, le mari garde l'attrait romanesque de l'inconnu et bien des jeunes filles partagent l'enthousiasme candide de la première femme, quand Dieu le père présenta Adam à Eve : « c'était le premier homme venu, elle l'a accepté avec joie [30]. » L'époux est la condition *sine qua non* pour exister aux yeux du monde et dès qu'il s'en présente un, tous les rêves des jeunes filles s'abattent aussitôt comme une volée de moineaux sur le rameau qui leur est tendu. Loin de se plaindre de leur destin dirigé, elles acceptent avec confiance le conjoint choisi par les parents. J'en veux pour preuve cette jeune fille qui, à la fin du Second Empire, hésitait entre plusieurs partis, et remit l'ultime décision entre les mains de son père ; il partit prendre des renseignements chez les différents notaires, fit son choix en conséquence et revint à la campagne en avertir sa fille qui l'accueillit aux cris de : « " Papa, mon petit papa, qui est-ce que j'épouse ? " Et la petite battait des mains de plaisir [31]. »

Marie de Flavigny montre en l'occurrence la même docilité assortie d'une indifférence qui étonne. La valse des prétendants, les demandes en mariage, les entrevues, tous les rites prénuptiaux glissent sur la belle Marie comme une averse sur une ombrelle de soie... « Un jour, dit-elle, je ne saurais trop dire par quelle suite de réflexions, j'en vins à part moi à la résolution bien arrêtée d'y mettre fin. Je fus trouver ma mère, et lui exprimant la répugnance extrême que j'éprouvais pour le rôle qui m'était assigné dans les préliminaires d'un acte où je ne voyais autre chose que *l'accomplissement nécessaire mais indifférent d'un devoir*, je la conjurai, à la première demande qui lui serait faite, de se concerter avec mon frère, puis de dire *oui* ou *non* sans m'en parler, promettant de ratifier ce *oui* prononcé par deux personnes d'un jugement si sûr[32]... »

Mariées très jeunes, les jeunes filles se résignent d'autant mieux au mariage qu'elles n'en considèrent que les avantages immédiats : sortir seule, lire des romans, porter des bijoux, mettre du rouge, sans trop penser aux réalités qu'elles ignorent la plupart du temps. Elles pensent davantage au mariage qu'au mari, et épousent une position plutôt qu'un homme. Marie de Suin se marie pour porter un châle des Indes, valser et lire *Atala* : « Je rougis, écrit-elle trente ans plus tard, des motifs qui influençaient alors mes déterminations. » Elles marchent à l'autel comme on monte en voiture pour une partie de plaisir, et ce qu'elles prennent parfois pour de l'amour n'est qu'un sentiment où se mélangent la satisfaction de toucher un but qui leur est fixé depuis des années, le contentement de faire plaisir à leurs parents, tout en se libérant de leur emprise, et dans le meilleur des cas, le plaisir de joindre le convenable à l'agréable avec « un mari bien mis, de bonne famille, empressé, agréable à cheval, quatre mois à Paris, huit mois dans un petit château, beaucoup de bals et de toilettes, une corbeille de 20 000 F »...

D'ailleurs, il ne faut pas se représenter toutes ces vierges en crinoline comme des anges de désintéressement, dont le cœur saigne d'être négociées comme des titres en bourse. Fanny Sebastiani paria avec ses amies qu'elle épouserait le marquis de Choiseul-Praslin que Victor Hugo nous décrit pourtant comme « un blond blafard, pâle, blême, l'air anglais. Il n'est ni gros ni maigre, ni beau ni laid. Il n'a pas de race dans ses mains, qui sont grosses et laides [des vraies mains d'égorgeur !] Il a toujours l'air d'être prêt à dire quelque chose qu'il ne dit pas »... Elle voulait à tout prix être marquise, duchesse et maîtresse de Vaux-le-Vicomte, et le confessa plus tard à son journal intime. Une fine observatrice de son temps, Mme de Girardin, dénonce l'ambition de certaines jeunes filles romantiques à qui l'on aurait donné le Bon Dieu sans confession, et qui préfèrent épouser un vieillard qui n'a plus rien à espérer plutôt qu'un jeune homme qui n'a que des espérances. Pour elles le bonheur,

C'est un riche carrosse avec de beaux chevaux
Qui, sur les boulevards éclaboussent la foule,
C'est un vase chinois sur un meuble de Boulle,
Une loge aux Bouffons, une bonne maison,
Un château près d'Arcueil dans la belle saison,
Et de ce pur amour rien ne trouble la joie
Si le lit nuptial a des rideaux de soie. [33]

Chez les jeunes personnes élevées avec une impitoyable sévérité, la seule pensée de se libérer de la férule maternelle fait passer sur tout le reste. Mlle Cibot de Larive éprouva un sentiment de malaise frisant le dégoût à la vue de son prétendant chétif, bossu, affligé d'un système pileux dévorant. Pourtant cette première mauvaise impression fut bientôt balayée par un sentiment de reconnaissance pour celui qui allait l'arracher à sa mère. L'idée d'une nouvelle vie lui faisait même oublier l'homme avec qui elle devrait la partager. « Il s'était tout à coup transformé en génie, il ne s'appelait plus M. Laumel, mais bien M. Mariage [34]. » Le captif aime toujours celui qui vient briser ses chaînes. Même Aurore Dupin, qui n'était pas encore George Sand, s'accommoda de l'amitié fraternelle de Casimir Dudevant. Sa hâte d'échapper à la tutelle de sa mère poussa « la sœur de Goethe [35] » à accepter *avec empressement* le brave Casimir qui pourtant ne lui « parlait point d'amour et s'avouait peu disposé à la passion »...

D'autres, plus mûres, plus conscientes de la gravité du choix, éprouvent au contraire l'angoisse de l'inconnu et freinent des quatre fers pour reculer le moment de sauter dans le vide où se précipitent leurs contemporaines. Caroline Hamard à qui son père laisse quelques jours de réflexion pour accepter ou refuser la demande en mariage de Franklin Grout (qu'elle n'a vu que trois fois !) les passe dans les larmes et la plus cruelle indécision, ce qui lui vaut de la part de son oncle Gustave Flaubert des lettres débordantes de tendresse et de compassion : « Eh ! bien, ma pauvre Caro, tu es toujours dans la même incertitude et peut-être que maintenant après une 3ème entrevue tu n'en es pas plus avancée ? Sans doute on va te talonner pour donner une réponse prompte, ne fais rien à la hâte et quoi qu'il advienne, mon Loulou, compte sur la tendresse de ton vieil oncle qui t'embrasse [36]. »

Le théâtre d'Emile Augier fournit l'exemple d'une jeune fille, Hermine Sternay [37], déterminée à épouser l'homme qu'elle aime malgré l'opposition de toute sa famille :

« Peut-on savoir quels sont vos projets ? demande sa grand-mère.

— Mes projets sont d'épouser M. Jacques Vignot puisque je l'aime toujours, jusque-là, bonne maman, vous me remettrez je pense au couvent [...] et vous aurez bien raison [...] de mon côté, c'est l'endroit où je désire le plus rester *jusqu'à 21 ans...* » Hermine connaît le code [38] !

Mais la réalité est souvent différente de la littérature et l'aventure de Pauline d'Armaillé et de Jean Casimir-Périer est à cet égard exemplaire. Les deux familles, liées par une longue amitié, voisinaient à la campagne et les jeunes gens tissèrent pendant des années entre les châteaux de Pont-sur-Seine et de la Rivière, des liens plus étroits encore. Mais à leur immense surprise leur projet de mariage se heurta dans les deux familles à une inexplicable opposition. Sans doute Pauline était-elle jolie et son immense fortune pouvait-elle lui faire espérer une alliance plus brillante encore, mais la fortune des Casimir-Périer était elle aussi bien assise et la famille, à défaut de posséder des titres de noblesse, avait déjà donné au pays plusieurs hommes politiques éminents. Il n'existait aucun obstacle sérieux à ce mariage, mais les parents restèrent inébranlables. Le jeune homme désespéré imagina d'enlever Pauline en plein jour à la barbe de toute la famille, comme le raconte la fille de l'héroïne :

« Jean Casimir pénétra dans la maison, disant au domestique de garde qu'il allait consulter le général de Ségur [39] sur quelque affaire, puis se rendit par un escalier dérobé dans les appartements de ma mère et la supplia à genoux de le suivre. Elle n'avait qu'à descendre dans la cour sous prétexte d'admirer un nouveau cheval, puis monter dans la voiture. Le concierge sans méfiance aurait laissé passer les fugitifs et, pour éviter le scandale, les deux familles auraient rapidement cédé. [...] ma mère n'était pas préparée à ce dénouement brusqué. [...] elle refusa. » Moins de six mois après cet épisode, Pauline d'Armaillé, en fille soumise et aimante, acceptait d'épouser le fils aîné du duc de Broglie et, conclut sa fille, « comme il arrive *quand même* assez souvent, ce mariage de raison fut une réussite [40] »...

Le prix d'achat d'un mari : la dot

La dot, autrement dit le prix d'achat d'un mari, l'amour conjugal acheté et payé — au comptant de préférence —, toute scandaleuse qu'elle puisse paraître à notre époque, se justifiait à bien des égards au siècle passé. Le gendre qui s'engage à subvenir aux besoins d'une jeune fille simple et modeste qui est souvent prise, en changeant d'état civil, d'une brusque fièvre de dépenses et de luxe, celui qui la sauve de la honte du célibat, mérite somme toute un petit dédommagement, sans compter la probabilité de tomber sur un « bon mari » qui l'aimera pour elle après l'avoir épousée pour sa dot.

Inutile dans un couple d'ouvriers ou de petits bourgeois où la femme contribue par son travail à l'entretien du ménage, la dot devient indispensable dans les classes sociales où elle ne travaille pas et constitue une source de dépenses pour son mari. Celui-ci ne fait preuve que d'une sage prévoyance en exigeant qu'elle apporte au moins de quoi faire face au surcroît de frais qu'elle va occasionner. On comprend, sans toutefois l'approuver entièrement, la prudence des prétendants à la pensée de l'existence dispendieuse et parasite de leur future moitié à qui il faudra un hôtel splendide, un mobilier élégant, des toilettes, des domestiques et qui n'entend pas renoncer après son mariage au luxe dans lequel elle a été élevée ou qui, au contraire, privée au nom de son état de jeune personne de bien des fantaisies, a l'intention de s'en mettre « jusque-là ».

Plus on avance dans le siècle, plus le mode de vie des classes fortunées gagne en raffinements somptuaires, en luxueuses excentricités. La mode, l'ameublement, les divertissements s'emballent dans une course effrénée au plus ébouriffant, au plus grand, au plus voyant, au plus cher. Au début du siècle, les femmes bornent encore leurs occupations à régner sur leur ménage, à surveiller une escouade de domestiques et à tenir un salon, sans beaucoup sortir de leur territoire entre cour et jardin. Mais sous le Second Empire, l'occupation la plus courante de la femme du monde est d'être sortie : Madame est sortie, Madame n'y est pas, Madame est au bal, au concert, à l'Opéra, aux courses, au bois, en visite, étrennant pour chaque occasion une nouvelle toilette. L'hiver on ne fait que sortir de chez soi, mais aux beaux jours, on sort de la capitale et les Parisiennes qui se respectent vont de Deauville à Plombières, de Baden à Biarritz, aussi naturellement que leurs aïeules trottaient de leur secrétaire à leur armoire à linge. Les toilettes aussi vont leur train ! Toilette « de wagon », de bain, de bateau, de campagne, d'amazone, etc. Si bien que toutes ces robes cousues les unes aux autres couvriraient de leurs volants, de leurs ruches, de leur falbalas, les terres que *Monsieur* serait contraint de vendre pour payer les factures si... si, pour ne pas en arriver là, *Monsieur* n'avait pris la précaution d'épouser une femme de 200 000 ou 300 000 francs ou, pour parler plus simplement, d'épouser 200 000 ou 300 000 francs. Ne représentant jamais qu'un passif dans le budget familial, les femmes, oisives, sont condamnées à acheter leur mari.

Autour des années 1860, la soif de luxe devient tellement difficile à étancher chez les femmes, que les épouseurs commencent à renâcler. « L'obligation de loger, de voiturer, d'habiller et de farder une femme entraînée pour le steeple-chase du monde comporte aujourd'hui tant de dépenses que les célibataires intelligents ne s'y frottent plus [41]. » Baucoup préfèrent organiser leur vie « entre Nana, Tata, Zaza » dont l'entretien est à peine plus coûteux que celui d'une femme légitime et qui, si elles écorchent un peu la grammaire, ont d'autres talents qu'on n'enseigne pas au Sacré-Cœur...

A la fin d'un bal, quelques amis célibataires se retirent sur le mont Aventin, en l'occurrence une table où ils soupent au champagne, et font un pronunciamiento exigeant une augmentation de 25 % sur toutes les dots, faute de quoi ils feront la grève du mariage. La plaisanterie, qui fit le tour de Paris, a toutes les apparences de la réalité. Alphonse Karr confirme qu' « aujourd'hui [en 1853] l'homme est en hausse ; n'en a pas qui veut ; le sexe laid est à l'enchère et le beau sexe doit y mettre le prix ou s'en passer ».

Grève des épouseurs, inflation de la dot, surproduction de jeunes filles à marier, le tableau très noir de ces années de la fin de l'Empire serait incomplet si l'on n'y ajoutait le relèvement de l'âge de la retraite... de garçon ; les jeunes gens qui se mariaient d'ordinaire vers la trentaine, préfèrent désormais remettre la cérémonie au jour où leur fortune, mieux assise, leur permettra d'assurer à *Madame* le luxe auquel *Mademoiselle* est habituée.

Faut-il croire au « trafic oriental » des jeunes filles au XIXᵉ siècle et supposer qu'une jeune personne sans dot et sans espérances ne saurait que coiffer Sainte-Catherine ? A la vérité les Orientaux qui marchandent leurs femmes après l'avoir examinée comme un mouton gras n'ont pas grand-chose à envier aux Français de l'époque, si ce n'est le vernis d'hypocrisie qui recouvre le marché matrimonial.

Tant qu'elle n'a eu que cent mille francs de dot — une petite dot pour son milieu et pour 1865 —, les célibataires de Nancy et leurs mères n'ont pas prêté la moindre attention à Gabrielle de Mirabeau (Gyp), mais du jour où la mort de son grand-oncle vint inopinément doubler sa mise, la jeune fille devint la vedette des salons nancéiens. Elle fut avec sa mère accablée d'invitations ; les douairières qui jusqu'alors s'étaient un peu offusquées du comportement de la jeune fille « gaie comme une nichée de pinsons et grouillante comme un troupeau de chèvres », cessèrent brusquement de froncer les yeux sur son passage et saluèrent chacune de ses apparitions par de larges sourires : en trois mois elle fut demandée cinq fois en mariage...

Les jeunes filles à qui l'on s'est pourtant efforcé de donner une instruction soignée, des maîtres de musique et de danse, semblent bel et bien n'avoir d'autre valeur que celle de leur fortune et du nombre de leurs parents riches, vieux ou malades qui les entourent, un pied dans la tombe. Une bonne éducation est tout au plus chiffrée quelques dizaines de milliers de francs supplémentaires. « La valeur de la beauté a singulièrement baissé », constate encore Alphonse Karr, et c'est « un accident », une sorte de prodige lorsqu'un homme épouse une jeune fille pour sa beauté ou pour sa personnalité.

En fait, le risque de célibat est assez mince dans les classes supérieures et toute jeune personne suffisamment dotée se marie facilement. Les jeunes filles laides mais très fortunées, celles qu'on appelle entre garçons les « diamants mal montés », trouvent toujours des amateurs à moins d'une disgrâce physique exceptionnelle et encore... Les riches héritières qui coiffent Sainte-Catherine, sont tellement rares qu'elles suscitent la méfiance chez les prétendants : « Cherchez, conseille Edmond About, si les parents n'ont pas été en cour d'assises, si la jeune personne n'est pas épileptique ou si elle n'a pas eu de familiarité trop vive avec un petit cousin... »

Les difficultés commencent lorsque des parents sans fortune, arguant de l'excellente éducation de leur fille, émettent des prétentions que partage l'intéressée et désirent la marier au-dessus de leurs moyens. Ils oublient que les prétendants sont beaucoup plus sensibles aux espèces sonnantes et trébuchantes qu'à un talent de virtuose ou d'aquarelliste. La petite bourgeoisie produisit ainsi un bon nombre de perles cultivées au prix d'importants sacrifices dans de très bonnes institutions et qui ne purent jamais se résigner à régner sur l'arrière-boutique d'un mari commerçant : elles refusèrent tous les hommages indignes de leur distinction, les seuls pourtant à venir mourir à leurs pieds. Pour s'être figuré, avec un siècle d'avance, qu'ils pourraient remplacer la fortune et la dot par l'éducation, bien des parents se sont consciencieusement façonné la croix si lourde à porter de la fille à marier.

Dans certains cercles, on affiche à l'usage des membres, une liste des beaux partis disponibles. Au cercle de la rue Royale, les frères Goncourt, bien que célibataires impénitents, lorgnent de temps en temps le catalogue...

« Je vais me marier, annonce triomphalement un fringant célibataire à ses amis du cercle, jolie personne, bien élevée, bonne famille, ça nous fait à nous deux 40 000 livres de rentes pour entrer en ménage. » Félicitations... En sortant du cercle, il tombe sur V... un de ses amis, très pressé, qui lui crie en montant en voiture : « Mon cher, je me marie, quatre millions ! cher, quatre millions ! » Consternation ! Il retourne auprès de ses amis : « Ma position vaut celle de ce veinard de V... Pardi, je me suis trop pressé... » Et l'amour ?...

Autre conversation de garçons à la terrasse de Tortoni : « Mon cher, j'ai pour vous une jeune personne de 300 000 F, belle, blonde...

— Sans doute 300 000 F, mais je les veux en espèces sonnantes et trébuchantes ou en valeurs de tout repos immédiatement réalisables. Je veux savoir s'il y a des dettes occultes, des responsabilités, quelle est l'humeur des ascendants, s'ils sont dépensiers ou économes, si leur santé est solide ou caduque. Enfin, vous me parlerez de la jeune personne une autre fois... » Et l'amour ?

Le florilège du cynisme masculin en matière de mariage occuperait des volumes...

Les grosses dots sont l'objet d'une compétition acharnée, et pour les décrocher, on ne recule devant aucun coup bas. Deux ministres de Napoléon III se sont livrés à une lutte sournoise pour les beaux yeux d'une dot de 700 000 francs, un chiffre assez considérable pour l'époque, sans compter les millions d'espérances. Maxime du Camp, qui relate les tribulations du mariage, désigne les deux challengers sous le nom de

Portentosus et Ploutocrates. Comme son fils devait tirer au sort à la conscription, Portentosus intrigua pour qu'il soit exempté du service militaire pour une de ces raisons que le conseil de révision sait découvrir lorsqu'il en est prié par quelque personnalité haut placée. Le motif de l'exemption, « maladie cutanée incurable », fut inscrit sur les registres militaires.

Quelques années plus tard, Portentosus demanda en mariage pour son fils une jeune Champenoise, fille d'un très riche marchand de vin, qui, flatté de s'allier à la famille d'une « Excellence », accueillit favorablement sa démarche. Les fiançailles avaient été conclues dans des flots de champagne, lorsque Ploutocrates, dont le fils se serait très bien accommodé d'une telle alliance, eut vent de l'affaire. Ne reculant devant aucune bassesse pour le « bonheur » de son fils, Ploutocrates fit tout simplement prévenir en sous-main les parents de la jeune fille que le jeune fiancé, bien que comblé de toutes les qualités morales, était affligé d'une maladie cutanée incurable comme en faisaient état les registres du ministère de la Guerre. On vérifia, le mariage fut rompu et le jeune Ploutocrates put épouser les 700 000 francs [42]...

Il ne faut pourtant pas imaginer que tous les hommes se marient « absolument comme s'ils achetaient une partie de rentes en bourse ». Certaines âmes d'élite prennent le parti d'épouser une jeune fille assez jolie et charmante pour que le cœur du galant homme y trouve son compte, mais suffisamment dotée pour que la raison de l'homme d'affaires ratifie le choix ; c'est ce qu'on appelle se marier « à l'équateur » entre les deux pôles des convenances et de l'amour.

Il est assez généralement admis qu'une jeune fille doit peser *au moins autant, sinon plus,* que son futur époux dans la balance matrimoniale. D'après la lecture de plus de deux mille contrats de mariage [43], conclus dans la moyenne et la haute bourgeoisie de Paris, les apports mentionnés dans les contrats avantagent généralement l'époux et le déséquilibre ne fait que s'accentuer dans la seconde moitié du siècle avec le phénomène de l'inflation des dots.

Le déséquilibre financier, lorsqu'il lèse d'une façon trop criante les intérêts de la jeune fille, est rectifié par d'autres compensations : le prestige social d'une position enviable, (comme celle de notaire, d'avocat, de médecin) et surtout le prestige purement honorifique du nom et du titre. La noblesse est une réelle valeur matrimoniale que les jeunes roturières et leurs parents sont prêts à acheter fort cher. Certains grands noms du Faubourg Saint-Germain, contraints pour redorer leur blason d'épouser des riches héritières de la Chaussée d'Antin en mal de titres et d'honneur, ont pour désigner leur mésalliance les expressions les plus imagées : non contents d'épouser ouvertement de grosses dots pour apaiser leurs créanciers, soutenir le train de leur hôtel et refaire les toitures de leur château ancestral, ils parlent de « *fumer leurs terres* »... Monstrueux, honteux ? Le cynisme des uns n'est-il pas largement compensé par le snobisme [44] des autres qui paient pour que leur « fumier » de fille ait l'honneur de « s'allier avec un parchemin » ?

On prête à Mirès [45] ce mot, à propos du mariage de sa fille avec le prince de Polignac : « Mon gendre a du sang pour trois, moi, j'ai du trois pour cent. » Donnant, donnant, chacun y trouve son compte.

N'allez pourtant pas croire que le cynisme, le calcul, l'intérêt sont des défauts spécifiquement masculins. Les jeunes filles riches, celles dont on dit que le froufrou de leur robe ressemble à un froissement de billet de banque, ne sont pas toutes dupes du marché dont elles sont l'enjeu. Du haut de leur dot, elles voient défiler les prétendants, elles s'amusent de leur manège et se moquent de leurs courbettes. « L'amour, pensent les plus clairvoyantes, est une flatterie dont je ne prends jamais que la moitié pour moi ; je sais que ma personne et la dot qu'on me suppose forment un joli total [46]. » Plutôt que de s'indigner, elles choisissent de garder la tête froide sous leur jolies boucles, et de calculer, de supputer ; elles aussi sont sensibles au charme du coffre fort et des biens fonciers, elles aussi s'enquièrent de la fortune d'un prétendant avant de savoir s'il leur plaît, elles aussi pèsent avant d'aimer.

Edmond About prétend que dans les couvents à la mode, dans la pénombre parfumée de la chapelle où viennent s'agenouiller les pensionnaires, on pourrait entendre murmurer de bien curieuses prières : « Sainte Vierge, qu'il soit riche, qu'il ait un nom et qu'il fasse tout ce que je voudrai, je vous tiens quitte du reste [47] ! »

Le mariage : mode d'emploi

Comme une maladie contagieuse, le mariage de convenance connaît d'abord une longue période d'incubation, clandestine mais très active, pendant laquelle les parents enfiévrés multiplient les démarches confidentielles, les enquêtes discrètes, les conciliabules secrets pour dénicher le parti idéal. Si toutes ces transactions souterraines aboutissent à un accord, alors seulement l'amour (sincère ou de commande) peut se déclarer et les deux promis sont autorisés à sacrifier, en deux temps trois mouvements, aux rites prénuptiaux.

Les tractations préliminaires

Le hasard, on s'en doute, n'a pas grand rôle à jouer dans ces mariages de convenance. Des mains officieuses se chargent avec doigté d'aider la Providence : « Partout où il y a une demoiselle à marier, dit Eugène Pelletan, il y a dans le voisinage une femme créée tout exprès pour aller à son secours. » Il existait en effet dans la meilleure société d'alors des entremetteuses-femmes du monde, dont le plus grand plaisir était d'apparier avec adéquation les jeunes filles qui avaient une dot avec les jeunes gens qui en cherchaient une. Elles-mêmes mariées, souvent sans fortune, ces sœurs de charité du mariage qui « poussent l'esprit de corps jusqu'à tenir de véritables bureaux de placement », ont toutes de belles relations, l'esprit d'intrigue, une bonne dose d'indiscrétion et surtout beaucoup d'habileté pour, de part et d'autre, monter en épingle les avantages, cacher les inconvénients, feindre d'ignorer, au besoin inventer.

D'habitude, la dame complaisante attirait l'attention d'un jeune homme (ou de sa mère) sur une famille dont elle répondait, où s'épanouissait une demoiselle à marier qui bornait encore ses joies à jouer du piano, mais ne demandait qu'à l'aimer. « Elle jetait en avant quelques chiffres, un héritage prochain, la description du château, par surcroît la bonne éducation de la jeune fille au Sacré-Cœur. Si l'on ne repoussait pas de prime abord l'idée d'une alliance, elle s'en allait incontinent trouver la mère de la demoiselle. Là, mêmes ouvertures, mêmes chiffres mensongers, ou tout au moins gonflés. »

Les notaires sont aussi des intermédiaires commodes ; on vient les consulter pour savoir si dans leur clientèle ne se cacherait pas quelque demoiselle, si belle « de dot » qu'on renoncerait à la vie de garçon :

« Parbleu, mon cher, vous arrivez à propos : vingt ans, jolie, blonde, bon caractère, famille solide, fortune en immeubles, 200 000 F comptant, peut-être davantage, 300 000 F d'espérances, la ferme est dans le tracé d'un chemin de fer... » La blondeur des écus a l'inexplicable pouvoir de rendre les héritières plus blondes encore...

A côté de ces courtiers en mariage [48], il y a des agences matrimoniales qui « enregistrent des deux parts l'offre et la demande et mettent en communication le chaland et le fournisseur ». Pour caser leur nièce, les tantes de Marie Cappelle firent appel aux services de l'agence de Foy qui proposa Charles Lafarge « 28 ans, une famille honorable, une moralité reconnue [...] une des propriétés les plus agréables du Limousin, une usine, un haut fourneau, 200 000 F en fonds de terres et des revenus considérables sur la forge ». Taine affirme que « plusieurs personnes de la meilleure compagnie » se sont mariées de la sorte, « sans que personne ne s'en doute [49] ».

Quoi qu'il en soit, qu'une amie diligente, une cousine, un notaire, un médecin de famille, un confesseur ou un marieur patenté s'entremette pour donner au hasard le coup de pouce nécessaire, à ce point de maturité, une fois que les deux familles sont « ferrées », la négociation passe aux mains des hommes.

C'est au père du jeune homme qu'il appartient de jouer le

deuxième acte, en se rendant chez le père de la jeune fille où a lieu un premier échange de bilans.

Sans s'embarrasser de phrases inutiles, on en vient au fait et on joue chiffres sur table : l'âge, la dot, les rentes, les pensions, les traitements, sans oublier les espérances, autrement dit les héritages possibles, susceptibles par la mort d'un parent de venir accroître la fortune d'un légataire. Pour cela on grimpe dans les arbres généalogiques à la recherche du cousin goutteux et célibataire, ou de la tante poitrinaire et sans enfant.

Jouer chiffres sur table n'empêche pas de jouer au plus fin ; aussi, dans la coulisse, les deux familles mènent parallèlement une enquête sur ce qu'on peut souvent appeler le camp adverse car, jusqu'à la dernière minute, les parents des deux futurs vont lutter pied à pied pour essayer de conclure le plus avantageusement possible cette affaire purement commerciale. Comme dans tout négoce, il y a les ruses, les tromperies, les profits, les déceptions et, à chaque difficulté soulevée, il faut un vainqueur et un vaincu, un voleur et un volé. On se renseigne donc pour savoir si la dot sera effectivement payée, si l'aquarelle qu'on a montrée du château correspond bien à la réalité, s'il y a des dettes, si les ascendants sont économes ou dépensiers, voire joueurs, s'ils sont susceptibles d'avoir des caprices, de ces caprices qui dansent à l'Opéra... Rien n'empêche de consulter les registres d'inscriptions d'hypothèques.

Du côté de la future, on s'occupe assez peu, semble-t-il, des convictions religieuses du jeune homme, surtout chez les catholiques. On se marie naturellement dans sa religion, mais un gendre libre penseur, du moment qu'il est baptisé, n'effarouche pas les familles qui n'ont aucun scrupule à unir une jeune personne confite depuis dix-huit ans dans la dévotion avec un mécréant. Clotilde a converti Clovis, Esther a converti Assuérus, dit-on pour se donner bonne conscience.

La santé du futur ? Celle de son gendre préoccupe le baron de Frénilly qui écarte un brillant parti pour sa constitution « douteuse » et son père « étrange » [50]. Dans un tout autre milieu, on retrouve le même souci chez A. Weill qui se méfie de la calvitie, stigmate de maladies inavouables ; dans son opinion, « à moins de grandes douleurs morales ou de grandes fatigues militaires, un homme encore jeune au crâne dégarni porte sur sa figure les traces de sa propre inconduite, soit de celle de son père [51] ». Mais à entendre Marie d'Agoult, tous les parents n'ont pas ces délicatesses et dans le Faubourg Saint-Germain qu'elle connaît bien, on se soucie peu de savoir si le sang auquel on s'allie est « vicié » ou non, pourvu qu'il soit bleu et qu'il charrie des paillettes d'or. « On prend à ce sujet des informations très sommaires : les médecins sont rarement ou très légèrement consultés. " Il faut que jeunesse se passe ", " on se range en se mariant " : ce sont les réponses viriles aux scrupules qu'élève parfois la mère touchant ce qu'on appelle volontiers les fredaines du gendre qu'on lui propose. Que ces fredaines aient à jamais vicié son sang, flétri sa jeunesse, on le verra bien assez tôt. Il n'est pas temps d'en parler. L'essentiel c'est qu'au plus vite on s'assure par contrat et par sacrement une fortune considérable, une alliance profitable [52]. »

Lorsqu'il ressort de l'analyse comparée des fortunes que les positions des deux jeunes gens peuvent se convenir réciproquement et que, tout pesé, tout compensé, on peut par exemple envisager de coucher sur le même oreiller un château en Ile-de-France avec une usine en Picardie, on échange des « notes de fortune », premier brouillon du futur contrat notarial qui fixera définitivement les termes du marché. Les notaires des deux familles prennent contact. « Leur métier n'est-il pas de concilier nos intérêts sans que nous nous en mêlions, comme les cuisiniers sont chargés de nous faire bonne chère ? » C'est dans l'ombre des études que tout prend corps : les chiffres réels, les contrats de vente et d'achat, les hypothèques sortent des dossiers. Il devient de plus en plus difficile de finasser ; viennent les déceptions récipropres, les hésitations, les reculades et parfois les ruptures...

De ces négociations préliminaires, la principale intéressée ignore souvent tout. A quoi bon l'avertir si le projet n'aboutit pas ? Dans beaucoup de familles cependant, les jeunes filles sont parfaitement au courant de leur valeur matrimoniale, du ballet des prétendants qui bourdonnent autour d'elles comme des abeilles autour d'un pot de miel et de toutes les questions d'argent agitées par leur famille. Le jour où elle quitte le couvent du Sacré-Cœur, en plein parloir, Marie de Flavigny entendit une religieuse solliciter, en sa présence, sa main pour l'un de ses parents qu'elle annonçait comme prodigieusement riche ; mais le jeune homme était de trop petite noblesse (on appelait ce défaut *n'être pas bon*...). On parlait sans mystère devant elle de tous les aspirants à sa dot considérable de 300 000 francs et, « pendant l'espace de cinq ans, dit-elle, les propositions, les demandes plus ou moins directes, les négociations de toutes sortes se succédèrent chez nous presque sans interruption [53] ».

La première entrevue

Tandis que les notaires marchandent pied à pied le douaire et le préciput, on organise une première entrevue pour que les jeunes gens, qui ne se sont parfois pas encore rencontrés, puissent enfin se dévisager.

L'examen prématrimonial se déroule en terrain neutre : on se rencontre « par hasard » au bal chez une relation commune (au bal où comme chacun sait, toute mère est « un notaire déguisé »), à la sortie de la messe sur les marches de Saint-Thomas-d'Aquin, au Salon dans les galeries du Louvre [54]. L'Opéra-Comique, grâce à l'innocence de son répertoire dans lequel l'amour aboutit généralement à de justes noces, est très utilisé pour ce genre de rencontres. Pour faciliter l'examen, les candidates se placent avec leur mère au premier rang des loges et les candidats aux stalles d'orchestre. Dans l'air embrasé, sous le lustre enflammé, on s'observe, les uns à la dérobée, les autres à la jumelle, et les rentes, la dot prennent soudain l'apparence d'un profil qui se détache dans le cercle de la lorgnette. A l'entracte, le jeune homme vient saluer les dames dans leur loge et regarder d'un peu plus près la physionomie et la tournure, sous l'enveloppe de soie et de gaze. Il est cravaté avec art, élégant (« Ayez toujours des bottes vernies de 28 F au moins, un jour de présentation, conseille Taine, de 40 F si vous pouvez ; à partir de 40 F vous êtes un gentleman »). Dès que le jeune homme a tourné les talons, la question surgit, anxieuse : « Comment le trouves-tu ? »...

Si après cette entrevue, l'impression d'un côté ou de l'autre a été défavorable, les négociations sont interrompues ; sinon on ménage une deuxième et parfois une troisième rencontre qui, puisque le soupirant n'est plus un inconnu, peut se dérouler dans l'intimité familiale. A leur deuxième entrevue, Charles Lafarge vint rendre visite à Marie Cappelle chez sa tante et lui apporta... les comptes de son usine ! A la troisième rencontre, il vint dîner et apporta cette fois-ci... « le plan colorié d'une belle et grande usine et d'un délicieux château ». Délicates attentions !

La demande en mariage

Au bout de trois entrevues, on considère que les intéressés ont suffisamment pu s'apprécier et il ne reste plus qu'à sanctionner ces préliminaires par la demande officielle en mariage qui est faite par le père du prétendant. La jeune personne qui n'a guère vu que deux ou trois fois son soupirant — et jamais en tête à tête — n'a que quelques jours de réflexion pour donner sa réponse. Rien n'est négligé pour amener sur ses lèvres le *oui* tant attendu par les parents. Dans les cas difficiles on fait donner la charge du clergé pour emporter le morceau et la volonté divine s'exprimant par la voix du confesseur emporte les dernières hésitations.

Jamais le proverbe « Mariage prompt, regret long » n'a trouvé plus belle illustration que dans les accordailles bâclées de Marie Cappelle : elle voit Charles Lafarge pour la première fois le mercredi à un concert ; elle le revoit chez sa tante le vendredi et le dimanche ; le lundi matin, les bans sont publiés. Sa tante trop heureuse de se débarrasser d'une nièce encombrante et vieille (elle est âgée de vingt-trois ans !), hâte les événements sous prétexte qu'on suffoque en été dans la capitale, qu'elle brûle de retourner dans ses terres, et néglige de prendre sur le fiancé providentiel les renseignements qui auraient dévoilé l'imposture. Quant à Charles Lafarge, très pressé lui aussi pour des raisons évidentes, il met sa hâte sur le compte de l'amour...

Le mariage Lafarge-Cappelle bat tous les records de la précipitation, cependant même dans les familles plus normales avec parents aimants, jeune fille en bouton et prétendant honnête, les choses ne traînent pas : trois entrevues pour Caroline Hamard, un seul bal pour Célestine de Ségur, trois bals pour Valérie Dubois, trois rencontres pour Caroline Brame, etc.

Dès que la jeune fille a donné son consentement, le secret s'ébruite, fait le tour des salons où il est largement commenté, et, si le mariage vient à « manquer », on considère la rupture comme un affront, un préjudice grave qui rejaillissent sur le laissé-pour-compte.

Les fiançailles et la cour

Lorsque la demande officielle est acceptée, a lieu la *présentation* : le jeune homme est reçu pour la première fois dans sa future belle-famille au titre de fiancé.

Dans les familles les plus protocolaires, la jeune fille n'assiste pas au commencement de la visite, elle attend dans une pièce voisine et ne paraît, les yeux baissés, qu'à l'appel de sa mère. C'est le moment solennel qui a si souvent inspiré les peintres où le père prend la main de sa fille et la remet entre celles de son fiancé. Parfois le prétendant demande de s'entretenir quelques instants en tête à tête avec sa future, en prétextant que « si les parents accordent la main, seule l'intéressée peut donner son cœur »... Il est exquis !

Quelques jours plus tard on célèbre les fiançailles. L'ancien usage de cette cérémonie rendue solennelle par la présence du curé de la paroisse et de deux témoins, se prolonge quelque temps sous la Restauration, avant d'être remplacée par un simple dîner où l'on invite les parents proches et les amis qui ont arrangé le mariage. A la fin du dîner, le père de la jeune fille, ému et solennel, annonce officiellement les accordailles des jeunes gens. On pleure beaucoup...

C'est le jour des fiançailles que le jeune homme offre la bague, généralement un diamant (les pierres de couleur ne seront admises que dans la deuxième moitié du siècle). Après la remise de la bague, la coutume veut que les deux promis échangent leur portrait en miniature dans une pose de circonstance, le sourire aux lèvres, un emblème à la main. Un bonheur n'arrivant jamais seul, cette journée bénie est aussi celle où certains parents autorisent le « baiser de fiançailles », délicatement posé sur la joue ou sur le front de la jeune fille, devant la famille attendrie.

A partir du jour où sa demande a été agréée, et jusqu'au mariage, le fiancé a l'autorisation de faire sa cour, c'est-à-dire de chercher à se faire aimer moyennant une visite par jour, en redingote, précédé par un envoi de fleurs [55]. La moindre des choses est de ne pas se borner à envoyer toujours le même bouquet et de prier le fleuriste de varier les plaisirs en livrant tantôt une gerbe, tantôt une corbeille, une jardinière, etc. Aussi lilial que l'âme de la fiancée, le bouquet est entièrement blanc pendant les premiers jours de la cour, puis les fleurs, par une subtile progression, rosissent pour arriver, à la veille du mariage, jusqu'au rouge vif, ardent comme l'amour des époux. Echange de délicatesses : pendant la visite quotidienne, la jeune fille porte à son corsage une fleur du bouquet reçu le matin...

Les visites de cour, où le ridicule le dispute à l'ennui et à la contrainte, sont souvent maudites par le fiancé : « Sa position est délicate, explique un manuel de savoir-vivre, les convenances veulent qu'il soit grave et cependant il a à redouter d'être ennuyeux et de déplaire à la jeune fille en posant trop. Qu'il se montre homme d'esprit et sème la conversation de récits agréables pour charmer sa future *et d'aperçus sérieux à l'adresse des parents.* » Car il est évident que ces visites se déroulent en présence d'un tiers. Certaines mères compréhensives qui tirent l'aiguille dans un coin du salon, prennent prétexte d'un ordre à donner aux domestiques ou d'un écheveau de laine à aller chercher, pour ménager aux fiancés quelques secondes d'intimité, pendant lesquelles on se presse la main [56]. Mais toutes ne font pas preuve du même laxisme : en 1829, à quelques jours de la cérémonie nuptiale, un jeune médecin demande à la mère de sa future épouse la permission de parler en particulier à Mlle Emilie :

« Ce n'est pas possible, monsieur, ma fille n'est pas bien depuis deux jours et elle a besoin de tranquillité.

— Mais, madame, il m'est bien pénible de ne pouvoir m'entretenir un instant avec Mlle votre fille ; à peine ai-je eu la satisfaction de la voir trois à quatre fois dans la société ; jusqu'ici je n'ai point trouvé l'occasion de lui exprimer à mon aise mes sentiments et de connaître les siens.

— Je l'appellerai, si vous voulez et vous lui parlerez en ma présence : jamais ma fille ne s'est trouvée en tête à tête avec un homme.

— Mais bientôt je dois être son époux...

— Alors, monsieur, ma fille ne m'appartiendra plus ; *jusqu'à ce temps, je dois remplir à son égard tous les devoirs d'une mère chrétienne et prudente*[57]. »

Si le fiancé est prudent, il abandonne momentanément le Jockey's Club et les parties de jeu ruineuses qui pourraient lui faire du tort si on lui connaissait la réputation de flambeur ; il va au bal où il ne danse qu'avec sa fiancée ; il vient caracoler au Bois autour de la calèche où elle trône avec sa mère, bref, il lui faudrait bien de la maladresse pour qu'elle ne finisse pas par se croire un peu éprise et les fiançailles sont suffisamment courtes pour jouer à la perfection ce rôle de composition qui à la longue pourrait lui peser.

Les premiers temps de la cour, on se donne cérémonieusement du *Monsieur* et du *Mademoiselle*, puis, passées quelques semaines, l'usage autorise à ajouter le prénom de l'être cher : *Monsieur Théophile, Mademoiselle Zoé*... Une fiancée ne doit jamais en principe écrire à son futur ; on ne voit d'ailleurs pas pourquoi elle lui écrirait puisqu'elle le voit tous les jours. Si d'aventure les fiancés sont séparés et qu'ils aient reçu *l'autorisation* de s'écrire, ils peuvent tout au plus s'assurer à la fin de leurs lettres, l'un de l'expression de sa « respectueuse et ardente affection », l'autre de ses « affectueux sentiments ». Alexandre Weill conclut une de ses lettres à sa fiancée Agathine par un : « Je vous embrasse sur l'âme[58] » qui ne manque pas d'audace, car de baisers, il n'en est pas encore question ; le baiser sur la main est encore le seul attouchement officiellement autorisé...

Les fiançailles[59], autrement dit l'intervalle qui s'écoule entre la promesse de mariage et le mariage lui-même, le prélude de la vie conjugale qui doit « purifier d'avance la possession par l'amour », sont singulièrement courtes : un à deux mois en moyenne, comme si des deux côtés les parents n'étaient travaillés que d'une crainte : s'ils allaient se déplaire ! si le mariage allait se rompre ! si une maîtresse congédiée allait reprendre de l'ascendant, si le mauvais caractère du futur mari allait finir par percer sous la contrainte, si on découvrait que la jeune fille avait écrit quelques lettres imprudentes, si, si... Quel scandale !

On réduit parfois les fiançailles à leur plus simple expression : onze jours, minimum absolu imposé par la loi et l'Eglise pour la publication des bans[60]. Ces mariages « à la volée », cette impatience qui est comme l'aveu d'une mauvaise action n'inquiète personne, si ce n'est les couturières obligées de travailler nuit et jour pour finir la robe et le trousseau. Ils auront bien le temps de se connaître[61]...

Le trousseau

Pendant que son futur mari range sa vie et ses tiroirs, brûle ses lettres d'amour et donne congé à ses maîtresses, la jeune fille est toute à son trousseau. Journées de fièvre où elle est la proie des couturières, des modistes, des fournisseurs de toutes sortes.

On imagine mal l'opulence d'un trousseau de jeune mariée dans les classes fortunées de la société, où les articles se dénombrent en douzaines, parfois en douzaines de douzaines, et s'accumulent en pantagruéliques énumérations. Les étrangers en sont confondus ; Lady Blessington note en 1841 : « En voyant un de ces trousseaux, on pourrait croire que la personne à qui il est destiné passera sa vie dans quelque région lointaine où elle n'aurait aucun espoir de se procurer des articles semblables si elle en avait besoin[62]. »

Entièrement fourni par les parents de la jeune fille, le trousseau se compose non seulement du linge de corps, des toilettes — robes du matin, robes de visites, robes habillées — destinées à la jeune mariée, mais aussi du linge de maison, de cuisine et d'office de sa future installation. On n'oublie ni les draps des domestiques, ni les tabliers des femmes de chambre, ni les torchons de la cuisine, ni la châtelaine, emblème de la royauté des maîtresses de maison[63]. Et, au milieu de toutes les franfreluches féminines, on place une somptueuse chemise d'homme à jabot de dentelles que portera le jeune marié pour sa nuit de noces[64].

Le *Journal des demoiselles* donne en 1848 la description suivante :

4 douzaines de chemises
12 chemises de nuit, formes variées, garnies
12 camisoles simples
6 camisoles brodées et garnies
6 peignoirs du matin
12 bonnets de nuit, garnis de dentelle
3 bonnets du matin, brodés, garnis
3 bonnets du matin, avec rubans
18 jupons en madapolam ou percale
6 jupons en finette, chauds
6 jupons brodés et garnis
12 bandeaux en batiste, garnis
24 fichus en mousseline suisse, pour la nuit
12 pantalons garnis
2 pelotes brodées
2 douzaines de mouchoirs batiste, à raies et chiffres brodés
1 douzaine de mouchoirs batiste, variés et chiffres brodés
6 mouchoirs brodés et garnis
6 mouchoirs brodés, plus beaux
12 chemisettes unies
4 tours de robe
6 cols du matin, simples
12 paires de manchettes assorties
6 cols en mousseline, brodés et garnis
3 cols en dentelle
12 paires de manches
6 robes de dessous
2 jolis canezous brodés

6 douzaines de petites serviettes
24 tabliers de femme de chambre
3 douzaines de paires de bas de coton
1 douzaine de paires de bas de fil d'Ecosse, unis
1 douzaine de paires de bas de fil d'Ecosse, plus fins
6 paires de bas de fil d'Ecosse à jours
6 paires de bas de fil d'Ecosse brodés
6 paires de bas de soie, dont 3 blanches et 3 noires
6 paires de bottines fortes
2 paires de bottines de satin turc noir
2 paires de bottines de couleur
1 paire de bottines de satin blanc
2 paires en satin noir
4 paires de souliers habillés
4 paires de pantoufles
6 robes du matin, en mousseline, laine, et autres étoffes
la robe de mariage
18 paires de draps en toile pour maîtres
12 paires de draps pour domestiques
12 douzaines de taies d'oreiller unies
1 douzaine de taies d'oreiller garnies
6 couvre-pieds garnis, en percale brochée
12 douzaines de serviettes de table
6 douzaines de serviettes pour l'office
12 douzaines de torchons
2 douzaines de tabliers de cuisine

Encore ne s'agit-il que d'un trousseau à 4 000 francs, ce qui constitue pour l'époque la limite de ce qu'on appelle « un joli trousseau ». Celui de Célestine de Ségur coûta 6 000 francs, une misère en comparaison de celui de Mlle de Luxembourg qui s'éleva à 20 000 francs [65]. Le roi Louis-Philippe fit bien les choses et offrit à sa fille Louise pour 50 000 francs de lingerie ; il fallait au moins cela pour faire oublier le sinistre Léopold de Belgique auquel était promise la princesse qui fut « la mariée la plus éplorée de son siècle [66] ». Mais l'un des trousseaux qui souleva le plus d'admiration et d'envie fut celui de la fiancée de Gustave de Rothschild qui en 1859 contenait entre mille autres choses : 12 peignoirs du matin en velours de douze nuances différentes et garnis chacun de volants de dentelle à 700 francs le mètre ; 12 chemises à 1 000 francs chacune et des douzaines de mouchoirs de bal à 2 000 francs l'un[67]...

Les plus beaux trousseaux viennent de La Châtelaine, de La Grande Maison de Blanc ou... de la prison de Clairvaux où par un curieux rapprochement, ce sont de misérables prisonnières de droit commun qui façonnent pour le dessus du gratin, les plus luxueux dessous.

La corbeille

Arrive enfin le jour du contrat : dans la matinée, le fiancé fait livrer les cadeaux qui constituent la *corbeille de mariage.* Pour la majorité des jeunes filles, c'est le moment le plus attendu du mariage qui fait parfois passer le sacrement au deuxième rang. Jouant de l'attrait irrésistible de ces présents, des mères peu scrupuleuses ont quelquefois obtenu le consentement de leur fille en leur faisant miroiter les splendeurs de la corbeille qu'on leur destinait...

Désignée au début du siècle sous le nom de *sultan,* la corbeille est à cette époque un coffret recouvert de satin blanc, où sont jetés pêle-mêle, pour laisser à la jeune fille le plaisir de plonger ses mains dans le fouillis, des bijoux, des dentelles, des éventails, des plumes offerts par le fiancé. Vers 1830, la corbeille devient un véritable meuble : un secrétaire, un bonheur du jour, ou un coffre susceptible de contenir beaucoup plus de gâteries que par le passé. En plus de tous les joyaux et des colifichets que recevaient leurs mères, les jeunes filles découvrent désormais dans leur corbeille des coupons de luxueux tissus, des châles de cachemire, des fourrures, des parfums, de ravissants mouchoirs, et, au fond du coffre ou d'un tiroir, une bourse de louis d'or[68], lointain souvenir de l'époque où les Francs achetaient leurs femmes et *payaient une dot* ! Autres temps, autres mœurs !

Quelques décennies plus tard, on envoie plus prosaïquement les cadeaux dans de simples écrins ou dans les cartons qui sont livrés par les fournisseurs chez qui ils ont été achetés. La bourse se transforme en portefeuille et les louis en billets.

Selon un usage établi, le fiancé doit dépenser pour l'achat de la corbeille une somme équivalant à 5 % de la dot, au début du siècle, et à 10 % à la fin du Second Empire. La composition de la corbeille est discutée avec autant d'âpreté que le contrat et, en spécialiste, la mère veille à ce que sa fille ne soit pas filoutée par un gendre qui chercherait à débourser le moins possible. Un bracelet qui manque, des cachemires en nombre insuffisant, des dentelles de Malines alors qu'on attendait des dentelles d'Alençon peuvent remettre le mariage en question ; celui de Blanche d'Argenteuil faillit être rompu le jour du contrat, lorsqu'on s'aperçut que le duc de Maillé, son fiancé, avait « oublié » un collier de perles [69]...

Une pingrerie dont on ne peut pas accuser le duc de Malakoff qui en 1857 offrit à sa fiancée une corbeille de 40 000 francs ; le chiffre avait été fixé à 25 000 francs, mais le duc qui mit pourtant autant d'héroïsme à défendre sa bourse qu'à prendre Sébastopol, fut moins heureux dans ce combat... « Ce qui me console, disait-il pour se rasséréner, c'est qu'en fait d'ajustements, la duchesse est fournie de tout ; aussi je jure, d'ici à trois ans, que je ne lui paie pas une robe, pas un chapeau [70]. »

Le contrat

La signature du contrat [71], c'est-à-dire de l'acte passé devant notaire qui règle la situation financière des deux époux, a lieu quelques jours avant le mariage civil.

L'acte est parfois signé en petit comité chez le notaire, mais beaucoup plus souvent chez les parents de la fiancée au cours d'une réception. On signe juste avant que les invités n'arrivent ou bien en plein milieu de la soirée : les convives voient alors les membres des deux familles se retirer subrepticement avec les témoins et le notaire, puis réapparaître quelque temps plus tard, épanouis, radieux, soulagés.

Il est recommandé au jeune homme d'affecter la plus grande indifférence pendant que le notaire lit le contrat : « Il sied d'être distrait tandis que se règlent devant vous les intérêts de votre futur ménage. Pendant de longs jours, vous avez eu le loisir de discuter pied à pied toutes les clauses avec votre beau-père. Mais prêter attention à ces bagatelles alors qu'elles sont réglées d'avance, fi donc, Monsieur, votre fiancée vous accuserait de l'avoir épousée par intérêt [72] ! »

Le notaire donne lecture de l'acte, demande aux deux parties contractantes si elles sont bien d'accord, puis on passe aux signatures. Jusqu'à ce moment, il est encore possible d'ergoter, de marchander, de rectifier un article, un alinéa et le mariage peut encore se rompre. « Lorsqu'on me fit signer cet acte dans lequel deux intelligences notariales avaient mis tout leur bon sens à vendre le plus cher possible, l'autre à acheter au plus grand rabais une pauvre créature faite à l'image de son Dieu, j'eus un sourire de mépris et la honte vint rougir mon front », raconte Marie Cappelle qui, par parenthèse, n'avait appris que *trois jours* avant la signature du contrat, qu'elle allait épouser un veuf...

Les invités qui le désirent peuvent ensuite parapher le contrat qui est confié à un clerc de notaire chargé de veiller à ce qu'il ne soit pas indiscrètement lu [73].

La soirée se poursuit par un bal que la fiancée ouvre avec son futur, la seconde danse revenant de droit au notaire. Elle est encore vêtue de blanc ou de rose, avec simplicité, encore très jeune fille. « C'est là votre dernier jour de jeune personne, ne l'abdiquez pas, recommande la vicomtesse de Renneville, ne mettez pas vos diamants, résistez à la tentation et mettez tout simplement une couronne de roses de Bengale attachée sous votre chignon de cheveux par un nœud de verdure. »

Compliments de commande, félicitations... Le fiancé, qui s'entend dire pour la énième fois : « Je vous félicite, mon cher, vous êtes un heureux mortel ! », ni trop empressé, ni trop gourmé, se doit d'aller dire quelques mots à sa fiancée « toutes les dix minutes environ ».

La mère, sur les dents, est traversée par mille inquiétudes et veille à tous les détails :

« Zoé, tu as déchiré ton gant ! »

« Zoé, n'oublie pas la présidente, il y va de la carrière de ton mari ! »

« Voilà une lampe qui va filer et les glaces qui ne viennent pas... »

« Zoé, tu as l'air trop contente. »

« Zoé, tu n'as pas l'air assez contente.

— Je sens que ma robe va crever dans le dos... »

Les autres jeunes filles invitées commentent :

« Zoé est trop serrée.

— Il paraît que son futur songe à la députation...

— Elle a signé le contrat la première : elle sera maîtresse chez elle !

— Elle m'a dit qu'elle recevrait le jeudi. »

Le père songe :

« Cette soirée me coûte trois mille francs... »

« Mes souliers sont trop étroits et je serais mieux à mon cercle ! »

Une invitation à une soirée de contrat ne se refuse pas ; son principal intérêt réside dans l'exhibition de la corbeille, du trousseau et des cadeaux [74] de noces qui sont exposés dans les salons avec une tranquille impudeur : les robes, les peignoirs sont suspendus le long des murs par des rubans ; sur les guéridons et les tables, on a étalé par piles de douze toute la lingerie matrimoniale, offerte à la curiosité et aux commentaires des invités : les jeunes filles s'extasient, les femmes critiquent et tâtent, quand on ne les regarde pas. A la soirée de contrat de la princesse Bagration et du comte de Blome, en 1828, les invités ont pourtant été choqués de voir le lit des futurs mariés, dressé au milieu d'un salon, exhibant une superbe literie de batiste brodée, avec les deux oreillers l'un au chiffre du mari, l'autre à celui de l'épousé, qui n'attendaient que d'être froissés [75]...

Le jour « J »

C'est sans apparat, en toilette de ville, dans des landaus discrets, que les fiancés se rendent à la mairie avec leurs plus proches parents et les témoins de rigueur ; il est de bon goût d'éviter toute pompe et d'affecter n'attacher aucune importance à cette formalité qui ne compte pour rien à côté du sacrement religieux, seul valable aux yeux des familles bien pensantes. Le lendemain, ils se retrouvent au pied de l'autel pour implorer sur leur union contractée légalement et *à perpétuité* [76] la bénédiction du Très-Haut.

On se marie généralement en semaine, le mardi ou le jeudi, jamais le samedi qui est le jour choisi par la classe ouvrière. Toute une série de superstitions s'attache à la célébration du mariage : le mercredi est un jour néfaste, mai un mois funeste pour se marier ; porter des perles le jour de la célébration porte malheur à l'épousée, les perles symbolisant les larmes futures. L'impératrice Eugénie, faisant fi de ce préjugé, portait le jour de son mariage un collier de perles d'une incomparable beauté. Elle devait donner raison à cette superstition, comme d'ailleurs Marie Stuart, Anne Boleyn, Marie-Antoinette ou encore la malheureuse duchesse de Praslin qui toutes dédaignèrent la funeste prédiction du dicton :

Qui perle en mariage portera
Tout à loisir pleurera.

Sous la Restauration, on fait les choses avec une relative simplicité. Jugez plutôt : la messe de première classe à Saint-Thomas-d'Aquin, la paroisse du Faubourg Saint-Germain, coûte cinquante louis [77] et comprend l'envoi de trois cents lettres d'invitation distribuées par les soins du bedeau, un prêtre officiant et un prêtre servant, un escadron d'enfants de chœur, cinq suisses, les grandes orgues, les deux carreaux [78], le poêle, un grand tapis allant de l'autel à la rue, les cierges, l'aumône aux pauvres et une offrande pour la paroisse : un minimum. Comme toujours l'aristocratique faubourg a horreur de l'ostentation et juge avec mépris les mariages de parvenus comme celui d'Alix Laffitte et du prince de la Moskowa (en 1828), avec ses trois mille invitations, son déjeuner de trois cents personnes, la robe théâtrale de la mariée, et son livre de messe orné de miniatures d'Isabey, et capitonné de diamants. On est encore loin pourtant du luxe déployé sous le Second Empire, des églises transformées en jardins exotiques, du chœur changé en fosse d'orchestre, des grands solistes de l'Opéra que, si l'on n'y prenait pas garde, on se surprendrait à applaudir à la fin des arias, et des mariées parées comme des châsses.

Au début de la Monarchie de Juillet, les jeunes épousées vont à l'autel, la poitrine et les épaules découvertes, les bras nus exactement comme si elles allaient au bal ; mais vers le milieu du siècle on prend l'habitude de confectionner deux robes pour la journée : une toilette d'église, chaste et montante, et une toilette de bal plus profane qui dévoile largement les charmes de la jeune mariée. La bienséance et le commerce y trouvent leur compte...

Si la forme de la robe varie suivant la mode, passant de l'étroit fourreau de la Restauration à l'énorme bouffissure de l'Empire, la dentelle reste avec constance le tissu vedette de la toilette de noces. On la choisit suivant sa bourse en point d'Alençon (le plus cher) ou en point de Malines ou d'Angleterre. Le voile qui nimbe la mariée d'un nuage transparent est lui aussi en dentelle ou en tulle-illusion.

La robe que portait l'Impératrice le 30 janvier 1853 fit date dans les annales de la mode et fut copiée de plus ou moins près par bien des mariées de l'époque. Elle était faite en velours blanc avec une longue traîne. La jupe couverte de volants de dentelle d'Alençon se prolongeait par un corsage à basquines, fermé par des épis de diamants en guise de brandebourgs. Le voile en point d'Angleterre était attaché sur la tête par une couronne de fleurs d'orangers que surmontait un diadème de saphirs.

« Pour la cérémonie nuptiale, il ne faut pas se présenter à l'autel éblouissante de diamants », recommande le bon ton. C'est pourtant un conseil que l'on suit de moins en moins ; la tentation est grande d'arborer dès le matin les splendeurs de sa corbeille. Le 18 décembre 1865, la princesse Anna Murat s'avança à l'autel pour épouser le duc de Mouchy, vêtue d'une somptueuse robe en point d'Alençon, dont le corsage était comme caparaçonné de diamants. Dans la couronne ducale, qui retenait le voile, brillait un diamant de 200 000 francs acheté à Saïd-Pacha, vice-roi d'Egypte...

Sanctifiée par le sacrement, la robe de noces est conservée comme une relique sacrée jusqu'à ce que, le matérialisme du siècle gagnant ce domaine comme les autres, dicte aux jeunes mariées des conseils moins poétiques mais plus utiles : la robe de mariée se déguise pendant tout l'hiver avec des volants, des passementeries et se froisse de bal en bal jusqu'au jour où complètement défraîchie, elle se transforme en jupon blanc, puis, ultime déchéance, en jupon foncé pour les jours de pluie, une fois teint.

A travers tout le siècle, le comble du chic est de se marier « aux flambeaux », à minuit sonnant [79]. Les jeunes filles romanesques ne partagent pas l'avis de Balzac pour qui « un mariage célébré nuitamment apporte toujours à l'âme de sinistres présages ; la lumière est un symbole de vie et de plaisir dont les prophéties lui manquent [80] ». Elles rêvent comme Emma Rouault (future Mme Bovary) de s'avancer vers l'autel comme une apparition fantomatique, à la lumière des torches qui allongent sur les murs des lueurs vacillantes et font miroiter les broderies damasquinées sur les étoles du clergé. La nuit n'exclut ni la pompe ni l'affluence et il faut se garder d'imaginer ces mariages nocturnes comme celui de Roméo et Juliette, béni à la sauvette par un moine franciscain, les pieds nus dans ses sandales. Un grand dîner d'apparat précède d'ordinaire la cérémonie ; la mariée y assiste dans sa toilette nuptiale, sans le voile qu'elle ne met que pour se rendre à la chapelle. Cette coutume, née dans les pays latins — Espagne et Italie —, se maintient surtout dans les provinces du Sud de la France et particulièrement dans la ville de Bordeaux. Autre part, elle demeure une originalité que ne s'offrent que les personnes ayant une très haute position.

Beaucoup plus courantes sont les cérémonies dans la matinée dont le déroulement obéit à des rites immuables. Tirée par des chevaux blancs frémissants de rubans que l'on retrouve en touffes au fouet du cocher et aux épaulières des valets de pied, la première voiture occupée par la mariée et ses parents, suivie de celle du marié et des siens, s'arrête aux marches de l'église. Spectacle gratuit offert à la curiosité de la foule, un grand mariage attire une affluence de badauds qui viennent jouir du coup d'œil, et de mendiants qui escomptent, en ce jour de fête, un surcroît de générosité de la riche assistance.

En approchant de la Madeleine où elle doit épouser le prince Amédée de Broglie, Mlle Say s'effraye à la vue de l'attroupement qui attend son apparition ; à sa sœur qui l'accompagne dans la voiture, elle murmure : « Jeanne, il y a trop de monde, j'ai peur ; rentrons à la maison, *nous reviendrons demain...* »

A l'intérieur de l'église, la foule est parfois si dense qu'on ajoute dans les lettres d'invitation un billet d'entrée pour l'église portant la mention d'une place, afin que les amis soient mieux placés que les étrangers.

Le père donne *la main* à sa fille, la mère à son fils, à un pas de distance, et au bout du tapis rouge, les mariés plient le genou sur un prie-Dieu avantagé d'un coussin de velours, dans le déchaînement des grandes orgues. Souvent, un soliste de l'Opéra prête voix forte à des instrumentistes du Conservatoire pour jouer une véritable musique d'opéra « analogue au 5ème acte de Robert le diable ; mais Robert le diable est plus religieux » ! le *nec plus ultra* sous le Second Empire.

Dans l'église les conversations qui ne brillent pas par leur piété, vont bon train :

« Bonjour, bonjour, vous venez pour qui ? Pour le marié ou la mariée ?

— Avez-vous des pièces de dix sous ? Je ne suis pas parent et je n'ai que de l'or pour la quête.

— Tiens de la musique vocale, c'est un mariage à mille deux cents francs...

— Non, mille cinq cents à cause des grandes tentures et du tapis sur les marches de l'église.

— Décidément, je n'aime pas beaucoup Flandrin ! La grande toile à droite du maître autel... » [81].

Les conversations se taisent pour écouter un prédicateur à la mode qui, du haut de la chaire, en phrases rondes et bien balancées, prononce un prône sur le thème usé de l'union de l'homme et de la femme comparée à celle du Christ et de l'Eglise. Son allocution, une fois attelée va toute seule « comme un cheval d'omnibus qui sait son chemin », ponctuée de compliments à la mère, au beau-père, à un témoin académicien ou député, enfin aux jeunes mariés : à celle en qui « toutes les délicatesses de l'âme s'unissent à toutes les distinctions de l'esprit » et à celui qui, « portant avec gloire le drapeau de la France et fidèle à sa race de preux, réalise la rare et parfaite alliance du guerrier exemplaire et du fidèle chrétien »...

Au moment solennel de l'échange des consentements, deux jeunes parents, juchés sur des chaises, tiennent le *poêle*, un voile rouge étendu au-dessus de la tête des mariés. Un vieil usage veut que, lorsque le prêtre pose les questions sacramentelles, la jeune fille tourne la tête vers ses parents comme pour les interroger du regard et solliciter leur assentiment, avant de répondre le *oui* décisif qui doit être articulé à voix basse dans un souffle rendu inaudible par l'émotion. Les époux échangent leurs anneaux ; « cette alliance, la femme ne doit plus la quitter ; l'homme n'est pas tenu d'en porter et il la porte très rarement ». Cette remarque est lourde de symbolisme ! Dans l'assemblée et surtout dans les premiers rangs réservés à la famille, on pleure à verse ; « c'était l'usage et on le poussait à l'excès dans ces occasions. *Les mariages ressemblaient à des enterrements* [82] ».

Pour sortir de l'église, c'est le père du marié qui donne la main à sa nouvelle belle-fille tandis que le marié conduit la mère de sa jeune femme. Les époux ne sortiront *au bras l'un de l'autre* que vers 1870.

Le déjeuner et le bal de noces, traditionnellement donnés en province, ont tendance à disparaître à Paris vers le milieu du siècle. La dernière mode est de dédaigner ces réjouissances et de filer à l'anglaise juste après un déjeuner familial ou même parfois juste après la cérémonie, pour retirer sa couronne, changer de robe et monter en chaise de poste ou en train. Cette nouvelle mode du voyage de noces a pour avantage de dispenser les nouveaux mariés de la corvée des obligations mondaines, puisque l'usage veut que *le lendemain de la cérémonie,* ils assistent à une messe d'action de grâces et que *dans le mois,* ils rendent une visite aux parents et amis présents à leur mariage.

Plus le couple est riche plus il s'éclipse tôt et plus il va loin. Usage singulier, incongru, malséant, disent les aïeules pour qui, courir les relais de poste et voyager sans raison est presque un péché : « Là où la chèvre est attachée, il faut qu'elle broute. » Usage dangereux, disent les médecins pour qui « la fonction reproductrice » ne peut mieux s'accomplir que chez soi, dans le repos et le calme. Il est vrai que les cahots d'une berline qui ramène à grandes guides d'Italie ou de Suisse une jeune femme enceinte de quelques semaines devaient être funestes à l'avenir de la race [83]...

Conclusion

Tandis que la jeune épousée s'éloigne avec son conjoint, dans les cahots de la diligence, interrogeons-nous sur cette éducation par où sont passées, la bouche close et les yeux baissés, trois ou quatre générations de femmes « privilégiées ».

Elevées dans les mêmes moules, d'après les mêmes principes immuables, condamnées à la même fadeur, à la même impersonnalité, toutes les jeunes filles se ressemblent, modelées par une éducation stéréotypée qui prévoit pour chaque sensation une règle, pour chaque mouvement un frein, pour chaque pensée personnelle et originale un silence, pour l'imprévu la méfiance. Comprimée dans un corset de bienséances, une jeune personne ne laisse rien transparaître de sa propre personnalité ; contrainte et forcée, elle ne laisse voir que les qualités *obligées* de la jeune fille à marier ; et c'est telle quelle, empaquetée dans les billets de sa dot, qu'on la livre à qui ne la connaît pas — et ne peut pas la connaître — quand sans doute elle s'ignore elle-même. Un physique, une dot, un maintien modeste qui n'est peut-être qu'affecté, c'est sur ces bases que se conclut le marché matrimonial.

Que dire ensuite de son éducation intellectuelle, de son instruction ? Une jeune fille qui sort d'un bon pensionnat, sait beaucoup de choses. Dès qu'il y a une discussion historique en famille, c'est à sa mémoire fraîche et souple qu'on a recours pour retrouver le millésime d'une bataille ; c'est un dictionnaire vivant et charmant qu'on aime à feuilleter. Elle a tout appris dans des livres *à l'usage des jeunes filles* qui lui présentent avec mille délicatesses une science affadie et moralisatrice ; et elle a appris un peu de tout au cours d'études décousues, éparpillées, parfois encyclopédiques, mais superficielles qui encombrent la mémoire et laissent le raisonnement en souffrance et dont le but semble de tout savoir mais de ne rien comprendre. D'ailleurs, il ne s'agit pas de comprendre, mais de « ne pas ignorer »...

Pourquoi cette médiocrité, cette fadeur qui caractérisent les études féminines ? Dans la crainte d'en faire des « raisonneuses », on se garde bien de les rendre raisonnables. Pourquoi se soucierait-on de donner des armes à la femme alors qu'on aspire à la maintenir en servitude ? A la même époque, en Virginie une loi condamne à trente-quatre coups de fouet celui qui apprend à lire à un « nègre »... De même a-t-on tout intérêt à sevrer la femme d'une instruction qu'elle retournerait comme une arme de libération contre son seigneur et maître. Pour la consigner dans ce rôle d'odalisque et d'esclave, on allègue la faiblesse de sa nature, la petitesse de son cerveau, son impuissance à concevoir de grandes idées, la sensibilité de son tempérament, sa frivolité congénitale. A quoi il est facile de répondre que si les vastes perspectives lui manquent, c'est que son horizon est borné par son métier à tapisserie ; si elle a les nerfs délicats, c'est qu'elle est élevée en serre chaude. Elle est frivole et coquette ? Mais la futilité, c'est précisément son éducation qui l'a fait naître et qui l'entretient en lui serinant que les savantes sont ridicules, les bas-bleus immariables, et en obligeant les filles qui ont des lumières à les cacher ou à se les faire pardonner par un surcroît de coquetterie...

La grande objection contre l'instruction des femmes, l'objection invincible et sacrée : elle tue la famille, c'est un ferment de révolte, de dissolution et d'incroyance. A quoi il est aisé de rétorquer que le raisonnement ne fait pas perdre aux femmes leurs croyances, mais seulement leur crédulité ; qu'une réelle instruction pourrait être un lien entre les époux, alors que l'ignorance et la mésintelligence intellectuelle les séparent d'un mur plus difficile à percer que le canal de Suez. Et l'on pourrait ajouter que la femme ignorante s'ennuie et la femme qui s'ennuie...

On élève beaucoup plus les filles pour la préface du mariage que pour le mariage lui-même car, toutes ces connaissances pour lesquelles la mnémotechnie a épuisé le trésor de ses dates et de ses nomenclatures, à quoi leur serviront-elles ? Ces arts d'agrément, à quoi bon ? Puisque, une fois mariée, une fois le mari capturé ou acheté, une fois le contrat paraphé et la couronne de fleurs d'oranger mise sous globe, la jeune femme abandonne les études et les arts d'agrément (appris pour l'agrément d'un mari à qui l'envie d'être agréable passe très vite) pour se jeter sur les romans dont on l'a sevrée, et dans les tourbillons d'une vie mondaine qu'elle peut enfin savourer sans chaperon.

On ne voit et on n'élève dans la jeune fille que l'épouse future, son développement personnel n'est jamais un but, tout au plus un moyen. Rien ne compte en dehors de ces fonctions d'épouse et de mère, fonctions que la mort peut interrompre et l'absence suspendre. Toute leur éducation est subordonnée aux bienséances d'un mariage de convenance où trop d'intelligence peut devenir une difficulté, l'originalité un obstacle et la raison une occasion de révolte.

Mais dira-t-on, si ces jouvencelles n'étaient pas de brillantes intellectuelles, au moins étaient-elles chastes et pures. Elles l'étaient, soit, mais le restaient-elles longtemps ? Par excès de zèle, leur éducation ne contribuait-elle pas, en dépassant son but, à développer insidieusement dans ces jeunes filles immaculées des germes d'une immoralité virtuelle.

Leur faire colorier des roses, composer des herbiers, tirer l'aiguille, dans le but de ne rien suggérer de « dangereux » à leur esprit, retarder à tout prix l'éveil des idées et des sentiments, maintenir leur âme dans la candeur et l'ignorance primitives : voilà une éducation pour des poupées de cire qui doivent passer leur vie au fond d'un tiroir. Le mariage leur ouvre les portes d'une liberté et d'une indépendance dont elles n'ont jamais appris à faire usage. Elles passent d'une vie claustrale à une existence tourbillonnante qui a de quoi enivrer la plus réservée des enfants de Marie.

Elevée en aveugle dans un brouillard qui lui voile la vie sous prétexte de préserver son innocence, on lui retire le *mérite* de sa candeur et on la lâche une fois mariée dans une forêt de difficultés que son éducation n'a pas prévues. On lui a caché les hommes et l'amour : qu'on imagine le ravage que provoque le premier serrement de main d'un homme ! On la marie à un individu qu'elle n'aime pas souvent, qu'elle n'estime pas toujours, et dont elle devrait se contenter. Elevée pour l'homme, quand celui qui lui échoit est incapable de susciter son attachement et que les salons où elle peut enfin évoluer la bride sur le cou regorgent d'autres hommes plus conformes à ses rêves, comment aura-t-elle la vertu de fuir ceux-ci pour ne vivre que pour celui-là ? Comment exiger la fidélité quand il n'y a pas d'amour ? On essaie bien d'obtenir cette vertu contre-nature par la religion et la peur de l'enfer, seules digues capables de résister. Le résultat est sans doute payant dans certains cas mais, cette éducation, lorsqu'elle n'atteint pas *pleinement* son but (faire des anges et des dragons de vertu), le manque et contient, au contraire, des ferments d'une dissolution qui ne demandera qu'à germer.

Ce sont les jeunes filles trop pures qui feront plus tard les femmes trop faciles ; on les a élevées avec une telle *délicatesse* qu'elles n'auront plus la *force* d'être honnêtes...

Le XIXe siècle a pourtant produit des anges de dévouement et de vertu, des maîtresses femmes et des femmes d'affaires, des écrivains talentueux et d'excellentes musiciennes. Parcourez les mémoires et les correspondances du temps, et vous serez frappés du nombre de femmes sensées, réfléchies, spirituelles. Que cette éducation anémiée ait pu former toutes ces femmes, voilà qui devrait confondre les antiféministes en gibus, qui ont tenté pendant un siècle de justifier cette pédagogie « à l'usage des jeunes filles » par leur infériorité pudiquement qualifiée de différence.

ANNEXE

Plutôt que de se livrer à des conversions en monnaie de notre temps qui sont toujours difficiles à établir et éphémères, il est préférable de rappeler quelques prix courants vers 1850 (denrées, services, salaires) :

1 livre de pain	4 sous [1]
1 journal	5 sous
l'heure de fiacre	2 F
1 cochon à abattre	100 F
1 vache	250 F
1 cheval de selle	3 000 F
Un bel hôtel particulier	1 500 000 F
Salaire horaire d'un manœuvre	4 sous
Salaire annuel d'une bonne d'enfants (sans les avantages en nature)	800 F

1. Un sou = 20 centimes.

NOTES

Avant-propos

1. La « bonne compagnie » parisienne se divisait au XIXe siècle en différents groupes sociaux que l'on désignait d'après le quartier qu'ils habitaient de préférence : les deux ou trois cents familles de la noblesse de vieille souche étaient regroupées dans le *Faubourg Saint-Germain* ; la *Chaussée d'Antin* abritait dans ses somptueux hôtels l'aristocratie de l'argent : banquiers, magnats de l'industrie, riches négociants. La « bonne » bourgeoisie s'épanouissait autour du *Faubourg Saint-Honoré* ; et le *Marais* était le quartier de la petite bourgeoisie et des rentiers.
2. Essentiellement les comptes rendus d'inspection des pensionnats laïques de la capitale.

L'éducation en famille : la manière « douce »

1. Comtesse Dash, *Mémoires des autres,* Paris, 1897.
2. O. Aubry, *L'Impératrice Eugénie,* Paris, 1948.
3. Ernest Legouvé, *Le Père et les Enfants au XIXe siècle,* Paris, 1887.
4. La littérature enfantine prend un véritable essor après 1860 avec Mlle Moniot, la comtesse de Ségur, Zénaïde Fleuriot, Eugénie Foa, Julie Lavergne, Jules Verne et Jules Hetzel.
5. Caroline Brame, *Journal,* 15 février 1865.
6. G. Flaubert, *Lettres à sa nièce Caroline.* Née en 1846, Caroline était la fille d'Emile Hamard et de la sœur de l'écrivain, Caroline Flaubert, morte à vingt-deux ans d'une fièvre puerpérale après la naissance de sa fille.
7. Mme Colbrant-Micheneau, *Causeries sur l'éducation de famille,* Paris, 1863, p. 25, 26.
8. E. Legouvé, *op. cit.,* p. 193.
9. Comtesse Dash, *Comment on fait son chemin dans le monde,* Paris, 1868, p. 107.
10. Chez les enfants, la mortalité moyenne de ces maladies était à l'époque de : 1 cas sur 2 pour le croup, 1 cas sur 5 pour la typhoïde, 1 cas sur 5 pour la variole (1 cas sur 2, avant 5 ans), 1 cas sur 15 pour la rougeole, 1 cas sur 6 pour la scarlatine, et la méningite était presque toujours fatale.
11. Jusqu'à la fin du Second Empire et même au-delà, l'usage dispensait le père et la mère d'assister à la cérémonie des funérailles de leurs enfants, de même que les filles ou les veuves n'assis-

taient pas aux obsèques de leurs proches ; une « messe de dames » était dite quelques jours plus tard.

12. Comtesse de Ségur, *Les Malheurs de Sophie*, Paris, 1859.

13. P. Boitard, *Physiologie de la bonne compagnie*, Paris, 1862, p. 18.

14. Comtesse d'Armaillé, *Quand on savait vivre heureux*, Paris, 1934, p. 90.

15. Marie Cappelle deviendra la célèbre Mme Lafarge, accusée d'avoir empoisonné son mari à l'arsenic, et condamnée aux travaux forcés à perpétuité après un retentissant procès. Voir p. 255 et p. 343, note 56.

16. Marie Cappelle, *Mémoires*, Paris, 1842, t. I, p. 85.

17. Dr Fonssagrives, *L'Education physique des jeunes filles*, Paris, 1869, p. 50.

18. Séraphin était un montreur d'ombres chinoises.

19. *Physiologie du mariage*, Paris, 1829 ; Intégrale, Le Seuil, p. 414.

20. Daniel Stern, *Mes souvenirs*, Paris, 1877, p. 78-79.

21. Lettre citée par *Un Anglais à Paris. Notes et souvenirs (1848-1871)*, t. 2, p. 33.

22. Tarpeia (inconnue des jeunes filles du XIXe siècle) était, sous Romulus, la fille du gouverneur du Capitole. Elle promit au général sabin Tatius de lui livrer la citadelle à condition que ses soldats lui donneraient *ce qu'ils portaient à leur bras gauche* ; elle entendait par là leurs bracelets d'or, mais lorsque les Sabins furent maîtres du Capitole, ils jetèrent sur Tarpeia leurs bracelets... et leurs boucliers qu'ils portaient *aussi* au bras gauche : Tarpeia fut écrasée sous le poids de sa trahison. Les Romains donnèrent à la colline où fut ensevelie la jeune fille le nom de roche Tarpéienne et il fut décidé que l'on précipiterait les traîtres du haut de cette roche.

23. Judith Gautier, *Le Collier des jours. Le second rang du collier*, Paris, *s.d.*

24. Voir Annexe p. 325.

25. Paru en 1851.

26. J. Michelet, *La Femme*, Paris, 1860, p. 43.

27. Abbé Balme-Frézol, *Réflexions et Conseils pratiques sur l'éducation pour servir de guide aux mères et aux institutrices*, Paris, 1858, p. 437.

28. Fanny Sebastiani (1807-1847) était la fille du général d'Empire Horace Sebastiani devenu successivement sous la Monarchie de Juillet ministre de la Marine, des Affaires étrangères, ambassadeur et maréchal de France.

29. Charles de Choiseul (1805-1847), arrière-petit-nevau du ministre de Louis XV. Député en 1839, pair de France en 1845.

30. Cité par Maurice Garçon, *Le Meurtre de la duchesse de Choiseul-Praslin*, Paris, 1969, p. 139.

31. Il ne pouvait échapper aux directeurs des cours que sur les 13 487 jeunes Parisiennes élevées en pension en 1846, 12 342 habitaient Paris et ne se trouvaient donc pas dans l'obligation d'opter pour l'internat, si une autre solution leur était offerte. L'effectif des cours à la même époque était d'environ 2 000 élèves.

32. MM. de Blignières, Demoyencourt, Ducros, Le Clerc, Picard.

33. Cité du Retiro.

34. 1794-1870. Son fils Théodore lui succédera à sa mort. Son cours fut successivement situé : 32, rue de Seine ; 17, rue de Lille ; cité Trévise.

35. Devant le nombre croissant des élèves, le cours déménage du 33, rue de Verneuil au 41, rue Jacob. Il prendra en 1874 le nom d'Institut normal.

36. Simone de Beauvoir fut élevée chez Adeline Désir : « une bossue qu'on s'occupait en haut lieu de béatifier »...
37. H. Taine, *Vie et Opinions de Thomas Graindorge,* Paris, 1867, p. 106.
38. *De l'éducation des femmes,* Paris, 1866, p. 142-143.
39. Par la circulaire du 30 octobre 1867.
40. En 1867 à Valenciennes, Saint-Quentin, Amiens, Beauvais, Dieppe, Auxerre, Troyes, Besançon, Orléans, Tours, Bourges ; en 1868 à Chartres, Napoléonville (La Roche-sur-Yon), Chalon-sur-Saône, Limoges, Agen, Bordeaux, Mont-de-Marsan, Rouen, Le Havre, Boulogne, Arras, Lyon, Avignon, Marseille, Nîmes, Metz, Nancy, Mulhouse, Vesoul, Epinal, Neufchâteau, Mirecourt, Remiremont, Verdun, Toul, Lunéville, Phalsbourg, Saint-Mihel et à Paris à la mairie du 1er.

Les couvents ou l'éducation « sur les genoux de l'Eglise »

1. Léon Gozlan, *Les Maîtresses à Paris,* Paris, 1852, p. 59.
2. C'est le cas du Sacré-Cœur, de Sainte-Clotilde, de l'Assomption.
3. Mme Flamarand, *De l'influence des femmes dans la société et de l'importance de leur éducation,* Paris, 1825.
4. La sœur de l'humoriste Alphonse Allais.
5. Mme Leroy-Allais, *Marie-Rose au couvent,* Paris, 1909, p. 85-86. Marie-Rose est l'héroïne fictive de ce roman en réalité très autobiographique.
6. A propos de l'éducation de Cosette dans *Les Misérables.*
7. George Sand, *Histoire de ma vie,* t. VI.
8. Jurons.
9. Comtesse d'Armaillé, *Quand on savait vivre heureux,* Paris, 1934, p. 67.
10. Art. 49 de la loi du 15 mars 1850 : Les lettres d'obédience tiendront lieu de brevet de capacité aux institutrices appartenant à des congrégations religieuses vouées à l'enseignement et reconnues par l'Etat.
11. Le directeur de conscience de Sophie Barat était le père Varin, jésuite, qui l'incita à fonder son premier couvent d'Amiens. Le frère de Sophie Barat était également un jésuite, et l'histoire de la Société du Sacré-Cœur sera au début étroitement liée à celle de la Compagnie de Jésus rétablie par le pape en 1814.
12. Françoise Mayeur, *L'Education des filles en France au XIXe siècle,* Paris, 1979, p. 35.
13. Comtesse Dash, *Mémoires des autres, op. cit.,* t. I, p. 93.
14. Au Sacré-Cœur, comme dans la plupart des couvents, il existait un externat gratuit pour les classes populaires, nettement séparé de l'internat payant.
15. Daniel Stern, *Mes souvenirs, op. cit.,* p. 154.
16. En 1835, Eugénie de Montijo et sa sœur Paca arrivent au Sacré-Cœur où elles demeurent un an, le temps de préparer et de faire leur première communion.
17. Le système d'adoption d'une élève par une religieuse avait également cours dans d'autres congrégations enseignantes.
18. Comtesse Dash, *op. cit.,* t. I, p. 95.
19. Les dames, pendant leur noviciat, reçoivent en plus de la formation religieuse, des cours des différentes disciplines profanes. Cela différencie les ordres enseignants du XIXe siècle des couvents d'Ancien Régime où les religieuses, incapables — faute d'études adé-

quates — d'assurer l'enseignement, le confiaient à des maîtres venus de l'extérieur.

20. Béatifiée en 1925.

21. Arrière-petite-fille du maréchal de Saxe — par la main gauche — Aurore était, du côté maternel, la petite-fille d'un oiseleur qui vendait des serins sur les quais.

22. George Sand, *Histoire de ma vie*, t. VI.

23. Poussiéreuse.

24. Mme Stonor succéda en 1820 à Mme Canning.

25. Actuellement à l'angle du boulevard Raspail et de la rue de Sèvres, et se prolongeant jusqu'à la rue de la Chaise.

26. Avant cette date, le pensionnat est situé rue des Bernardins dans l'hôtel de Torpane.

27. Il y met d'ailleurs ses deux sœurs Annette et Elise, puis plus tard ses deux filles Agnès et Luce.

28. Louis Veuillot, *L'Eglise des Oiseaux*, Paris, 1839, p. 12-13.

29. R.P. Victor Delaporte, *Le Monastère des Oiseaux*, Paris, 1899.

30. 1817-1898.

31. Lorsqu'il qualifie une femme, l'adjectif a, à l'époque, une nuance nettement péjorative ; il équivaut à bas-bleu, avec ce que l'expression a d'injurieux.

32. Il s'agit de Lacordaire, dont les sermons à Notre-Dame provoquèrent la vocation de la mère Marie-Eugénie de Jésus.

33. Il faut encore citer le pensionnat des dames de Sainte-Clotilde, dans le Faubourg Saint-Antoine, rue de Reuilly ; les deux pensionnats de la rue de Picpus : celui des dames de Picpus, et celui de la Mère de Dieu ; enfin, l'établissement des dames de Saint-Maur, rue Saint-Maur, dans le Faubourg Saint-Germain. Le prix de pension de ces quatre couvents varie entre 800 et 850 francs, ce qui les place en dessous des pensionnats précédents.

Le pensionnat laïque

1. Décret signé à Schœnbrunn le 15 décembre 1805.

2. Ses nièces : Emilie de Beauharnais (qui épousera le général de Lavallette à qui elle sauvera la vie dans les circonstances rocambolesques que l'on connaît) et Stéphanie (qui deviendra grande-duchesse de Bade).

3. Douée.

4. *Mémoires de la reine Hortense*, t. I, p. 84.

5. Grand chancelier de la Légion d'honneur, Lacépède aura la haute surveillance des différentes maisons de la Légion d'honneur.

6. Lettre du 22 octobre 1807 à Lacépède.

7. Comtesse de Bassanville, *Les Salons d'autrefois*, Paris, 1863.

8. On avait aussi pensé à l'abbaye du Bec près de Pont-Audemer, à la chartreuse de Moulins, au couvent des Récollets près de Bruhl, au château de Bayonne et même au château de Chambord.

9. Les élèves élevées aux frais de l'état (1/3) devaient être filles ou sœurs de membres de la Légion d'honneur ; elles payaient la première année 400 francs comme remboursement de la valeur de leur trousseau, puis 400 francs par an qui constitueraient la dot qui leur était remise à la fin de leurs études. Les autres payaient 1 000 francs par an et pouvaient n'être que nièces ou cousines de membres.

10. En revanche, les trois autres succursales de la Légion d'honneur installées, la première, à Paris, rue Barbette dans le Marais, la

seconde dans l'ancienne abbaye des Barbeaux près de Fontainebleau, et la troisième dans l'ancien couvent des Loges en forêt de Saint-Germain, constituaient une seconde catégorie d'établissements. Dirigées par une congrégation religieuse, elles admettaient non seulement les filles de légionnaires sous-officiers, soldats ou civils assimilés, mais aussi celles dont les pères, n'appartenant pas à la Légion d'honneur, étaient appelés à l'étranger pour le service de l'Empire et dont les mères étaient mortes. Dans ces trois succursales, créées en 1810, l'éducation était « moins soignée ».

11. Comtesse de Bassanville, *op. cit.*, p. 331-332.

12. En 1815, Napoléon, revenu de l'île d'Elbe, avait ordonné par décret le rétablissement de la maison d'Ecouen, mais cette mesure n'avait pas pu être exécutée.

13. Marie Cappelle, *Mémoires, op. cit.*, p. 45.

14. Léon Gozlan, *Les Châteaux de France*, Paris, 1857, p. 138-139.

15. Amusante caricature des parvenus du Directoire et du Consulat, qui obtint un grand succès.

16. Arrêté du Conseil royal de l'Instruction publique du 7 mars 1837, concernant uniquement le département de la Seine.

17. Un service régulier d'inspection est créé en 1844 pour faire appliquer et respecter le règlement : trois, puis quatre *dames inspectrices* déléguées par le préfet se partagent les douze arrondissements de Paris et les communes suburbaines, sans toutefois réussir à pénétrer dans les établissements religieux.

18. En comparaison il y a, en 1848, vingt-huit couvents dans le département.

19. Il faudra attendre la IIIe République et le vote en 1880 de la loi Camille Sée instituant les lycées de filles, pour entendre reparler d'enseignement secondaire féminin.

20. Sans compter les leçons d'arts d'agrément et de langues étrangères qui se payent à part. Une jeune fille qui ferait du piano, du dessin, de la danse et de l'anglais (ce qui est un minimum) doit rajouter environ 850 francs par an.

21. Arch. dép. de la Seine VD 6 158/159.

22. H. Léon, *Les Indiscrétions de Jean Bomoloque à l'endroit des maîtresses de pension*, Paris, 1855.

23. Marie Sincère, *Pensionnat de jeunes filles*, Paris, 1853.

24. 1812. Arch. dép. de la Seine VD 6 158 n° 3.

25. J.A. Leriche, *Quelques notions d'hygiène appliquées aux maisons d'éducation*, Paris, 1864, p. 38.

26. Marie Sincère, *op. cit.*, p. 11.

27. En 1845, sur les 253 directrices de pension et d'institution de la Seine, 184 seulement sont en règle.

28. Ces examens sont assez sélectifs : en juin 1858, au brevet de capacité de premier ordre (donnant le droit d'ouvrir une institution), il y a 5 reçues sur 24 candidates. Au brevet de capacité de deuxième ordre (donnant le droit d'ouvrir une pension), il y a 72 reçues sur 217.

29. Rapport sur la session du 4 novembre 1839. Arch. Nat. F17 12431.

30. En 1843, Mme Riquet, pourvue de tous les diplômes nécessaires se voit refuser l'autorisation d'ouvrir un pensionnat. Motif : immoralité. Elle est coupable d'avoir vécu après son veuvage avec un médecin qu'elle faisait passer pour son beau-frère... mais qui ne l'était pas. Son remariage n'a pas suffi à l'absoudre d'une faute commise il y a plusieurs années et qui la rend « indigne de se livrer à l'enseignement ». Arch. Nat. F17 12449.

31. H. Léon, *op. cit.*, p. 9.

32. Brada, *Souvenirs d'une petite Second Empire,* Paris, 1921.
33. On exige d'elles un brevet d'aptitude comportant des épreuves de lecture, écriture, grammaire, arithmétique, histoire sainte et travaux d'aiguille.
34. Marie Sincère, *op. cit.,* p. 72.
35. Le système fonctionne aussi bien dans les couvents que dans les pensionnats laïques.
36. E. Gossot, *Un pensionnat d'autrefois,* Paris, 1900, p. 51.
37. Mme Adam (née Juliette Lamber), *Le Roman de mon enfance et de ma jeunesse,* Paris, 1902, p. 70.
38. Marie Cappelle, *Mémoires, op. cit.,* p. 35.

Une journée en pension

1. Daniel Stern, *Mes souvenirs, op. cit.,* p. 160.
2. Judith Gautier, *Le Collier des jours,* Paris, 1904, p. 161.
3. Dr Grellety, *De quelques progrès à réaliser dans l'hygiène des pensionnats,* Paris, 1897.
4. Juliette Lamber, *Le Roman de mon enfance et de ma jeunesse,* Paris, 1902, p. 65.
5. Arch. dép. de la Seine D2T1 114.
6. Marie Cappelle, *Mémoires, op. cit.,* p. 36.
7. Séjour de Lorraine, *Les Secrets de la beauté,* Paris, 1856, p. 23.
8. « Modestie » est à l'époque synonyme de décence.
9. J.-B. Champagnac, *La Civilité des jeunes personnes,* Paris, 1843, p. 7.
10. R.P. Huguet, *Délassements permis aux personnes pieuses appelées à vivre dans le monde,* Paris, 1856.
11. Comtesse de Bassanville, *Guide des gens du monde,* Paris, 1867.
12. Mme Leroy-Allais, *Marie-Rose au couvent,* Paris, 1905, p. 35-36.
13. Judith Gautier, *op. cit.,* p. 155.
14. M.T. Martin, *Souvenirs d'Ecouen,* Paris, 1924, p. 38-39.
15. Une expression poétique pour désigner la couleur marronnasse.
16. Mme Leroy-Allais, *op. cit.,* p. 61-62.
17. Daniel Stern, *op. cit.,* p. 156.
18. Comtesse de Bassanville, *Les Salons d'autrefois, op. cit.,* t. II, p. 294-295.
19. Dans des instructions rédigées à Finkenstein, le 15 mai 1809.
20. Daniel Stern, *op. cit.*
21. Mme Leroy-Allais, *op. cit.,* p. 52.
22. Bonnin, *Lettres sur l'éducation,* Paris, 1825, p. 128.
23. Arch. dép. de la Seine VD6 650 n° 1.
24. Gyp, *Mémoires d'une petite fille,* Paris, 1927, p. 110.
25. Mme Campan, *De l'éducation,* Paris, 1824, t. I, p. 292.
26. Abbé Balme-Frézol, *Réflexions et Conseils pratiques,* Paris, 1858, t. II, p. 262.
27. L.F. Gauthey, *Le Délassement après le travail,* Paris, 1861, p. 48.
28. Brada, *op. cit.,* p. 40-42.
29. Arch. dép. de la Seine VD6 650 n° 21.
30. Un « cuir » était au XIXᵉ siècle une faute de langage, comme par exemple une liaison mal-*t*-à-propos.
31. Gyp, *op. cit.,* t. II, p. 126.
32. Les dortoirs les plus vastes sont ceux des maisons de la Légion d'honneur : 200 lits.
33. Anonyme, *Conseils d'une maîtresse de pension à ses élèves,* Paris, 1841, p. 4.

34. Ces visites ont lieu sans témoins lorsqu'il s'agit de très proches parents, mais dans tous les autres cas « que dicte la prudence », une surveillante reste pour tout voir et tout entendre.
35. Juliette Lamber (Mme Edmond Adam), écrivain féministe et républicain, amie de George Sand.
36. Juliette Lamber, *op. cit.*

Le « trousseau de connaissances »

1. Fondatrice de l'Assomption.
2. *Les Bas-bleus,* 1re édition 1877, Slatkine reprints, 1968, p. XXII.
3. *Les Femmes,* Paris, 1853, p. 45.
4. *Lettres et Opuscules inédits,* Paris, 1851, t. I, p. 148.
5. *Op. cit.*, lettre XLI.
6. *Lettres parisiennes,* Paris, 1843, p. 56.
7. *Op. cit.*, p. 149.
8. *L'Education physique des jeunes filles,* Paris, 1869, p. 225.
9. *Femmes savantes et Femmes studieuses,* Paris, 1867, p. 67.
10. *Vie et Opinions de Thomas Graindorge,* Paris, 1867, p. 361.
11. *De l'amour,* Paris, 1822, t. II, ch. LIV.
12. George Sand, *Histoire de ma vie, op. cit.*, t. V, p. 134.
13. Baron de Menguin-Fondragon, *Lettres à ma fille ou conseils sur l'éducation,* Paris, 1843, p. 50.
14. Anonyme, *De l'éducation des jeunes filles sous l'influence de la foi,* Paris, 1862, p. 326-327.
15. Jusqu'à l'utilisation des premiers timbres-postes en 1849, le port des lettres était réglé par le destinataire.
16. Mme Leroy-Allais, *Marie-Rose au couvent, op. cit.*, p. 133.
17. Mme Cécile Regnard, *Compositions françaises à l'usage des jeunes filles,* Paris, 1868 et Mme Lèbe-Gigun, *Sujets et Modèles de compositions à l'usage des jeunes personnes,* Paris, 1856.
18. Mgr Dupanloup, *De la haute éducation,* Paris, 1866, p. 50.
19. Comtesse de Bassanville, *Le Soir et le Matin de la vie ou Conseils aux jeunes filles,* Paris, 1850, p. 95.
20. En 1859, à la pension Beaujon, 77 élèves apprennent l'anglais, 17 l'allemand, et 3 l'italien, sur un total de 120 élèves.
21. Célèbre ténor de la troupe des Italiens.
22. La cantatrice Giulia Grisi.
23. *Nouveau tableau de Paris au XIXe siècle,* Paris, 1835, t. VI, p. 67.
24. *Le Livre de jade* publié en 1867 sous le pseudonyme de Judith Walter.
25. G. Flaubert, *Dictionnaire des idées reçues,* Paris, 1910.
26. Ernest Legouvé, *Histoire morale des femmes,* Paris, 1849, p. 53. (Cette tirade ne reflète aucunement l'opinion de Legouvé ; il ne fait que la placer dans la bouche d'un interlocuteur.)
27. Abbé de Clèves, *De l'éducation chrétienne des filles,* Paris, 1870, p. 190-200.
28. Michelet fut successivement professeur d'histoire de la princesse Louise, fille de la duchesse de Berry, puis de la princesse Clémentine, fille de Louis-Philippe.
29. J. Michelet, *La Femme, op. cit.*, p. 163.
30. Ernest Legouvé, *Une éducation de jeune fille,* Paris, 1884, p. 9.
31. Mme O. Feuillet (née en 1832), *Quelques années de ma vie,* Paris, 1894, p. 94.
32. *De l'instruction des femmes,* Paris, 1866, p. 329.

33. *Géographie des demoiselles en vers et en prose,* Rennes, 1840.
34. 1805-1881.
35. Brada, *Souvenirs d'une petite Second Empire, op. cit.,* p. 85.
36. Mme Lèbe-Gigun, *Mythologie classique à l'usage des jeunes personnes,* Paris, 1858, p. V.
37. M.A. Théry, *Conseils aux mères,* Paris, 1837, p. 22.
38. Exemple : Un marchand a vendu du drap pour 545 francs, 85 centimes à 7 mois de crédit ; 3 mois après, il demande au débiteur le prix de ce drap moyennant un escompte de 3 F 50 % par an. Combien doit-il recevoir ?
39. Exemple : Trois associés ont mis la même somme dans une entreprise commune. Le premier a laissé son argent pendant 4 mois, le deuxième pendant 8 mois, le troisième pendant un an. On demande de partager le bénéfice qui est de 8 050 francs proportionnellement aux mises, augmentées seulement de leurs intérêts à 12 % par an.
40. Abel Fabre, *Petite arithmétique pratique,* Paris, 1869, p. 124.
41. *Légal* dès 1801, le nouveau système des poids et mesures ne fut *obligatoire* qu'à partir du premier janvier 1840.
42. On demandait au musicien Auber son avis sur les bas-bleus : « Cela dépend de ce qu'il y a dans les bas ! »...
43. Gustave Droz, *Le Cahier bleu de Mlle Cibot,* Paris, 1868, p. 31.
44. Paul Poiré, *Notions de chimie appliquées aux arts, à l'hygiène et à l'économie domestique à l'usage des demoiselles,* Paris, 1869, p. 303.
45. *Le Journal des demoiselles,* février 1863.
46. *Histoire de ma vie,* t. V, p. 135.
47. J. et E. de Goncourt, *Renée Mauperin,* Paris, 1864.
48. Abbé Balme-Frézol, *De l'instruction des femmes,* Paris, 1866, p. 454.
49. Marie Cappelle, *op. cit.,* t. I, p. 38.
50. *Nouveau tableau de Paris au XIXe siècle,* Paris, 1835, p. 184-185.
51. *Op. cit.,* p. 8.
52. T. XXXV, cité par le Dr Raciborski dans *Traité de la menstruation,* Paris, 1868, p. 215.
53. Abbé Balme-Frézol, *op. cit.,* p. 457.
54. Dr Fonssagrives, *L'Education physique des jeunes filles, op. cit.,* p. 293.
55. Mme Leroy-Allais, *Marie-Rose au couvent, op. cit.,* p. 71.
56. George Sand, *Histoire de ma vie, op. cit.*
57. Marie Sincère, *Pensionnats de jeunes filles, op. cit.,* p. 24
58. Anonyme, *Conseils à mes élèves sur la politesse et la manière de se conduire dans le monde, par une maîtresse de pension,* 1841, p. 24.
59. *Op. cit.,* p. 23.
60. Baron de Mengin-Fondragon, *op. cit.,* p. 25.
61. E. Pelletan, *La Charte du foyer,* Paris, 1864, p. 18.
62. Visites du jour de l'an, visites aux supérieurs dans l'administration et l'armée, visites de reconnaissance à ceux qui vous ont obligé, visites de digestion chez les personnes qui vous ont reçu à dîner ou en soirée, visites de félicitation, de condoléances, d'amitié, etc.
63. Comtesse de Bassanville, *Guide des gens du monde,* Paris, 1867, p. 242.
64. *Moniteur des demoiselles,* Paris, 1853, p. 89.
65. J.B. Champagnac, *La Civilité des jeunes personnes,* Paris, 1843, p. 102.
66. Dr Fonssagrives, *op. cit., p.* 212.

67. Mme d'Adhémar, *La Jeune et Parfaite Demoiselle,* Paris, 1836, p. 40.
68. Edmond About, *Causeries,* Paris, 1866.
69. E. About, *op. cit.,* t. II, p. 36.
70. Antonin Rondelet, *L'Education de la 20e année : lettres à ma cousine Nathalie,* Paris, 1873, p. 89 et 91.
71. L'habitude anglaise de se saluer par une poignée de main, du *shake-hand,* est définitivement adoptée dans les années soixante ; mais pour protéger les femmes des saluts indésirables et des contacts importuns, l'usage établit que ce sont les femmes qui tendent la main les premières. La règle ne vaut pas pour les jeunes filles qui doivent s'abstenir de prendre l'initiative du *shake-hand* ; aucun homme bien élevé ne prendra la liberté de leur serrer la main, à moins de les connaître intimement. Ainsi, les jeunes personnes serrent les mains que les femmes veulent bien leur tendre, celles de quelques oncles et vieux amis de la famille, mais jamais celles des jeunes gens.

En 1857, le geste de serrer la main est encore tellement osé et chargé d'émotion pour une jeune fille que l'une d'elles, Blanche X., a constitué un « reliquaire » de ses propres gants avec lesquels elle a serré la main des personnes qu'elle aime ou estime. (J. et E. Goncourt, *Journal.*)

72. E. About, *op. cit.,* t. II, p. 39.
73. *Conseils d'une maîtresse de pension à ses élèves sur la politesse et sur la manière de se conduire dans le monde,* Lyon, 1841.
74. A. Chaillot, *Leçons pratiques pour conduire un ménage,* Paris, 1868, p. 9.
75. *De l'éducation,* Paris, 1824, p. 272.
76. Comtesse de Bassanville, *Du perfectionnement de l'éducation des filles,* Paris, 1847, p. 22.
77. *Souvenirs et Impressions,* Paris, 1897, p. 146.
78. A. Marx, *Indiscrétions parisiennes,* Paris, 1866, p. 179.
79. M.T. Martin, *Souvenirs d'Ecouen,* Paris, 1924, p. 40.

Les nerfs de l'éducation : discipline et émulation

1. E. de Clermont-Tonnerre, née E. de Gramont, *Au temps des équipages,* Paris, 1928, p. 108.
2. Mme Necker de Saussure, *L'Education progressive,* Paris, 1832.
3. Mme de Rémusat, *Essai sur l'éducation des femmes,* Paris, 1824.
4. M.A. Théry, *Conseils aux mères,* Paris, 1837, p. 45.
5. J. Joubert, *Pensées,* Paris, 1861, p. 45.
6. Marie-Louise Audiberti, *Sophie de Ségur, l'inoubliable Comtesse,* p. 305.
7. *Journal,* t. I, janvier 1855.
8. Comtesse Dash, *op. cit.,* t. I, p. 198.
9. Judith Gautier, *Le Collier des jours, op. cit.,* p. 188.
10. Mme Campan, *De l'éducation, op. cit.,* t. I, p. 347.
11. Un mauvais point s'efface avec deux bons points.
12. Mme Campan, *op. cit.,* p. 348
13. George Sand, *Histoire de ma vie, op. cit.,* t. VI, p. 127.
14. Mme Colbrant-Micheneau, *Causerie sur l'éducation de famille,* Paris, 1863, p. 68.
15. Mme Campan, *op. cit.,* p. 84.
16. *Ibid.,* p. 380.
17. Un article de *La Presse* du 1er mars 1858 relate le crime accom-

pli par deux frères de dix et douze ans qui ont battu à mort un camarade pour l'empêcher de prendre part à une composition.

18. Mme Necker de Saussure, *op. cit.*, ch. VIII.
19. M.A. Théry, *op. cit.*, p. 230.
20. Mgr Devie, *Manuel d'une religieuse institutrice*, Lyon, 1851, p. 140-141.
21. A Ecouen, les trois inspections ne sont pas publiques en vertu de l'ukase prohibant la présence masculine dans la maison ; seuls la princesse protectrice et — unique dérogation à la règle — le grand chancelier y assistent.
22. H. Degrand, *Correspondance de jeunes filles*, Paris, 1837, p. 51.
23. H. Léon, *Les Indiscrétions de Jean Bomoloque à l'endroit des maîtresses de pension*, Paris, 1855, p. 40.
24. Arrêté de Rambuteau, préfet de la Seine du 18 novembre 1837.
25. M. Reiter, *Une institutrice au XIX*e *siècle*, 1898.

Les vacances

1. Mgr Dupanloup, *De l'éducation*, Paris, 1857, p. 168.
2. Dans certaines institutions, elles se réduisent à quinze jours, du 15 août au 1er septembre.
3. Arch. dép. de la Seine VD6 649.
4. M.T. Martin, *Souvenirs d'Ecouen, op. cit.*, p. 45.
5. Léon Gozlan, *Châteaux de France*, Paris, 1857, p. 129 à 133.
6. Comtesse de Boigne, *Mémoires*, Paris, 1971, t. I, p. 168.
7. Daniel Stern, *Mes souvenirs, op. cit.*, p. 282.
8. *Mémoires d'une petite fille*, Paris, 1927, t. II, p. 214.
9. *Guide du baigneur aux Sables-d'Olonne*, 1866.
10. Dr Leconte, *Hygiène des bains de mer*, Paris, 1844, p. 110.
11. A. Marx, *Indiscrétions parisiennes*, Paris, 1866, ch. XXXV.
12. Pendant l'été 1863, d'après *Le Magasin des demoiselles.*
13. Félicien Mallefille, *Le Cœur et la Dot*, Paris, 1853.
14. Albert Glatigny.
15. *Aux Eaux*, Pléiade, t. II, p. 1266.
16. Cité par J. Stirling-Clarke, *La Femme à cheval et l'Amazone*, Paris, 1861, p. 16.
17. George Sand est née en 1804 et Olympe Audouard vers 1830.
18. O. Audouard, *Voyage à travers mes souvenirs*, Paris, 1884, p. 24.

L'éducation religieuse et morale

1. *De l'éducation de la femme par un ancien aumônier du Sacré-Cœur*, Paris, 1868, p. 42.
2. Dans les pensionnats laïques, la messe hebdomadaire est rare (sauf à la Légion d'honneur où elle est obligatoire) ; chaque dimanche, lorsque l'établissement ne possède pas de chapelle privée, on conduit les élèves à la messe paroissiale et parfois au salut.
3. *Instruction chrétienne des jeunes filles à l'usage des pensionnaires et des externes des dames ursulines*, Paris, 1838, p. 11-12.
4. Mme Leroy-Allais, *Marie-Rose au couvent, op. cit.*, p. 173.
5. Mme Leroy-Allais, *Souvenirs d'enfance et de jeunesse*, Paris, 1913, p. 143.
6. Mme Leroy-Allais, *Marie-Rose au couvent, op. cit.*, p. 177.
7. Robe blanche bordée de pourpre que les jeunes patriciens revêtaient à l'âge de la puberté.

8. Comtesse d'Armaillé, *Quand on savait vivre heureux*, Paris, 1934, p. 57.
9. *Ibid*, p. 57.
10. Paul Acker, *Les Deux Cahiers*, Paris, 1912, p. 39.
11. *Mémoires d'une petite fille*, Paris, 1927, t. II.
12. L'expression est de Taine.
13. *Catéchisme de Saint-Sulpice*, Paris, 1832.
14. Abbé Gaume, *Catéchisme de persévérance*, Paris, 1858, p. 218.
15. *Moyens de perfection pour une vierge chrétienne*, Paris, 1838, p. 36-37.
16. *Catéchisme de Saint-Sulpice, op. cit.*
17. Comtesse de Bassanville, *Les Mémoires d'une jeune fille*, Paris, 1849.
18. Mme Leroy-Allais, *Marie-Rose au couvent, op. cit.*, p. 148.
19. Anonyme, *La Vie d'Eléonore de Gaulmyn*, Paris, 1848, p. 107.
20. Les congrégations d'enfants de Marie n'existent que dans les pensionnats religieux.
21. Le scapulaire est fait de deux morceaux d'étoffe bénie, réunis par un cordon et que l'on porte autour du cou, jour et nuit.
22. Abbé Marius Aubert, *Manuel des enfants de Marie*, Lyon, 1844.
23. Daniel Stern, *Mes souvenirs, op. cit.*, p. 169.
24. Mgr Dupanloup, *Lettres sur l'éducation des filles*, Paris, 1879, p. 412.
25. *Op. cit.*, p. 213.
26. Daniel Stern, *op. cit.*, p. 170.
27. Edition Garnier-Flammarion, 1966, p. 71.
28. J.-J. Doussin-Dubreuil, Paris, 1828. L'expression *du sexe* désigne au XIXe le sexe féminin.
29. Comme le chocolat, le café, les alcools, la charcuterie, le gibier, les huîtres, les écrevisses, ainsi que toute viande grasse « parce qu'elle laisse dans les voies digestives des sucs imparfaitement élaborés, qu'elle communique au sang de l'acrimonie, un principe d'irritation toujours dangereux, principe auquel participent plus ou moins les organes sexuels » (J.-J. Doussin-Dubreuil).
30. J.-J. Doussin-Dubreuil, *Des égarements secrets..., op. cit.*, p. 139-140.
31. Dr Paul Garnier, *Onanisme seul et à deux...*, Paris, 1884, p. 375.
32. Dans les années 1890, l'engouement des femmes pour la bicyclette amena dans les revues médicales le même type de commentaires : la majorité des cliniciens conclut que la pratique du *cheval d'acier* provoque « des effervescences, des surexcitations lubriques et des accès de folie sensuelle ». Seul le Dr Verchère émet un jugement plus réservé en disant que « s'il y a masturbation, c'est qu'*il y a manœuvre* de la femme, en se penchant en avant sur le pommeau de la selle »... voir : Dr O. Followell, *Bicyclette et Organes génitaux*, Paris, 1900.
33. Brada, *Souvenirs d'une petite Second Empire, op. cit.*, p. 46.
34. J.-J. Doussin-Dubreuil, *Des égarements secrets..., op. cit.*, p. 133-134.
35. Cité par Néret, *Documents pour une histoire de l'éducation sexuelle*, Paris, 1957.
36. Dr Paul Garnier, *op. cit.*, p. 335.

Les soins du corps

1. Mme Leroy-Allais, *Marie-Rose au couvent, op. cit.*, p. 111. Dans le même couvent, les enluminures des vieux livres d'heures sont « habillées » par les religieuses qui collent, sur les décolletés des illustrations, des morceaux de dentelle figurant des guimpes...
2. *Souvenirs et conseils aux enfants de Marie,* Paris, 1864.
3. Marie Cappelle, *Mémoires, op. cit.*, p. 119.
4. E. de Clermont-Tonnerre, *Au temps des équipages,* Paris, 1928, t. I, p. 99 et 163.
5. Dame d'honneur de l'impératrice Joséphine, Mme de Rémusat est l'auteur d'un *Essai sur l'éducation des femmes,* et de romans.
6. Mme de Rémusat, *Essai sur l'éducation des femmes,* Paris, 1824, p. 181.
7. *Mémoires d'un bourgeois de Paris,* Paris, 1853-1855, t. I, p. 210.
8. Maxime du Camp, *Souvenirs littéraires,* Paris, 1949, t. II, p. 315.
9. Cité par Louis Maigron, *Le Romantisme et la Mode,* Paris, 1911, p. 207.
10. *Les Femmes à Paris,* Paris, 1883. p. 16.
11. 1,65 m.
12. J.-B. Hullin, *Le Mentor des jeunes demoiselles,* Paris, 1852, p. 124-125.
13. Gyp, *Mémoires d'une petite fille, op. cit.*, p. 77.
14. Brada, *Souvenirs d'une petite Second Empire, op. cit.*, p. 168.
15. Le mot shampooing (shampoo) importé des Indes via l'Angleterre n'est employé que vers 1880.
16. A la fin du XVIIIe siècle, François-Marie Botot, secrétaire de Barras, quitte la politique et fabrique une eau dentifrice qui est encore employée de nos jours.
17. Dr Magitot, *Les Dentistes au XIXe siècle,* Paris, 1876.
18. La fraise mécanique n'apparaîtra qu'à la fin du Second Empire.
19. Comtesse de Dax, *Conseils aux enfants de Marie, op. cit.*
20. Marie Cappelle, *op. cit.*, t. II, p. 178.
21. Comtesse Dash, *Les Femmes à Paris,* Paris, 1883, p. 27.
22. *Op. cit.*, p. 191.
23. Si l'inventeur de la phrénologie, F.J. Gall (1758-1828) prétendait trouver dans la conformation du crâne les indices des défauts et des qualités, d'autres anatomistes lisaient dans la forme des mains les moindres replis du cœur humain.
24. Alphonse Karr, *Les Femmes,* Paris, 1853, p. 267.
25. Comtesse Drohojowska, *La Vérité aux femmes sur l'excentricité des modes et de la toilette,* Paris, 1858, p. 20.
26. *Le Conseiller des dames et des demoiselles,* 1862.
27. Comtesse de Ségur, *On ne prend pas les mouches avec du vinaigre, Comédies et Proverbes,* Paris, 1866.
28. A.M. Bureaud-Riofrey, *Education physique des jeunes filles,* Paris, 1835.
29. Le lit extenseur Pravaz, par exemple, est un plan incliné de la longueur d'un lit ordinaire, divisé transversalement en deux châssis. Le châssis supérieur, surmonté d'un casque pour loger la tête, est destiné à recevoir le tronc de la malade, tandis que le bassin et les membres inférieurs sont fixés au châssis inférieur. Une fois la victime immolée sur l'autel de l'orthopédie solidement garrottée au moyen d'une mentonnière et d'un réseau de lanières, on sépare le châssis supérieur du châssis inférieur...
30. Dr C. Lachaise, *Nouvelle preuve du danger des lits mécaniques,* Paris, 1828.

31. L'Institut orthopédique spécial du Dr Tavernier, sis rue des Batailles-Chaillot, l'Institut orthopédique de Chaillot, rue Saint-Pierre-de-Chaillot, qui n'accueillent que des jeunes filles ; l'Institut orthopédique de la Muette, installé dans le château de la Muette à Passy où sont admis filles et garçons, mais « dans des bâtiments complètement distincts et séparés l'un de l'autre par plusieurs arpents », etc.
32. Chargée de l'éducation des enfants du duc d'Orléans, futur Philippe-Egalité : le futur Louis-Philippe et sa sœur.
33. P. Rousselot, *Pédagogie historique,* Paris, 1891, p. 63.
34. Dr Fonssagrives, *Éducation physique des jeunes filles, op. cit.,* p. 5-6.
35. Leurs règles.
36. Dr Debay, *Traité spécial d'hygiène des familles,* Paris, 1858.
37. Mme Necker de Saussure, *L'Éducation progressive,* Paris, 1828, t. II, p. 373.
38. (1782-1854). Nommé par le gouvernement Inspecteur de l'enseignement de la gymnastique dans les écoles primaires de Paris, de 1844 à 1848.
39. Force et beauté.
40. Une tradition veut que la première rencontre d'Eugénie avec le prince Louis-Napoléon ait eu lieu dans l'hôtel de la préfecture de police en novembre 1836. La toute jeune fille s'y rendait régulièrement pour prendre avec les enfants du préfet, Cécile et Edouard Delessert, une leçon de gymnastique sous l'autorité d'un officier des sapeurs-pompiers. Le prince, après le coup d'Etat manqué de Strasbourg, avait été conduit à la préfecture de Paris avant de prendre le chemin de l'exil. Ils s'aperçurent entre deux portes... (D'après M. Tripier Le Franc, *Delessert,* Paris, 1859, p. 136.)
41. C. Pinette, *Précis de la gymnastique moderne,* Paris, 1842, p. 37.
42. M.A. Théry, *Conseils aux mères,* Paris, 1837, p. 18-19.
43. Clias, *Traité élémentaire de gymnastique rationnelle,* Paris, 1853, p. 293.
44. Abbé Balme-Frézol, *De l'instruction des femmes,* Paris, 1866.
45. *La Femme chrétienne française,* Paris, 1868, p. 30.
46. Tête à l'évent : personne étourdie.
47. Comtesse Drohojowska, *La Politesse au pensionnat,* Paris, 1861, p. 126.

La mode

1. Anonyme, *Conseils d'une maîtresse de pension à ses élèves,* Paris, 1861.
2. Comtesse Dash, *Les Femmes à Paris et en province,* Paris, 1883, p. 68-69.
3. La longueur de la robe renseigne déjà d'une façon précise sur l'âge de celle qui la porte ; le chaste mystère qui doit entourer le corps de la femme commence très tôt : dès douze ans les jupes dévoilent à peine la naissance du mollet ; à quinze ans, elles recouvrent les chevilles, enfin, à seize ans, elles rasent terre.
4. Etoffe de coton très légère.
5. L'expression est de Balzac.
6. Comtesse Drohojowska, *La Vérité aux femmes sur l'excentricité des modes et de la toilette, op. cit.,* p. 56-57.
7. Guillaume Ternaux.
8. Mrs. Trollope, *Paris et les Parisiens en 1835,* Paris, 1836, t. II, p. 168.

9. Comtesse de Bassanville, *La Science du monde,* Paris, 1859, p. 11.
10. P. Boitard, *Physiologie de la bonne compagnie,* Paris, 1862.
11. Mme Celnart, *Manuel des dames ou l'art de la toilette,* Paris, 1838, p. 25.
12. Louis Verardi, *Manuel du bon ton et de la politesse française,* Paris, 1853, p. 101.
13. Comtesse Drohojowska, *op. cit.*
14. *La Famille Benoîton, op. cit.*
15. Comtesse Drohojowska, *op. cit.*, p. 57.
16. Lame métallique qui sert à rigidifier le devant du corset.
17. Comtesse Drohojowska, *La Politesse au pensionnat, op. cit.*, p. 82.
18. Les prix s'échelonnaient entre 25 et 60 francs suivant le luxe des modèles (voir p. 325).
19. Dr Fonssagrives, *L'Éducation physique des jeunes filles, op. cit.*, p. 205-206.
20. Charles Dubois, *Considérations sur cinq fléaux,* Paris, 1857, p. 36.
21. C. Pinette, *Précis de la gymnastique moderne,* Paris, 1842, p. 21.
22. Dr Debay, *Hygiène vestimentaire,* Paris, 1857, p. 170.
23. E. Chapus, *Manuel de l'homme comme il faut,* Paris, 1861.
24. Louis Verardi, *op. cit.*, p. 99.
25. Théophile Gautier, *De la mode,* Paris, 1858, p. 24-25.
26. Henri Bouchot, *Les Elégances du Second Empire,* Paris, 1896, p. 169.
27. Maxime du Camp, *Souvenirs d'un demi-siècle,* p. 153.
28. Lettre CCLX à une inconnue.
29. Michel Lévy, *Traité d'hygiène publique et privée,* Paris, 1845, t. II, p. 333.
30. Cité par François Boucher, *Paris, miroir de la mode,* Paris, 1857, p. IX.

Le bal, bazar des « filles à marier »

1. H. Taine, *Vie et Opinions de Thomas Graindorge, op. cit.*, p. 196.
2. Baron de Frénilly, *Souvenirs,* Paris, 1908, p. 413.
3. *Catéchisme de Saint-Sulpice, op. cit.*, p. 58.
4. Comtesse Dash, *Mémoires des autres, op. cit.*, t. I, p. 98.
5. Abbé Moitrier, *Le Livre des jeunes filles,* Paris, 1859, p. 173.
6. Pertes blanches.
7. Dr J.A. Goullin, *La Mode sous le point de vue hygiénique, médical et historique,* Paris, 1846, p. 34-35.
8. *Les Orientales,* Fantômes.
9. En devanture.
10. *Conseils d'une maîtresse de pension à ses élèves sur la politesse,* Paris, 1841, p. 51.
11. Marie Cappelle, *Mémoires, op. cit.*, t. I, p. 50.
12. Comtesse d'Armaillé, *Quand on savait vivre heureux,* Paris, 1934, p. 25.
13. Mme Campan, *De l'éducation, op. cit.*, t. I, p. 249.
14. Brada, *Souvenirs d'une petite Second Empire, op. cit.*, p. 168.
15. *Magasin des demoiselles,* mai 1864.
16. H. Taine, *Vie et Opinions de Thomas Graindorge, op. cit.*, p. 197.
17. Comtesse d'Armaillé (née Célestine de Ségur), *op. cit.*
18. D'après divers manuels de savoir-vivre.
19. J.N. Bouilly, *Conseils à ma fille,* Paris, 1843, p. 107 à 124.
20. Lettre d'Arthur Bary à sa sœur, 3 février 1852, in *Une famille*

parisienne universitaire au XIXe siècle, Mme Charles Garnier, Paris, 1911, p. 88.

21. Théophile Gautier.

22. On ne se parfume jamais le corps ni les vêtements, mais on imprègne un petit carré de dentelle qui sert à se tamponner délicatement les tempes, de quelques gouttes d'essences de Guerlain, « seules admissibles parce qu'elles exhalent une odeur douce, suave qui n'a rien de commun avec les cosmétiques vulgaires », *Magasin des demoiselles.*

23. Taine.

24. Mme Octave Feuillet (née Valérie Dubois), *Quelques années de ma vie, op. cit.*

25. Mme Brisset de Nos, *Les Jeunes Filles,* Paris, 1862, p. 260.

26. H. Taine, *Vie et Opinions de Thomas Graindorge, op. cit.,* p. 85.

27. Mme Octave Feuillet, *op. cit.*

28. Abbé Bautain, *La Chrétienne de nos jours,* Paris, 1860, p. 65.

29. D'après Nestor Roqueplan.

30. A. de Vigny, *Le Bal.*

31. Victor Hugo.

32. Mme Octave Feuillet, *op. cit.,* p. 104-105.

33. A. Bureaud-Riofrey, *Education physique des jeunes filles, op. cit.,* p. 182.

34. *Journal.*

35. Abbé Bautain, *La Chrétienne de nos jours,* Paris, 1860.

36. Mme Charles Garnier, *Une famille parisienne universitaire au XIXe siècle, op. cit.,* p. 345.

37. *L'Esprit des bêtes,* éd. de 1853, p. 123.

38. Marie Cappelle, *op. cit.,* t. I, p. 129.

39. Louis Veuillot, *Agnès de Lauvens,* Tours, 1853, p. 143.

40. Mrs. Trollope, *Paris et les Parisiens en 1835,* Paris, 1836, t. II, p. 43.

41. Sous Napoléon III, le vicomte de Castelbajac et le marquis de Caux passaient pour les plus infatigables conducteurs de cotillon et sans eux, la fête impériale eût sans doute manqué d'entrain.

42. Anonyme, *Appréciation des danses et des bals d'aujourd'hui au point de vue moral et chrétien,* Paris, 1860, p. 104.

43. Comtesse Jean de Pange, *Comment j'ai vu 1900,* p. 243.

Les jeunes filles et l'amour

1. Marie Cappelle, *Mémoires, op. cit.,* t. I, p. 212.

2. George Sand, *Histoire de ma vie, op. cit.,* t. VI, p. 115.

3. Arch. de la Seine, VD6 158 n° 3.

4. Mme Leroy-Allais, *Souvenirs d'enfance et de jeunesse, op. cit.,* p. 148-149.

5. Brada, *Souvenirs d'une petite Second Empire, op. cit.,* p. 68.

6. Brada, *ibid.,* p. 109.

7. Règlement du 15 mai 1809.

8. Ecouen n'emploie que des veuves sans enfants ou des femmes âgées, car les dames ne peuvent ni recevoir d'hommes, ni sortir de l'établissement qui est astreint à une règle quasi monastique.

9. Mgr Devie, *Manuel d'une religieuse institutrice,* Lyon, 1851, p. 73-74.

10. Louis Veuillot, *Agnès de Lauvens, op. cit.,* p. 201.

11. *Réflexions et conseils pratiques,* Paris, 1858, p. 273.

12. Arrêté du 31 octobre 1821, art. 45.

13. La situation est analogue dans les couvents où des professeurs hommes et femmes viennent faire des cours, sauf à l'Assomption où, seule exception à Paris, l'ensemble de l'enseignement est assuré par les religieuses.

14. Le rapport transmis au ministre de l'Instruction publique sur Mme Dauriat est d'ailleurs assez savoureux : « Louise Dauriat peut avoir 50 ans, on ne sait si elle est mariée ou veuve et si elle vit seule. Elle prend le titre de femme de lettres. A fait des romans sans succès. A fait à l'Athénée un cours d'*économie sociale* [souligné trois fois rageusement], sorte de prédication où elle s'est occupée plus particulièrement de la position sociale des femmes et du besoin qui se fait sentir *d'augmenter leurs droits*... [souligné]. Par ses théories sociales, Mme Dauriat semble appartenir à l'école, à mon gré détestable, de G. Sand (moins l'immoralité). Elle ne paraît pas s'être livrée à un enseignement réel et ses idées sur l'éducation ne sont en aucune manière des idées pratiques. » Arch. Nat., F 17 12432.

15. Mme Charles Garnier, *Une famille parisienne universitaire au XIX*e *siècle, op. cit.*, p. 292.

16. Le seul professeur qui ait eu les honneurs du Registre des délibérations du Comité de surveillance des pensions et institutions de demoiselles (pour les archives de la Seine entre 1815 et 1870) est M. Rivail qui « tutoyait des jeunes filles de plus de douze ans, en prenait sur ses genoux sous prétexte de les féliciter et il y a lieu de croire qu'il se permettait à leur égard des attouchements peu convenables, peut-être même fort indécents. Il magnétisait, il y a déjà quelque temps, des élèves seul à seul. Il a renouvelé souvent cette expérience sur une jeune fille âgée de 14 ans [...] Cette enfant se serait ainsi trouvée à sa discrétion et le bruit public est qu'il en aurait abusé, mais ce n'est pas là un fait certain et la commission n'a pas cru devoir pousser plus loin ses investigations sur un sujet si délicat pour la réputation d'une jeune fille »... Encore s'agissait-il d'un externat de second ordre de la rue Mauconseil et il est douteux que le même cas ait pu se produire dans les bonnes institutions de la capitale. Arch. dép. de la Seine, VD6 347 n° 15.

17. G. Sand, *op. cit.*, t. VI, p. 115.

18. *Vie et Opinions de Thomas Graindorge, op. cit.*, p. 94.

19. Mme Celnart, *Nouveau manuel complet de la bonne compagnie*, Paris, 1838, p. 48.

20. Volés ou non, les bijoux seront retrouvés chez l'accusée au cours d'une perquisition faite après son arrestation. Marie Cappelle est condamnée en juillet 1840 pour vol de bijoux par le tribunal correctionnel de Brive. Son jugement est annulé par la cour d'appel. Rejugée après son procès aux assises pour l'empoisonnement de son mari, elle est de nouveau reconnue coupable du vol.

21. Le mot *flirt* désigne en anglais non pas le flirt lui-même appelé *flirtation*, mais la personne avec laquelle on flirte.

22. Dans les pays protestants les jeunes filles étaient beaucoup plus maîtresses de leurs actes que dans les nations catholiques. Voir à ce propos les pages que Tocqueville consacre à l'éducation des filles aux Etats-Unis dans *De la démocratie en Amérique*, Paris, 1840.

23. La baronne Garat est la femme du secrétaire général de la Banque de France.

24. Drogue laxative extraite des gousses d'un arbrisseau du genre *Cassia*.

25. Marie Cappelle, *op. cit.*, t. I, p. 286.

26. Abbé Balme-Frézol, *Réflexions et Conseils pratiques sur l'éducation, op. cit.*, t. II, p. 428.
27. Cité par l'abbé Reyre, *L'Ecole des jeunes demoiselles*, Paris, 1846, p. 81.
28. Mme d'Adhémar, *Célénie ou le modèle des pensionnaires*, Paris, 1836.
29. Ernesta Grisi était la sœur de la célèbre danseuse Carlotta Grisi, pour laquelle Théophile Gautier avait écrit le livret de *Giselle*.
30. Comtesse Roederer (née Blanche de Corcelle), *Notice et Souvenirs de famille*, Bruxelles, 1899, p. 82.
31. Comme le surnomme Paul Guth.
32. Comme *L'Imitation de Jésus-Christ*, *La Persévérance ou la Jeune fille sous la conduite de Marie*, *La Galerie des jeunes vierges ou modèles des vertus qui assurent le bonheur des femmes*, etc.
33. Abbé Balme-Frézol, *op. cit.*, p. 428, t. II.
34. D'après Fanny Bastide, une ancienne élève d'Ecouen citée par Léon Gozlan, *Les Châteaux de France*, p. 126, 1857. Ce cours de littérature est malheureusement inédit.
35. Comtesse Dash, *Mémoires des autres, op. cit.*, t. I, p. 100.
36. Comtesse Roederer, *op. cit.*, p. 82.
37. Gyp, *Mémoires d'une petite fille, op. cit.*, t. II, p. 197.
38. 14 avril 1859, Arch. dép. de la Seine, D2 T1 102.
39. Daniel Stern, *Mes souvenirs, op. cit.*, p. 195.
40. Mme Molinos-Laffite, *L'Education du foyer*, Paris, 1850, p. 132.
41. Abbé Reyre, *op. cit.*, p. 133.
42. Dr Sovet, *Education physique de l'enfance, op. cit.*, p. 153-154.
43. L.L. Vallée, *L'Education domestique de l'enfant et de l'adulte*, Paris, 1858, p. 439.
44. Dr Fonssagrives, *L'Education physique des jeunes filles, op. cit.*, p. 148.
45. Dr Monin, *L'Hygiène des sexes*, Paris, 1890.
46. Régnier-Destourbet, *Les Demoiselles à marier* in *Paris ou Le livre des Cent-et-un*, Paris, 1832, t. VI, p. 119 à 121.
47. Taine, *op. cit.*, p. 266.
48. H. de Balzac, *Physiologie du mariage*, Paris, 1824-1829. L'intégrale, Le Seuil, t. VII, p. 413.
49. Jeanne Leroy-Allais, *Comment j'ai instruit mes filles des choses de la maternité*, Paris, 1907.
50. Archives familiales inédites.
51. Marie de Beausacq, *Mémoires de la comtesse Diane*, Paris, 1903, p. 62.
52. Marie Cappelle, *op. cit.*, t. II, p. 103-104.
53. E. et J. de Goncourt, *Journal*, au 15 avril 1868.
54. *Ibid.*
55. Après la mort de Charles Lafarge en 1840, Mme Lafarge mère parle d'empoisonnement à l'arsenic. L'autopsie le confirme et Marie Cappelle est arrêtée. Pendant son procès aux assises de Tulle, les experts se contredisent, et l'opinion se passionne pour l'« affaire », qui divise les amis, les familles. Marie Cappelle n'en est pas moins condamnée le 19 septembre 1840 aux travaux forcés à perpétuité, malgré l'intervention du grand chimiste Raspail : « On a trouvé de l'arsenic ? Mais on en trouverait partout, même dans le fauteuil du Président ! » Dans le donjon de Montpellier où elle purge sa peine, elle contracte la tuberculose ; graciée par le prince-président et libérée en janvier 1852, elle meurt quelques mois plus tard. Aujourd'hui, le Dr Soubiran affirme que Marie Cappelle a été victime d'une

erreur de diagnostic : son mari serait mort non d'un empoisonnement mais d'une fièvre typhoïde à bacille paratyphique A, ignorée des médecins en 1840.

56. Clémence Badère, *Mémoires,* Paris, 1886, p. 5.
57. G. Sand, *Correspondance,* t. VI, p. 43.

Le mariage ou comment faire un commencement

1. *La Cousine Bette.*
2. Régnier-Destourbet, *Les Demoiselles à marier* in *Paris et le livre des Cent-et-un, op. cit.,* t. VI, p. 117.
3. Balzac, *Physiologie du mariage.*
4. Personnage de la comédie populaire italienne et, par extension, bouffon.
5. Régnier-Destourbet, *op. cit.,* p. 117.
6. 39 ans 3 mois pour les hommes, 41 ans pour les femmes, pour la période 1840-1859, d'après l'Annuaire statistique rétrospectif, éd. 1951.
7. L'Assomption, 263 bis, rue Saint-Honoré (actuellement l'église « polonaise ») était la paroisse du riche Faubourg Saint-Honoré.
8. Marie de Beausacq, *Mémoires de la comtesse Diane, op. cit.,* p. 121.
9. Balzac, *Physiologie du mariage.*
10. J. Michelet, *L'Amour, op. cit.,* p. 84-85.
11. Petit-neveau du prince de Bénévent.
12. Caroline Brame, *Journal,* 25 novembre 1865.
13. Mme Jules Baroche, *Second Empire, notes et souvenirs,* Paris, 1921, p. 60.
14. La petite histoire veut que quelques semaines après son mariage, le maréchal ait dit : « Si dans un an je n'ai pas d'enfant, je flanque tous mes aides de camp à la porte ! » Le 5 mars 1860, sa femme mit au monde une fille : Louise-Eugénie.
15. Mme Carette, *Souvenirs intimes de la cour des Tuileries,* Paris, 1891, t. III, p. 169.
16. Prosper de Chasseloup-Laubat (1805-1873).
17. Il en aura deux fils, nés en 1863 et 1866.
18. La nouvelle duchesse sembla un moment justifier les craintes de son beau-fils, mais elle fit une fausse couche, au désespoir du maréchal qui mourut en 1788 à quatre-vingt-douze ans.
19. Victorien Sardou, *Les Vieux Garçons,* 1865.
20. A. Weill, *Si j'avais une fille à marier,* Paris, 1860, p. 141.
21. L.A. Friedel, *Mémoires d'une mère de famille,* Paris, 1817, t. I, p. 126.
22. Celle de Louis-Philippe.
23. Marie Cappelle, *Mémoires, op. cit.,* t. I, p. 192.
24. Gustave Droz, *Le Cahier bleu de Mlle Cibot,* Paris, 1866, p. 136.
25. E. Legouvé, *Histoire morale des femmes, op. cit.,* p. 108.
26. Mme Jules Baroche, *op. cit.,* p. 145.
27. Anna Marie, *Les Français peints par eux-mêmes,* Paris, 1840-1842, t. II, p. 178.
28. Taine, *Vie et Opinions de Thomas Graindorge, op. cit.,* p. 245.
29. Anna Marie, *op. cit.,* p. 178.
30. Octave Feuillet, *Sybille.*
31. E. de Clermont-Tonnerre, *Mémoires,* t. I, *Au temps des équipages,* p. 147.

32. Daniel Stern, *Mes souvenirs, op. cit.*, p. 248.
33. Mme de Girardin, *Poésies complètes,* Paris, 1856, p. 109.
34. Gustave Droz, *op. cit.*, p. 135.
35. L'expresison est d'Henry James.
36. G. Flaubert, *Lettres à ma nièce Caroline,* décembre 1863.
37. *Le Fils naturel.*
38. Jusqu'à vingt et un ans une jeune fille ne peut se passer du consentement de ses parents pour se marier (vingt-cinq ans pour un jeune homme). Passé cet âge, il lui est possible de leur adresser trois « sommations respectueuses » à un mois d'intervalle, par un acte passé devant un notaire et signé par deux témoins. Au troisième refus, la jeune fille peut, après un délai d'un mois, épouser qui elle désire. A partir de vingt-cinq ans (trente ans pour le jeune homme), une sommation respectueuse suffit. Les militaires, en plus du consentement de leurs parents doivent justifier de la permission de leurs chefs.
39. Le grand-père de Pauline.
40. Comtesse de Pange, *Comment j'ai vu 1900,* p. 223-224.
41. Edmond About, *Causeries, op. cit.*, t. II, p. 42.
42. Maxime du Camp, *Souvenirs d'un demi-siècle, op. cit.*, p. 142.
43. A. Daumard, *La Bourgeoisie parisienne de 1815 à 1848,* Paris, 1963, p. 331.
44. Le mot snobisme ne peut être employé ici à meilleur escient, il est, ne l'oublions pas, une contraction de l'expression latine *sine nobilitate* : sans noblesse.
45. Mirès était un très riche banquier et affairiste juif.
46. Emile Augier, *Un beau mariage,* Paris, 1859, p. 30.
47. Edmond About, *Causeries, op. cit.*, t. II.
48. On les dédommage de leur peine par un cadeau après la conclusion du mariage ; on les paie tout au moins en dîners, politesses, petits et grands services.
49. H. Taine, *Vie et Opinions de Thomas Graindorge, op. cit.*, p. 199.
50. Baron de Frénilly, *Souvenirs,* Paris, 1908.
51. A. Weill, *Si j'avais une fille à marier, op. cit.*, p. 61.
52. Daniel Stern, *Mes souvenirs, op. cit.*, p. 215-216.
53. *Op. cit.*, p. 224.
54. Ce fut le cas pour Caroline Brame qui consigne l'événement dans son journal à la date du 22 février 1866 : « J'ai cru vraiment que ce jeudi n'arriverait jamais. Quel singulier moment de ma vie que celui-là ! Le rendez-vous était au Louvre. Nous avons arpenté toutes les salles de peinture sans le voir ce qui rendait mon impatience de plus en plus croissante ; enfin, je l'aperçus et il fut le plus charmant cicerone qu'on puisse voir. Oh ! que je voudrais le connaître d'avantage ! »
55. Il est délicat d'envoyer de temps à autre un bouquet à la future belle-mère et aux sœurs.
56. Dans *Le Contrat de mariage* de Balzac, Mme Evangelista va jusqu'à conseiller à sa fille Nathalie de faire la coquette avec son prétendu pour rendre la négociation du contrat plus facile : « ... Si sans blesser aucunement les convenances, un peu de gentillesse dans les manières le décidait ? Allons, un rien, un mot ? Les hommes sont ainsi faits, ils résistent à une discussion sérieuse et tombent sous un regard. — J'entends ! un petit coup pour que *Favori* saute la barrière, dit Nathalie en faisant le geste de donner un coup de cravache à son cheval. — Mon ange je ne te demande rien qui ressemble à de la séduction... sois un peu coquette et tout ira bien. »

57. Rapporté par l'abbé Moitrier, *Le Livre des jeunes filles,* Paris, 1859, p. 170.
58. *Lettres d'amour entre deux époux avant et après le mariage,* Paris, 1892.
59. Dès que son mariage est officiellement annoncé, une jeune fille doit éviter de trop aller dans le monde ; elle doit rester « dans son intérieur ». Ses parents d'ordinaire, « ferment » leur maison, c'est-à-dire qu'ils ne reçoivent plus que les membres de leur famille proche et les amis intimes. Mais dans les milieux les plus lancés, les jeunes personnes ne font que ralentir leur vie mondaine.
60. Sur les trois bans qui doivent être publiés, il est possible d'en « acheter » deux.
61. On est loin des longs engagements à l'anglaise ou à l'espagnole, encore plus loin des interminables fiançailles à l'allemande, qui durent parfois plusieurs années.
62. Lady Blessington, *The Idler in France,* Paris, 1841, p. 86.
63. Chaîne d'or portée à la ceinture où l'on accroche les clefs.
64. Ce cadeau symbolique jugé un peu indécent, a été ensuite remplacé par une élégante robe de chambre en cachemire doublée de soie.
65. Henri Bouchot, *Le Luxe français, La Restauration,* Paris, 1893.
66. R. Apponyi, *Journal,* t. II, p. 245.
67. *Le Conseiller des dames et des demoiselles,* 1859.
68. Ces pièces « vierges de tout contact », sortant tout droit des ateliers de la Monnaie, sont destinées aux pauvres.
69. Mme de Chastenay, *Mémoires,* Paris, 1896, t. II, p. 96.
70. Mme Jules Baroche, *op. cit.,* p. 107.
71. Entre 1815 et 1848, à Paris,
— 90 % des conjoints se marient sous le régime de la communauté aux acquets qui favorise l'association conjugale et facilite l'enrichissement, mais renforce l'autorité du mari, seul maître des biens communs ;
— 8 % sous celui de la séparation de biens ;
— 2 % (appartenant aux familles les plus riches) sous le régime dotal qui protège les biens de la femme et rend sa dot inaliénable. Ce régime empêche les spéculations du mari mais se prête moins aux augmentations du patrimoine.
72. *Le Carnet de fiançailles,* 1852.
73. Dans les familles proches de la cour, on fait signer le contrat par le roi, l'empereur.
74. Par exemple, Pauline de Ségur reçut entre autres choses, des dentelles de ses sœurs, un piano d'un frère, une pendule, des candélabres et des chenêts d'un autre frère, un bureau de Boulle et d'autres meubles de ses oncles et tantes, des mouchoirs, des bijoux, etc. On offre généralement des meubles, des bibelots, parfois un joli cheval de selle, un coupé, etc.
75. R. Apponyi, *op. cit.,* p. 127.
76. Supprimé en 1816, le divorce ne fut rétabli qu'en 1886 par la loi Naquet, en dépit de l'opposition des catholiques.
77. Mille francs.
78. Coussins de velours cramoisi sur lesquels on présente les alliances.
79. Ces cérémonies ont lieu dans des chapelles privées, les paroisses ne se prêtant généralement pas à ce genre de mise en scène. La chapelle des Tuileries, celle du palais du Luxembourg ou du palais Bourbon servent parfois de décor à ces ténébreux mariages pour les enfants de personnalités officielles.

80. *Le Contrat de mariage.*
81. D'après Taine.
82. Comtesse d'Armaillé, *op. cit.*, p. 68.
83. « Avez-vous songé, insiste le Dr Corriveaud, aux embarras que vous infligez à une jeune fille encore ignorante des nécessités vulgaires et basses de la vie ; pour la première fois de sa vie, elle va se trouver brusquement, sans préparation, loin de sa mère, loin de sa maison, toute seule avec un homme qu'elle connaît à peine. On pourrait citer ici de nombreux exemples de malheureuses qui pendant quinze jours ont retenu des besoins naturels que la honte les avait empêché de satisfaire ! » *Le Lendemain du mariage,* Paris, 1884.

TABLE

Deuxième partie
LA DEBUTANTE

la reproduction photomécanique,
l'impression et le brochage
de ce livre ont été réalisés par
l'imprimerie Pollina à Luçon
pour les Editions Albin Michel

Achevé d'imprimer en février 1986
N° d'Édition : 9217 — N° d'impression : 7795
Dépôt légal : février 1986

Imprimé en France